シリーズ 科学教育

松井吉之助

理論・実践
中学校化学の授業

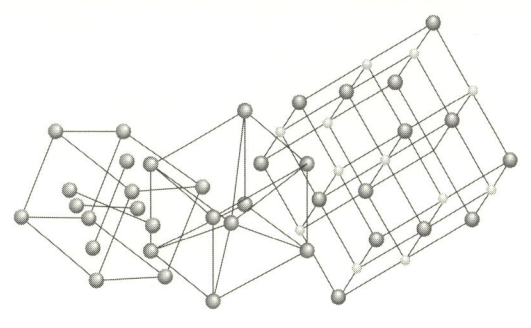

同時代社

理論・実践　中学校 化学教育／目次

目　次

序　章　授業づくりの道で …………………………………………………7

第1章　こんな授業からの出発 …………………………………………21
　【1】金属の学習／22
　【2】原子・分子の重さ／30
　【3】塩基の学習／38
　【4】化合・授業研究／50
　　　　座談会・「化合」の授業をみて／60

第2章　加熱の矛盾を生徒に指摘されて …………………………………69
　【1】化学変化を生徒たちはどのように理解したか／70
　【2】加熱の矛盾の解決をもとめて／84
　【3】化合・私ならこうする／85

第3章　『授業ノート』づくりとその成果 ……………………………91
　【1】分解の授業／92
　【2】「化合Ⅰ」の授業／102
　【3】化学変化のまとめ／105
　【4】酸化と還元／109
　【5】塩化銅の電気分解／113
　【6】中和反応の授業記録とその検討（中和反応1）／117

第4章　化学変化導入の前提としての物質の授業 ……………………121
　【1】物質の状態とその変化／122
　【2】分子の運動を中心にして／131

第5章　中学校でも教えたい発展的な内容 ……………………… 139
【1】「化学と社会」の授業／140
【2】有機化学の授業／145
【資料・授業研究】中学校における有機化学の研究（大竹三郎）／161

第6章　実践をとおして学んだこと ……………………………… 171
【1】私の授業／172
【2】生徒から学ぶ私の授業づくり／181

第7章　授業づくりの視点で ……………………………………… 189
【1】理科実験と環境汚染／190
【2】「理科示教」の研究／195

第8章　理論に導かれ，実践できたえて ………………………… 205
【1】自然科学教育における内容の選択とその構成／206
【2】化学教育と分子・原子概念／220

松井吉之助・主要著作目録 …………………………………………… 225

あとがき ………………………………………………………………… 233

序章　授業づくりの道で
　　　化学教育研究・実践で私が学んだこと
　　　―科教協・「化学サークル」を中心として―

はじめに

　ここに私が書いたことは，私が，科教協の「化学サークル」（略称「化サ」）を中心にした活動の中で学んだ科学・化学教育の研究・実践にかかわるいろいろなことがらです。したがって，これは私の成長の記録でもあります。それで内容は私の主観的な考えにかたよったものにならざるを得ませんが，そこには客観的に意味のある内容も含まれていると考えています。

　なお，本文は1993年12月の科教協の埼玉県支部の研究会で『授業ノート・化学の基礎』から始まる一連の『授業ノート』から『化学変化の教え方』（1991.9，むぎ書房）をつくった科教協の「化サ」の活動と，その活動の中で，私が学んだことを話すために書いた話の概要に補足，修正をしたものです。

　また，私が「化サ」に参加させてもらうようになったのは，『新しい理科教室』（新評論社，1956年4月）を読んだあとのことですから，それ以前のことは三井澄雄氏の記録によることになります。

1　「化サ」の初期の活動――『授業ノート』づくりの前段階

　「化サ」は，三井さんの記録によると，1955年6月4日，田中先生のお宅で行われたのが最初で，私が参加させてもらいましたのが，1957年7月6日ということなので，最初の2年間ほどのことは記録によることになります。

　科教協の発足当時の理科の授業は，文部省が占領軍から引き継いだ，いわゆる「生活単元」「問題解決学習」という理念のもとに行われることを建前としていました。この理念の根本的な不適切さを批判して科教協は発足したのですが，その最初の活躍の場となったのは，東京の青梅市・五日市町で行われた第4回東京都教育研究大会（1954年11月25日～27日）でした。

　ところが，この研究集会での科教協の人たちの主張には，まだ実践的裏付けが弱く，必ずしも多くの参加者たちを納得させるものではなかったようです。

しかし、この研究集会で、品川区代表は、敗戦後の理科教育が大切にしてきたことは、子どもたちの自主性、実践性、生活性の3つの原則であり、そのためにあまりにも多すぎる教材を精選することが必要だ、と主張しました。ここで、当時の混乱の原因は「生活単元・問題解決学習」にあり、この克服のためには自然科学の体系的な教育こそ、必要であると主張した参加者と、生活理科で3つの原則の重要性を指摘した人達との共通基盤として、雑多で多すぎる教育内容を精選すること、「教材整理」という一致点があることが明確になったのだと思います。この研究会で、品川区代表として活躍していたのが玉田泰太郎さんです。

　この後、科教協は次のような意味での「教材整理」というスローガンを高くかかげて、研究と運動をすすめることになりました。
1）現在の理科教育の大きな欠陥を明らかにし、ほんものの理科教育をうちたてる仕事は、全国の現場で働く教師自身がやらなければならない仕事であること。
2）現場が主体になって、理科教育を改善・発展させる仕事のよい手がかりは、多過ぎる、そして乱雑に配列された教材を整理する仕事"量を減らし、順序をととのえ、質を高める"であること。
3）教材整理は単に教育技術の仕事ではなく、また未知にぞくする子どもの心身発達の法則性を明らかにし、未知の教授方法を発見する創造的な、科学の仕事であること。しかもそれは教師が主体にならなければやれない、それは教師が中心となって力をあわせれば必ずできる仕事であるということ（『新しい理科教室』P111〜112）。そして、主に東京在住の会員で、物、化、生、地のサークルが発足して、具体的に指導内容を検討する、つまり、実際に「教材整理」を進める研究・実践が始まったわけです。

　「化サ」の発足間もなくの1955年7月22日には、1年、水・空気、2年、金属、周期律、食物、衣服、3年、化学工業などのテーマの指導計画が検討されています。この後、小学校での「炭素の循環」や中学校での「炭素化合物」などの指導計画も検討されました。

　わたしが参加させてもらうようになった当時は、このような指導計画を常につくり、それを実践で検討する、ということが盛んに行われていました。わたしも早速、幾つかの指導計画をつくり提案し、実践して報告した記憶があります。ところで、このサークルの活動の基本は、「現場の自主性を確立しなけれ

ばいけない。多忙にせよ，その中でやれることをするのがサークルだ。現場でない人にひきまわされないためには，何より現場の方からどんな小さなことでも先に出すことだ」(田中先生から三井さんへの手紙）ということです。

このような研究・実践が続けられる中で，1958年10月から雑誌『理科教室』が発行されました。それまで発表の手立ては極めて僅かでした。雑誌を発行して研究・運動を深め，広めたいという願いは当時指導的な立場にいた人達の強い願いだったと思います。そして，初代の編集代表に田中先生が，三井さんが編集委員になりました。

この後，『理科教室』の研究・運動の発展と「化サ」の研究・運動の発展は一体として進むことになります。

2　前段階で明確にされたこと

「化サ」が発足した6月4日の話し合いの中で「ぜひ教えねばならない最低限度を確定する方向へ進みたい」「化学について何よりも必要なのは，化学変化に親しみを持たせること」「中学では原子・分子の概念を正しくつかみ，化学式を抵抗なく理解できるところまで進ませたい」「実験と理論とをどのように結びつけるか」などについて話し合われたといいます。ところでここには，後に，
1）物質の化学変化に習熟させる。
2）物質不滅の法則を軸として，正しい物質概念をつかませる。
3）物質変化の学習の中で，分子・原子を実在物として，しっかりとらえさせ，自由に使えるようにする。
とまとめられた（『新しい理科教室』P188）化学教育の3つの原則が既に明らかにされています。

これらのことは，以後のサークルの研究・活動の中で，たえず意識されていたことです。また，これらのことは，教育の内容は基本的には自然科学・化学の内容から決められてくる，ということを前提にしています。したがって，内容の系統性，体系性が問題になります。そして，さらに玉田さんの指摘された3つの原則，子どもたちの自主性，実践性，生活性を低俗な意味ではなく，高いレベルで実現することの重要性の指摘も，サークルの研究・運動と『授業ノート』の作成に大きな意味をもっていたと考えます。また，サークルの研究・

運動の基本的な性格は，三井さんへの田中さんからの手紙にあるとおりのものでした。

さらに，実践で教育内容とその構成についての有効性を検証すること，検証するために意図的な授業を実践し，その授業記録を検討することの重要性，授業記録の中から子どもたちの認識の法則性を見つけだすことができること，つまり，教育内容とその方法の研究手段として授業の分析があることを学んだように思います。これは次の2つの仮説を前提にしています（田中実編『明治図書講座5 理科』P220 明治図書 1957.6）。

「小学生は小さな大人」(petite adulte) という考えを理科の「学習心理」なるものをしらべる上での第一仮説とすべきだと信じる。

この仮説を中にふくみながら，われわれの理科教育上の経験に照らしてもいい得るのは次のことである。「子ども（小学生）が自然についての認識を形づくる心的過程は，大人のそれと基本的には同じである」私はこのことを，理科学習指導法を研究する上での第二仮説とすべきだと考える。

そして，この時代までに，自然科学教育を具体的に実践できる可能性，つまり，2つの仮説の有効性が十分にある，という確信をもつことができましたし，全国教研での物質不滅の法則の重要性についての認識の広まりなど，すばらしい成果と発展を見ることができるようになっていました。

3　現代化の波の中で

雑誌『理科教室』が発行されてから，間もなくの1960年頃から現代化の問題が具体的に論議されるようになりました。これは当時の科学・技術の凄まじい発展を踏まえてのことで，文部省が米国から輸入した「現代化」とはことなり，それ以前からのことです。

この現代化の必然性を最も論理的に当時の委員会で主張したのは，林淳一さんだったと，田中先生から伺ったことがあります。この現代化は，分子・原子論の発展を踏まえてのもので，この分子・原子論にもとづいて教育の内容と方法を検討するというものです。つまり，分子・原子論の観点から習慣的な教育内容やその構成と方法の現代的な意味を問い直し，教育内容を改めて選択，構成することだ，と考えられていたと思います。

そして，『理科教室』では，より基本的な問題である目的，目標論をふまえ

た授業論までが「何のために」「何を」「如何に」教えるか，という問題としてかなり討論され，いろいろな意見がだされるようになりました。この流れから，教育内容を明確にする必然性が出てきます。そこで「細案」（61年2月号から）が雑誌に提案されます。勿論，文部省「学習指導要領」の基準性による締めつけに対する自主編成の運動とも呼応してのことです。

この化学の「細案」の小学校の「化学」に対して，高橋金三郎さんが『理科教室』（61年6月号）に批判をよせました。これから化学教育，概念形成，授業論などについての見解の違いが明確にされます。「化サ」は小学校で「分子・原子のない化学」の学習の重要性を指摘したりしたので，それは現代化に反する，化学の学習は中学校で原子から出発すれば十分である，などという批判も受けました。

これまで科教協は「理科は自然科学の成果と方法を教える教科である」というスローガンで一致してこられましたが，現代化を具体化する段階にきて，自然科学の捉え方，現代科学の視点から教育内容を見直すということの考え方の違いが，具体的に現れてきたのです。例えば，現代化学というが，それは近代化学とまったく無関係に存在するものなのか，現代化学の基礎となって働いている近代化学の成果と方法はないのか，どうか，などについての理解の違い，認識の発展，つまり概念形成についてや認識の法則性についての理解の違い，研究方法の違いが，具体的な教育内容やその授業の方法の違いとして現れてきたということでしょう。

高橋さんの批判は，例えば「酸」は物質ではなく，はたらきである。水にとけないものを溶かすのが酸である。また，化学変化は「相」の変化で特徴づけられる。ところが，［鉄＋硫黄→硫化鉄］は相の変化を伴わないから適切でない。［銅＋塩素→塩化銅］の反応こそ相の変化を伴い化学変化の典型である。物理変化，化学変化と変化を2大別するのは，現代科学の成果に反している。現代科学の視点では，物理変化，化学変化と分けられないことが明らかである。化合，分解という化学変化の形を扱うことも現代的でない。化学変化をこそ扱うべきである。認識は一般から特殊という順序で進むものである。これは数教協の成果である「水道方式」の一般から特殊という認識発展の一般法則に学んだものである。科学教育の現代化もそれにしたがって進めるべきである。

塩はイオン性化合物であるから金属から「塩，酸，塩基」という順序で学習してこそ塩，酸，塩基を理解させられる。塩の＋イオンを水素イオンに置きか

えたのが，酸である。塩の−イオンを水酸化物イオンに置きかえたのが塩基である。塩こそ一般で酸や塩基は塩の特殊なものである，などという主張であった，と思います。そして，現代化は数教協が一番始めに言い始めたのだから，その現代化の性格づけを尊重すべきである，などということでもあったと思います。なお，分子のない食塩や硫化鉄などを分子といって扱うのは現代科学の成果に反するものである，などということが高橋さんに同調する人達も含めて，主張されました。また，分子・原子を小さい粒だ，と教えることは間違いである，子どもたちの考える小さい粒とはレベルが違うのだから，小さい粒などといえば大きな誤解を子どもたちに与えてしまう，などという私にはとても考えられない発言もありました。

　この論争は，大竹三郎さんを巻き込んで，はげしく行われました。この論争の中で私は最初大変に困惑しました。例えば，分子という術語を使うことができませんでした。それで「非常に小さい粒」などという言い方をしました。しかし，『物質の学習』（大竹・松井著，明治図書，1970.8）のあと，分子ということこそ，極めて重要であること，認識の発展の法則にしたがっていることを確信できました。それは，いかなる概念でも最初から十分に正確な内容でそれを獲得することは決してできないということです。まして，分子や原子のように内容が極めて豊富な概念を一度に正確に形成することなどあり得ないことですから「非常に小さい粒」を分子とし，さらに原子を導入する，というように発展させていくことこそ，概念形成である，ということをはっきりと学んだのです。

　物質の変化を物理変化と化学変化の2つに大別して把握することの重要性についても，同様なことがいえます。ところで，酸は機能である，という指摘は，批判をうけなければ，その後，長いあいだ気づかずにいたかもしれません。さらに，高橋さんの批判によって私は教育内容の体系性，系統性についても展望をもつことができるようになりました。もし，高橋さんたちの批判を受けなければ，教育内容については勿論，概念形成やその他のことについても，現在ほどはっきりと具体的事実を踏まえて主張することができるようにはなれなかったように思います。その意味できびしい批判を受けることは，研究・実践を発展させる上で，極めて重要なことである，と考えています。

　また，相の変化こそ，化学変化を特徴づけるものである，などという主張の不十分さをも理解できるようになったり，さらに最も基本的な分子や原子概念

を教師のお話で導入するのではなく，子供たちにそれを考え出させる授業を組織することが可能であることなどを示すことができるようにもなりました。高橋さんたちの現代化路線は，原子などは決して子どもたちが考えだせるものではない，という思い込みをもっているようです。それで，どの実践も，最初にいつも原子，分子を教師のお話だけで導入しているようです。最初に周期律表を地図として与えて，そこから出発するということです。これは授業の構成，運営において，子どもたちの能力を過少評価したものと私は考えます。

　子どもたちを信頼したら，基本的な内容こそ子どもたちが明らかにしてくれます。玉田さんの3つの原則は，子どもたちへの信頼を前提にしているのだ，と私は考えます。実践を大切にすることも，このことと関わっています。

　また，現代化論争の過程で，有効な認識の筋道はただ一つか，複数存在するのか，という問題も議論されました。Hさん，Nさんなど，高橋さんに近い人達は，一番よい道筋はただ一つであると主張していました。田中さんは複数存在する，その違いは声を荒立てて「科学観の違いだ」と発言されたことを記憶しています。私はこのときはっきりと自分の意見をいうことができませんでした。しかし，その後，Hさんたちのようにただ一つの道と考えると，完全に自縄自縛してしまい，実践できなくなることを理解しました。なぜならば，ただ一つの道筋しか存在しないとしたら，これから自分が実践する道筋が唯一無二の一番よい道筋であることを，まず実践の前に証明しておかなければなりません。しかし，そのような証明は不可能なことですから，一番よい認識の道筋がただ一つだけあるはずだ，と主張したら，評論家になる以外に方法はなくなってしまうのです。唯一無二を主張した人達が現代化論争を自分の研究・実践にとって実りあるものに成しえたのか，どうか，はっきりわかりませんが，この辺にその秘密をとく，一つの手がかりがあるようにも考えます。

4　その後の発展

　仕事はずっと以前から進めて，すでに脱稿はしていたのですが，国土社の都合で出版がおくれていた『化学の指導計画』が1962年6月10日に発行されました。これは，中学校の教科書を意識して，それを一歩乗り越えた授業ができるようにすることをねらいにしたものです。これは出発当初から手がけてきた，各単元の指導計画を実践結果にもとづいて書いた，ともいえると思います。

さらに現代化の問題が議論されるようになってから,『物理学の教育』『化学の教育』(1965年3月)『生物学の教育』が出版されました。これは現代化についての各サークルの研究・実践の成果をまとめたものともいえると思います。小学校から高校までを見通していますが,小・中学校が主な内容になっています。これを検討する過程でも,小・中を見通した全体系を意識する,また,小学校の内容について理解する機会に恵まれました。中学校の内容を検討するには,小学校の内容について一通りの理解をもっていることが前提になると思います。

　これまでは,物理,化学,生物,地学(地学だけは出版されなかった)の成果が同一の歩調のもとに出版されてきましたが,この後は「化サ」だけの活動になります。なぜ「化サ」だけがこのような仕事を続けていくことができたのか,つまり「細案」からの教育内容の検討を実践的に発展させていくことができたのか,それは,これまでに述べてきたことに関わっていると考えます。さらに,当時私は『理科教室』の編集を手伝わせていただいていました。そこで担当したところは実践記録や座談会の記録起こしでした。この関係で,現代化の発展の当然の帰結として考えられた「授業研究」の欄を担当しました。授業研究の原稿を作ろうとしましたが,初めだれも引き受けてくれません。そこでやむなく自分でお恥ずかしい授業を俎上に載せることにしました。そうしたら,つぎつぎと授業を引き受けてくれる人がでてきました。ところが,結果として見ると,「化サ」関係の人以外で引き受けてくれたのは,黒田さんただ一人でした。

　このように授業を通して教育内容を検討することも常に行いました。そして,その成果を踏まえ,『化学の教育』を発展させて『化学教育の体系と方法』1967年5月を出版しました。これは高校までを具体的に書いています。このような仕事を通じて,化学教育の内容について一層詳しく,具体的に考える機会をもつことができました。このような仕事を常におこなっていくことが大切だと考えます。つねにさらによいものがあるはずだ,ということを実践・研究を通して明らかにしていくことです。これは,決して無原則ではないが,有効な指導内容とその計画が複数存在できる。その優劣は実践の結果にもとづいてこそ考えられる,ということを前提にしています。このように考えなければ,有効性を主張しうる根拠をもつ新しいもの,改善されたよりよいものを作ることができないからです。

5 「中学の化学指導内容 60時間案」から

　現代化論争で「化サ」の人は，現代化学を知らないという評価を受けていましたので，化学の本をサークルで読むこともをしました。現代化学の香りぐらいは嗅ぎたいという気持ちでした。しかし，科学の勉強だけでなく，『体系と方法』の後も授業で検討するということを進め，1973年の夏の大会で「化サ」は，「中学の化学指導内容60時間案」を提案しました。これはこれまでの研究・実践の成果を踏まえて，将来の授業時間の削減をも見通し，それに耐えうる案として提案したものです。そして，これ以後，この案にもとづく実践結果を大会で報告してきました。ところが，大変に残念なことにこの案が広く実践的に検討されることがなかったのです。その原因を検討したところ，指導内容をいくら提案しても，それを聞いた人達が，その内容を具体的な授業にまで展開することが，大変に困難であることに気づきました。それは例えば，仮説の授業は広まるが，われわれの提案は広まらないという事実を考えてみてもわかることでした。そこで，授業の具体的な展開まで具体化したものを作らなければ，どうしても広めることができない，ということになりました。

　ところが，どういうふうに具体化したらよいのか，その具体案についてのイメージが直ぐにはできなかったのです。この具体化に行き詰まっていたとき，三井さんと私が国立教育研究所の科学教育研究センターの共同研究員という大変にありがたい制度を利用できることになりました。この時，三井さんが玉田さんの授業を見せてもらおうと提案し，玉田さんに快く了解してもらって，二人で玉田さんの授業を1か月以上にわたって見せてもらうことになりました。「授業研究」で化合の授業を公開してもらい，その素晴らしさに驚嘆していましたので，その後の発展に大変興味がありました。

　そして，『理科授業の創造』（新生出版，1978年7月）という本になった実践をずっと見せてもらったのです。このとき，玉田さんの授業に一つのパターンがあることに気づきました。三井さんから，このパターンで『授業ノート』が作れるのではないか，という提案を受け，次の年に具体化したのが，『授業ノート・化学の基礎 (1)』1978年3月です。

6 成果は実践・研究によって

　現代化の最先端を走っていた人達から，「化サ」の連中は現代化学を知らない，近代化学までしか知らないという評価を受けていました（但し，私は近代化学も知りません）が，分子・原子論に基づく現代化の実質的な成果は，われわれの方にしか上がらなかったようです。というのは，先端を走っていたはずの人達が現代化した授業を実践した結果，基本的なことで何かを明らかにすることができた，ということを私は聞いたことがないからです。

　初め私は，鉄＋硫黄の混合物の分離を問題として考えさせることから「化合」を導入しました。生徒たちは，鉄と硫黄では融点，沸点が違うから，混合物を加熱したら鉄と硫黄に分離できると，主張します。そこで混合物を加熱します。しかし，結果は硫化鉄という1種類の物質に変化してしまい，2種類の物質に容易に分離できなくなる事実をもとに化学変化，化合を導入し，化合物は2種類の分子・原子が結びついてできている，としていました。この後，分解を酸化水銀の熱分解で導入しました。ところが，ここで生徒から〈化合も加熱，分解も加熱〉ではどちらも同じ加熱で，分子・原子の運動を激しくするだけではないか，分解が起きるのはわかるが，逆に化合が起きる，結びついてしまうのは理屈に合わない，という指摘を受けました。

　この指摘を受けるまでの10年近くの間にも，生徒たちに化合物を分解する方法を問うと，多くの生徒たちが〈冷やせ〉という意見を出していました。私は，生徒たちのこの発言の意味を長い間，理解することができずにいたのです。もし，もっと早くにこの発言の重要性に気づいていたら，〈化合の条件〉の発見もそれだけ早くなっていたかも知れません。生徒たちの発言には必ず必然性がある，ということを改めて教えられました。

　三井さんは，早くから分解から化合という順序が適切ではないか，と主張していましたが，私は，分解から化合へ進めるための課題を作ることができなくて，化合から先に導入していましたが，この化合の条件の発見によって，化合が先か，分解が先か，という問題に理論的な根拠を持つことができました。分解を先にする現在の順序が決まったのです。

　この分子と分子が衝突したときに化学変化が起きる，という当然のことも，実践の結果から生まれたことで，この成果をイオンの導入に生かしたら，原子

からイオンという導入の順序の不適切さも明らかになり，イオンから原子という現在の順序になったのです。まず，イオンありき，ということの重要性が明らかになったのです。このことは，研究・実践の方向性が正しく，研究方法が実践的であれば，そこにいろいろな不十分さがあったとしても，必ず，その不十分さを克服でき，新しい発見をもたらす多くの成果が生み出される，ということだとも思います。

7 その他，幾つかのこと

実践には矛盾がつきもの

　矛盾のないことだけをねらっていたら，実践はできないのではないでしょうか。実践すれば必ず矛盾が生じ，泥をかぶることになるのではないでしょうか。そして，泥をかぶるからこそ，その解決の方策を明らかにできるのではないでしょうか。実践のないところに発展はない，と私は考えています。

研究・実践の方向性を大切にする

　一所懸命に仕事をしても，たいして成果が上がらない，成果を積み上げることができないというときは，その方向性を問い直してみる必要があるのではないでしょうか。方向性を大切にする，ということは妥協したり，他の人の意見に耳を傾けない，ということではありません。方向性が正しければ，汲み取るべき内容をもつ批判を受けたとき，自分の方向性にもとづく研究・実践の中に取り入れて，自分の成果の中に位置づけることができる，ということだと思います。例えば，物質をイオン性物質，分子性物質，金属性物質という3大物質に分けることなど，現在では当たり前ですが，高橋さんに指摘されるまで，私は明確に意識していませんでした。

理科は自然科学を教える教科である，ということ

　「理科は自然科学を教える教科である」という理念は，何も教える内容だけの意味ではない，と私は思います。この主張は，自然（人間もその一部です）は，法則的な運動をしている，決して，でたらめな変化をするものではない，ことを前提にしていると思います。

　さらに，このことは，子どもたちが自然科学の概念や法則を獲得する獲得の

仕方は「小さな大人である」となると思います。自然の法則性の認識の仕方に法則性がある。その法則性は大人・科学者と子どもたちが基本的には同じである，ということは，科学を教える授業も当然のことながら，その法則性にもとづかなければなりません。授業が子ども（大人も同じ）たちの認識の法則性を踏まえていなければならない，ということです。

　このことを前提として，授業研究の重要性が理解できるのではないでしょうか。玉田さんが編集から退いたあと，『理科教室』では本来の意味での「授業研究」を扱っていない，と私は考えています。この辺にも違いが現れていると思います。

授業の構成，運営について

　すぐれた授業の方法は，絶えず子どもたちの頭の中を見ながら，つまり，考えていることをリアルタイムで絶えず把握しながら，授業が進行できるようになっているはずです。『授業ノート』に展開した授業の形式は，玉田さんの授業に学んだものですが，私は，この授業の方法はまさにその通りになっていると考えています。

　では，どうしてこのような授業の方法を玉田さんは創造できたのか，それは最初のところで書きました指導内容は基本的には自然科学から出てくるが，授業の構成，運営は子どもたちの自主性，実践性，生活性を大切にすることと，その子どもたちが発達した証拠をどのように客観的に把握するか，という評価の基本問題を踏まえていたからだと思います。

　科教協が掲げた理科は自然科学を教える教科である，という理念と，敗戦後の理科教育が大切にした3つの原則と，子どもたちの思考の法則性・自然についての科学的認識の発展のすじ道と，授業における評価についての玉田さんの実践的な研究成果を見事に統一したのが，玉田さんの授業論である，と私は考えています。

　したがって，戦前の子どもたちの思考・認識の実態を把握できず，結果として子どもの思考，認識の発展を軽視してもいた，いわゆる『尋常小学理科書』や中等学校の各種教科書による授業から，子どもたちの実態を見事に踏まえた，本当の意味での自然科学の体系的，系統的学習，〈自然科学の授業〉と呼べる授業に発展したのだと考えています。

サークルとは何か

　「化サ」の特徴は，いろいろと考えられる，と思いますが，その幾つかを上げますと，実に多様な人達が集まっていた，ということが上げられると思います。この人の多様性が意味をもつと思います。また，小学校から高校までの教師，編集者，科学史家まで，多様でした。また，田中さんの幅の広さ，深さを抜きにすることはできません。さらに始めに書きましたように，集まっている人達は誰もみな対等に扱われる，という当たり前のことが当たり前に通用していたことも基本的なことと考えます。

　私は，このサークルの中で，実にさまざまなことを学びました。まず，知らないことに気づいたら，すぐに辞書を引く，本を調べる，基本的な文献を見る，過去の成果を探すことなどいろいろあります。また，できるだけ本を買うということもその一つです。もっとも私は子どもの頃，本を買ってもらったという経験がありませんでしたから，子どもの頃から，本を買うことは私にとって大きな憧れでした。

　言葉を大切にする，ということも教わりました。これは子どもの発言を聞くときにも大変に役立っています。言葉一つでもいい加減にはできない，ということを学びました。言葉に注意するということは，何も概念や法則の定式化だけではありません。常に言葉に対するアンテナを張っているということです。

もろもろのこと

　批判を受けることは相手から対等に扱われていることの証拠である，と私は考えています。このことは，意外と理解されにくいようですが私は極めて基本的なことと考えます。

　批判を受けることを拒否したり，批判を受けて逆恨みするなどは，民間教育研究団体にあってはならないことと思います。

　これまでの成果を大切にする，他人の成果を大切にする，これはその成果の上に自分の成果を積み上げるのが研究ですから，当然のことですが，意外とこのことの理解は難しいようです。しかし，このことが理解できなければ科教協の発展はあり得ないと思います。

　階層性についての議論も，観念的なものでなく，具体的な教育内容とその構成，つまり自然科学の教育課程の創造と，その実践結果に基づいて行うようにしたいと思います。哲学論争で満足したら，意義を低めてしまうように考えま

す。
　概念形成についても詳しく述べなければならないのですが，これだけでも大変な量になるように考えますので，今日は述べません。

(1994. 3. 14)

第1章　こんな授業からの出発

[コメント]

　この章に再録した実践記録などは，「授業とは何か」，という検討をすることができずに，自分の思い込みに頼って，行っていた授業の記録である。自分自身が小学校からずっと受けてきた授業を元にして，授業は，こんな風にしたら，指導内容が生徒たちによりよく理解されるはずである，と主観的に思い込んで行っていた授業の記録である。したがって，現在，読み直してみると，赤面，恥ずかしさなどを通り越し，この授業の事実を完全に消し去ってしまいたいような気持にもかられる内容のものである。

　ここの記録にみる生徒たちの発言の内容は，極めて断片的である。それは生徒たちを考えなければならない状況に導くのではなく，ただ単に，イエス，ノー程度の発言しかできない状況に置いていたからである。これは私の問いかけが瑣末で，断片的で，生徒たちを私の単純で極めて視野の狭い思考の筋道にそって引き回していたことによるものである。このことにまったく気づかず，私だけが自己満足していたためである。

　しかし，この目も当てられない状況からの脱皮の第一歩を創ってくれたのが，章末に再録させてもらった「化合」の授業の検討会である。この会は子どもたちの全面的な発達を保障するために，科学的な根拠に基づき，自由で多様な研究と実践を目指してきた研究集団・科教協の人たちによるものである。私は，具体的に何に注目しなければならないのか，どのようなことが意味をもつ事実なのか，そして，教育内容の研究こそが，授業づくりの出発点であることなどを改めて具体的に学ぶことができたように考えている。自由で多様な人達による集団的な研究の重要性も学んだのである。

　現在，広く見られるような教委の指導主事や権威者といわれる人を講師にした，文部省「学習指導要領」にもとづく研究会と称するものと本質的にことなる研究会であることに，ぜひ，注目していただきたい。

　この授業のあと，私は玉田さんの「"化合"の授業」(『理科教室』1965.6) を参観して，自分の授業を大きく変えていくことになった。第2，5章はその過渡期のものである。

【1】 金属の学習

1 まえがき

　この記録は第1学年に二葉の「中学生の理科」，第2学年に三省堂の「中学生の理科」三訂版を使用した3年生に，化学サークルで「金属と非金属」の学習プランとして検討していただいた案の金属の部分を6月下旬から9月上旬までにわたって実施してみたものです。
　私自身が現在まで不勉強であったため，実施してみて，テストの結果や，生徒の感想等から，多くの失敗を重ねていることがわかりました。
　3年は6クラス編成で，各クラス60名，男女の数は35人，25人です。時間数は週5時間で，1時限は50分です。実験室は図工科と共用で，ガスは教卓だけにあり，水道は流しが1カ所で蛇口が6コ付いています。実駿机は6人掛けの区規格のものが9脚入っています。

2 授業のプラン

　このプランでは銅を始めから終りまで使えるように考えました。
［目　標］
(1) 主な金属の物理的・化学的性質と，その用途との関係を理解する。
(2) 化学変化によって，電流の生ずることを理解する。
(3) 物質不滅の法則を理解する。
(4) 金属の冶金・製鋼等の原理方法について理解する。
(5) 原因と結果との関係を発見する能力を養う。
　時間配当は各項目共1時限としました。

3 授業の記録　　　　　　　［第1時　金属の物理的性質］

　　　　　　　　　　　　　　　生徒が集めてきた金属の中から，銅線・

題目	項目	理解の重点	実験
金属の性質	物理的性質	金属の色・光沢・硬度・もろさ・延展性・比重・融点・磁性・電気・熱の伝導について	種々な金属の色・光沢・硬度・延展性・磁性を調べる
	化学的性質	金属の酸に対する反応 反応速度と温度との関係 鉄・銅イオンの検出	鉄粉に希硫酸，銅粉に濃硫酸を加える。これを加熱し，次いで沪過し，沪液から鉄，銅イオンを赤血塩，アンモニヤで検出する
金属イオン	金属イオン	金属イオン 原子構造（核と電子からできている）電解質	
	イオン化傾向	イオン化傾向の大小 イオン化列	硫酸銅溶液に鉄くぎを入れ，銅が折出し鉄がイオンになることを調べる 硝酸銀溶液に銅片を入れ，銀が折出し銅がイオンになることを調べる
	電池	電池のできるわけ，蓄電池と乾電池	ボルタの電池を作る
	メッキ	金属塩の水溶液を電気分解すると，金属は陰極に折出する これを利用してメッキをする	銅板にニッケルメッキをする
金属の冶金	銅の冶金	金属鉱物から炭素で還元して金属をとりだす 銅の電解製錬	硫酸銅を木炭の穴の中に入れ，吹管で加熱還元して銅をとりだす
	鉄の冶金	銑鉄の製法 溶鉱炉の構造と働き 鋼の製法 転炉・平炉・電気炉の構造と働き 銑鉄・鋼の性質用途	
	アルミニウムの冶金	アルミニウムのように，溶鉱炉で還元できないものでも，電気分解で還元できる 電解槽の構造と働き 氷晶石の働き	
金属の利用	合金	何種類かの元素をまぜて溶解すると，新しい性質を持った合金ができる	ハンダを作る
	さびの防ぎ方	鉄さびに空気と水が関係する さびの状態 さびの防ぎ方	水と空気が，鉄さびに関係するかどうかしらべる

アルミニウム板・鉄線をえらび種々の性質を調べました。融点と電気・熱の良導体であることについては，2年の復習程度に軽く扱いました。

　反省→個々の金属を調べる事に主力を置かずに，非金属と金属との対比に重点を置くべきだったと思います。

[第2時　金属の化学的性質]

　試験管に鉄粉と希硫酸を加え，水素の発生するのを調べました。

　次にこれを加熱して，その変化を調べました。

　試験管に銅粉と濃硫酸を加え，何の変化もおこさないことを見ました。

T　何も変化がおきていないようだけれども反応をおこしやすくするには，どうしたら良いだろうか。

C　あっためてみたらいい。

　その試験管を加熱して，亜硫酸ガスの発生するのを気づかせました。

　始めの鉄に希硫酸を加えたものを濾過し，赤血塩を濾液に加えさせました。

T　赤血塩を加えて青色になるのは，鉄が入っているからだよ。

T　この鉄はどこから来たのかな。

C　鉄粉から。

T　ほんとか。始めから硫酸に入っていたのではないかな。

C　硫酸に赤血塩入れてみればわかる。

T　それでは，硫酸を調べてみよう。

　銅についても，同様にしてアンモニヤで検出しました。

　反省→鉄粉を使用すると，加熱した時反応がはげしすぎて，試験管からこぼす生徒がいるので，鉄片を使った方がよいと思います。

[第3時　金属イオン]

　鉄と銅が硫酸にとけたが，これはF^{++}，Cu^{++}という状態になっていること，これを蒸発乾涸すると硫酸第一鉄と硫酸銅の結晶ができることの2つを説明し，硫酸銅の結晶を見せました。水に溶けて，イオンになるものを電解質といい，酸・アルカリ・塩がこれに入ることを説明しました。原子の構造から，陰陽イオンについて話し，イオンの価数について説明しました。

　反省→正負の電気が，同じ量だけあると，電気的に中性になるということが，よくわからないようでした。

　＋，－のしるしが，電気の最小の量を表わす事の理解もたりなかったように思います。

[第4時　イオン化傾向]

T　同じ金属でも，電気や熱を通しやすいものと，そうでないものとあったね。

T　じゃあ，同じ金属でも，イオンになりやすい，なりにくい，という差はないかね。

C　ある。

T　あるかないか，調べないとわからないけれど，ありそうだね。

T　では，みんなで調べてみよう。

T　どうしたらよいかな。

C　……。

T　2種の金属を比べてみよう。

　2本の試験管に，硫酸銅の水溶液を入れ，一方に鉄くぎを入れさせました。

T　くぎの表面と液の色に注意しなさい。

C 赤っぽくなった。
T 表面についたものは，何だろう。
C さびだ。
T なるほど，それでは，そこを手でさわってごらん。
C とれちゃった。
T やっぱりさびだったかな。
C さびじゃない，銅だ。
T これは銅なんだ。
T 液の色はどうかな，2本の試験管をくらべてごらん。
C くぎの入っていた方が，色がうすい。
T くぎについた銅はどこからでてきたのかな。
C 硫酸銅の中から。
T 銅は硫酸銅の銅がでてきたのです。
T 銅が出てきただけで，ほかに変化はおこらなかったかな。
T おこるとすれば，何か関係のあるものはないかな。
C くぎ。
T 鉄だね，鉄は何で見つけたっけな。
C 赤血塩。
　赤血塩を加えて，鉄イオンのあることをたしかめさせました。
T 鉄はどこから来たのかな。
C くぎ。
T 硫酸銅溶液に始めから，鉄が入っていたのではないかな。
C 硫酸銅を調べてみればわかる。
　硫酸銅溶液に赤血塩を加えても，変化の起らないことをたしかめさせました。硝酸銀水溶液を2本の試験管に入れ，一方に銅片を入れて，前回と同じように観察させました。

T 銅の表面についたのは何かな。
C 銀です。
T ほんとに銀かな。
T 調べてみよう。
　表面についた物をとりだして，硝酸で溶かしました。
T これがほんとに銀ならば，元の硝酸銀に戻ったわけだね。
T 銀をみつけるには，どうしたらいい。
C ……。
T 水質検査で使ったんだろ。
C ……。
　塩素を加えると白くにごることを説明し，食塩水を加えて，確かめました。
T 残った液はどうかな。
C 銅の入っていた方がうす青くなった。
T 何が入ったのかな。
C 銅だ。
T それでは調べてみよう。
　鉄の場合と同様にして，銅イオンが銅片からでてきたことを確かめました。
T 初めの実験でわかったことは，鉄が入って，銅が出て来たんだから，鉄と銅を較べると，どちらがイオンになりやすいのかな。
C 鉄。
T それじゃ，銅と銀はどうだ。
C 銅。
T そうだね。それでは，鉄と銅と銀を較べたら，どんな順に並ぶかな。
C 鉄，銅，銀。
T 今日の実験をまとめると，イオンになりやすい順は，鉄，銅，銀ということだね。
T 硝酸銀の溶液の中に鉄を入れたら，どんな変化がおこるだろうか。

C 鉄が入って銀がでてくる。
T そうだね。ためしてみよう。
　硝酸銀溶液の中に鉄くぎを入れ，銀の析出するのを確かめました。次に多くの金属について調べた結果，イオン化列がわかっている事を話し，板書しました。
　反省→実験の方法として，イオンの状態にあるものと金属を較べるという事は3分の1位の生徒になかなか理解されないようです。但し，イオン化傾向に大小があるという結果は，大多数の生徒に理解されたようです。鉄イオンと銅イオンが共存すると，赤血塩を加えても青くならず，青黒くなってしまうことも考えなければならない点です。

[第5時　電池]
　イオン化傾向の大きな金属と，小さな金属と電解液を組合せると電池ができること。イオン化傾向の大きい方の金属が陰極になることの2つを説明し，ボルタの電池を作り豆電球をつけてみました。すぐ消えてしまうのは，陽極に水素が発生するからで，これをとり除けば永く電流を取りだせること。
　二酸化マンガンで水素を酸化するようにした物が乾電池であること。蓄電池は放電と充電を交互に行う事のできるようにしたもので，これはみな，化学変化によって，電子の流れ，電流を取りだせるようにした物であることについて話しました。
　反省→$Zn \rightarrow Zn^{++} + 2e$で，この電子を取り出したのだという事の理解できない生徒が，かなりいたがイオンの概念のできていない生徒であると思う。

[第6時　メツキ]
　金属塩の水溶液を電気分解すると，陽イオンは陰極で還元されて金属となり，陰イオンは陽極を酸化して，元の金属塩になることを話し，金属塩の濃度は一定で，陰極についただけ極がとけることを気づかせました。
　ニッケルメッキを銅板にしました。電流を通さなければ，イオン化列から考えられるように，ニッケルが銅板に折出しないことを確かめさせました。
　反省→陽極でニッケル板が酸化されていくという事がわからない生徒がかなりいたようです。

[第7時　銅の冶金]
　金属の酸化物，硫化物から，炭素で還元して金属をとり出す事を説明し，疏酸銅から吹管を使って銅の還元を見せました。表面が酸化銅となっているため，褐色で，生徒に銅であることが一見でわからず，困りましたが，乳鉢でこすると銅の光沢がよくでることを知り，試みてみたら生徒もよく納得しました。ちょうど学校に酢酸鉛がありましたので還元してみたところ，容易に鉛の小粒ができ酢のにおいがして，生徒に喜ばれました。最後に粗銅の電解製錬について，説明しました。
　反省→実験を器具の関係で，教師実験としましたが，生徒実験でないと，金属をとり出せた喜びはすくないようでした。

[第8時　鉄の冶金]
　銑鉄の製造，溶鉱炉の構造と働き，からみ・鋼の製造・平炉・転炉・電気炉の構造

と働き，銑鉄・鋼の性質用途について主に教科書を利用して説明しました。
　反省→コークスが鉄鉱石を銑鉄にまで還元するのに，銅鉱石の場合には，硫化銅までにしかならない事に気がついた生徒は少数だったので，化学反応式のよくわからない生徒の多いのを，なんとかしなければいけないと思いました。

[第9時　アルミニウムの冶金]
　酸素との結合が強くて，溶鉱炉で還元できない金属も，電気分解で還元できることを話し，水晶石の働きと電解槽の構造・働きについて説明しました。イオン化傾向の大きな金属は電気分解で，中位の物は炭素で，小さいものは自然金としても産出することを，イオン化列から気づかせました。
　反省→イオン化列は一体どんな意味を持っているか，よくわからなかった生徒も，ここでは重要性に気づいたようでした。

[第10時　合金]
　何種類かの元素をまぜて溶融すると，新しい性質を持った合金ができることを話しました。錫と鉛の融点のちかいを，ハンダごてでしらべ，次にこれをまぜてハンダを作り融点がひくくなったことをハンダごてを使って調べました。合金を成分によって分類し，その性質と用途を説明しました。
　反省→融点のちがいを半だてで，簡単にしらべるのはよかったと思います。

[第11時　さびの防ぎ方]
　さびのできやすといころと，できにくいところの違いから，さびの原因に関係ありそうな事として，湿気と空気を気づかせました。試験管の中に湿気と空気の状態を種々に変えて鉄くぎを入れ，その変化をしらべさせ，湿気と空気がさびと関係のあることを確認させました。鉄さびは表面だけでなく，深部まで侵す事を見せました。身近かに行われている，さびを防ぐ方法を話させ，これらがみな湿気と空気の触れるのを防いでいることを理解させました。
　反省→原因を見つけ出す方法を考える力が非常に劣っていることを感じました。

4　指導の結果

　7月の学期試験までに，メッキの所まで終ったので，次のような問題でテストし結果を表にしました。
　受験者数359名（男209名女150名）
　　問題別正答者数及正答率

1．金属が一般的に持っている特徴を2つあげなさい。
　　同じ金属でも電気を通しやすいものと，通しにくい物があるというように理

番号	男	女	合計	正答率
1−イ	88	67	155	40.4
1−ロ	59	30	89	22.0
2	75	44	119	33.1
3	141	79	238	66.3
4−イ	24	24	48	13.4
4−ロ	36	28	64	17.5
5	30	23	53	14.8
6	99	47	146	40.7
7	82	38	120	33.4
8	10	1	11	3.1
9	106	65	171	47.6
10	133	64	197	54.9
11	112	77	189	52.7
12	91	49	140	39.0

解していて，金属と非金属を比較して考えていない生徒が相当数ありました。

2．鉄粉に希硫酸を加え，その反応をしらべたとき，でてきた気体は何か。

3．2の反応を調べた時，熱を加えたらどのような変化がおこりましたか。

　反応速度が大きくなった結果，泡が沢山でてきたのだとは理解されなかったようで，ただ泡が沢山でたという現象だけが強く印象に残ったようです。

4．銀イオンが入っているかどうか調べるのに，どんな薬品を使いましたか，またどんな変化がおきましたか。

5．Cl^-のような陰イオンは，普通の状態の時の原子とどのようにちがいますか。

　電子が一つ多いというように答えた者が20名ばかりいました。電子が一つすくないと答えた者は50名近くいました。

6．次の化学反応式の□の中に適当なものを書き入れなさい。

　　HCl＋NaOH　→　□＋H_2O

　ClNaと書いた者が60名余いましたが，その半数は，数学ではアルファベットの順に書くからと，残りの半数はClの方が先にあったからだといっていました。

7．ブリキのバケツの中で，硫酸銅を溶かしたら，バケツの内側に赤褐色の薄い膜のようなものがついた。これを取り出して，硝酸で溶かし，アンモニヤを加えてみたらあい色に変化した。また硫酸銅の溶液の中に錫が入っていることが解った。これらの事からどんな事が考えられるか。

8．ブリキとトタンを較べると，傷がついた時，トタンの方が穴のあき方が遅いというが，これはどうしてか。但しイオンになりやすい順は，Zn, Fe, Sn

の順である。
　この事について，授業では扱っていませんでした。
9．ボルタの電池で，イオンになりにくい方の金属は，正負どちらの極になるか。
10．メッキをする時，直流を使うのはなぜか。
11．次の物の中，非電解質の符号を〇でかこみなさい。
　　イ　塩酸　ロ　砂糖　ハ　食塩　ニ　水酸化ナトリウム　ホ　硫酸
12．水酸化ナトリウムの持っている性質を一つ上げなさい。

5　指導後の感想

1．イオンについての学習の時間をもう1時限設ける必要があったと思います。
2．根の概念について，よく理解させる必要があると考えました。
3．塩素イオンの検出に，硝酸銀は使えるが，銀の検出に塩素イオンを使えないというような知識でなくしたいと思いました。
4．鋼の性質として，焼き入れ，焼きもどしの実験をさせればよかったと考えています。

　　　　　　　　　　　　　　　　　（『理科教室』1959年1月号2巻1号）

【2】原子・分子の重さ

1 化合について，何を教えるか

　中学1年で化学変化についての指導を行っているが，そこで教えている内容は，化合によって，「もとの物質とはちがう性質の物質ができる」という程度のものである。このような内容では，化合の概念を形成させるのに極めて不十分であるといわなければならない。化合について初歩的概念を形成させるためには，次のような内容がすくなくとも含まれている必要があるだろう。
イ，A＋B＝C，AとBが化合して，AともBとも性質のちがうCという物質ができる。
ロ，C＝AB，反応生成物のCの中には，ABが保存されている。物質不滅の法則。
ハ，化合をすると，熱（光）の出入がある。
ニ，化合の量的関係，化学組成一定の法則，原子量，分子量，原子価。
　ところで現在までの研究実践の多くは，イロハあるいはこの原子価などを内容とするもので，原子量・分子量などに関するものは，大変に数すくない。しかし，化合という概念の中から量的関係を除いてしまっては，化合の概念としてまったく一面的なものになってしまい，化学の学習から理論的な理解を追放することにもなる。つまり，推理していく喜びを与える機会など大変にすくなくなる。
　そして，化学変化を量的側面からも理解させることは，例えば水の分子はどうしてH_2OでHOあるいはHO_2などとならないのか，どうして，水の分子はH_2Oであるといえるのかなどということについても，初歩的理解を与えることになり，化合についての質的側面についての理解が飛躍的に高められることになることに注意しなければならない。従って，化学組成一定の法則とか，原子量，分子量などについての学習を組織することは，大変に重要な意味を持っているものといわなければならない。そしてこのような内容を教材化することができれば，さらに以後の化学教育の内容の現代化にとって大変に重要な発展の基礎

をも提供することになる。

　例えば，中和の授業において，量的関係を扱うことができ，さらに化学工業の教授内容なども質の高いものとすることができる。そしてさらに物理分野での原子の構造，原子核の構造と関連させての原子の周期律の教材化をも可能にする。つまり，このような内容を教えることによって原子，分子を実在物として認識させることができ，さらにその原子の存在の法則性についての理解を深めることができるのである。

2　原子量，分子量をどう考えるか

　ふつう「原子量は炭素原子1個の重さを12と定め，これを標準としたすべての原子1個の比較的な重さである」と教えられている。しかし，このように教えられた私自身は，何か原子の実在性とは遠くかけはなれた世界のできごとであることを教わったような印象を得たことを記憶しているし，そのあとすぐででくるグラム原子という概念を理解するのに，何かひどく抵抗を感じたことを忘れることができない。

　初めに，比の値であったものが，そのあとすぐに「g」という単位をつけて使われるようになることに，多くの生徒が混乱させられたのではないだろうか。つまり，1グラム原子という概念の原子論的な意味を正しく理解することができず，ただ機械的に憶えて，化学計算を行っていたのではないだろうか。

　ところでこのように多くの生徒にとって難解な内容の原子量やグラム原子についての教育は，原子・分子の存在がまだ仮説であった時代からひきつがれて現代にまで至ってしまったものではないだろうか。つまり，科学の発展に対応して内容が現代化されず，それにふさわしい教授法の確立もまたなされてこなかったのではないか，そこに原子量，分子量の導入とそれを使っての化学計算が一般に敬遠されている原因があるのではないだろうか。

　そこで，原子や分子が実在物として確認され，それについての知識が相当豊富になっている現在では，原子量，分子量を重さの比として教えていく必要はないのではないか。むしろ，原子1個の重さから出発していくべきではないだろうか。そしでグラム原子などもこの線にそって定義すべきではないだろうか。

　つまりg単位で原子1個の重さをあらわし，その$6{,}024 \times 10^{23}$個の重さを1グラム原子としていけばよいのではないか。

3 「如何に」教えるか

　原子量，分子量を教え，化学計算を指導するとき，ややもすると具体的事実との関連を軽視しがちになるが，このような内容を教える時こそ，それに適した実験を行うことが是非必要なのではないだろうか。そこで，化合を教える時，銅といおうの化合を扱ったので，それを使って原子，分子の重さや化学計算についての具体的事実を示すことにした。

　さらに，原子量，分子量を使って化学計算を行う時，すぐ出てくるのが比例式である。この比例式は，これを理解しているものにとっては極めて便利なものであるが，多くの子どもたちにとってはかならずしもやさしいものではない。

　そして，中学1年生は，この比例式をまだ教わっていないし，数学担当の同僚の話では，比例式を深く扱うと反比例のところで混乱をすることがあるというので，比例式を使うことはやめ，そのかわり，例えば水素1gと化合する酸素の重量はどれほどになるかを出発点とすることにした。

4　授業の記録

[第1時]

　この授業の前に，原子の大きさや，化学式，化学反応式を扱い，物質不滅の法則を実験的（二酸化炭素を作り，それをマグネシウムによって還元し，炭素の保存されていること示す実験や，フラスコ中でマグネシウムを燃焼させて，反応の前後において重量の変化しないことを示す実験など）にたしかめている。物質不滅の法則を実験的にたしかめておくということは，化学計算を理解するための前提として重要な意味を持っていると考えられる。

　T　原子1個の大きさは，1億分の1cmというような大変に小さなものであるということを前に学習しましたが，今日は原子や分子の重さについて学習しましょう。

　水素原子1個の重さは，0.000000000000000000000001663gという非常に軽いものです。

　また酸素原子1個の重さは，0.00000000000000000000026608gです。

　このように小さな原子の重さについても現代の科学ではちゃんとしらべることができます。

　C　すごいなあ，いくつ0があるんだ。

　C　先生，ほんとにはかったの？

　T　いろいろな方法を使ってしらべると，原子の重さがこのようであることがわかります。ところで，君たち，こんなに小さな目方をはかりではかることができますか。

　C　できません。

　T　そう，あんまり小さすぎて，原子1個を天秤にのせても針がうごかないね。それ

ではどうすればはかりではかれるだろうか。
C　沢山集めればいい。
T　なるほど，いくら小さくて軽くても，沢山集めればはかりではかれるようになるというわけだね。それでは沢山というのは何個位かな──10個，1000個，1万個かな。
C　だめですー。
T　それでは1億個位かな。
C　はかれる（2，3人声がする）。

　ここでは1億倍してもまだまだだめなことを確認し，さらにそのまた1億倍でもまだだめなことをしらべる。

T　それでは一体何倍したらいいのだろうか。
C　……。
T　実はね，水素原子1個の重さを60240000000000000000000倍すると丁度1gになり，酸素原子1個の重さを6024000000000000000000倍すると16gになります。さあ何倍だか読みますか。
C　一，十，百，千，……。
T　それでは読んでみましょう，万，億，兆，京，さあ，その上をなんというかな。
C　（がや，がや）
T　私もよめない，あんまり大きすぎて読めないから，ここでは「6024よめない倍」と読むことにしましょう。そうすると，水素1gの中には，水素の原子が「6024よめない個」入っているということになります。それでは酸素16gの中には酸素原子は何個入っていますか。
C　「6024よめない個」（わらい）。
T　そうです。酸素16gの中には酸素の原子が「6024よめない個」も入っているので，この位の重さになればはかりではかる

こともらくにできますね。ここで注意しておくことは，酸素の原子，原子が「6024よめない個」入っているので，酸素の分子が「6024よめない個」入っているのではありません。酸素の分子を「6024よめない個」集めると何gになるでしょうか。分子式から考えてみましょう。
C　32gです。
T　そう32gですね。酸素分子1個の中には酸素原子が2個入っていますから，それでは水素分子を「6024よめない個」集めたら何gになるでしょうか。
C　2gです。
T　そう，水素原子「6024よめない個」の重さが1gで，水素分子1個は水素原子2個からできていますから原子の数は2倍あるわけで，重さも2倍の2gになります。
　ここでストロンチウム90を6024読めない個集めると90gになり，ウラニウム235を「6024よめない個」あつめると235gになることを説明する。

T　それでは今度は水の分子の重さを考えてみましょう。水の分子式をノートに書きなさい。水の分子式はH_2Oですね。それではこの水の分子1個の重さはいくらになるでしょうか。計算してください。
C　0.000000000000000000029934gです。
T　そうですね。しかし，さっきと同じでこんなに小さな重さをはかりではかることはできません，どうしたらよいのでしょうか。
C　「6024よめない倍」すればいい。
T　なるほど，それでは「6024よめない倍」してみましょう。丁度18gになりますね。そうすると水18gの中には，水の分子が何

個入っているのですか。
C 「6024よめない個」です。
T そうですね。ところでこの18gというのを，もっと簡単に求めることもできます。水の分子を「6023よめない個」もってくると，その中には水素の原子が何個入っていますか。
C 「6023よめない個」の2倍。
T そうですね。それではその目方は
C 2gです。
T それでは酸素の原子は何個入っていますか。
C 「6023よめない個」。
T それの目方は，何gですか。
C 16gです。
T そうなりますね。そうすると全体では何gになりますか。
C 18gになります。
T 2g＋16g＝18gになります。このようにして求めることもできます。このことからわかることは，18gの水の中には，かならず酸素が16gと水素が2g入っているということです。それではこのことから水素1gと何gの酸素が化合して，何gの水ができるといえるでしょうか。計算してください。
（板書）
　　$H_2O \leftarrow H_2 + O$　18g＝2g＋16g
　　　　　　　　　　　□＝1g＋□
T それでは一緒に考えてみましょう。水素が2gの時，16gの酸素と丁度化合するのですから，水素が1gになれば，
　2g÷1g＝2　16g÷2＝8g　8g＋1g＝9g
で，8gの酸素と化合し，水が9gできることになります。続けて，もう一つの例を考えてみましょう。化合のところで，いおう

と銅を化合させる実験をやりましたが，その時化合して何ができましたか。その分子式は。
C 硫化銅，Cu_2Sです。
（板書）
　　$2Cu + S = Cu_2S$
T そう硫化銅Cu_2Sができましたね。それではこの硫化銅について考えてみましょう。いおうの原子「6024よめない個」の重さは，32.0gで，銅の原子「6024よめない個」の重さは，63.5gです。それでは硫化銅の分子「6024よめない個」の重さは何gになるでしょうか。
C 32.0g＋63.5g×2だから159gです。
T そう，硫化銅の分子1個は，いおうの原子1個と銅の原子2個とからできていますから，硫化銅の分子「6024よめない個」の重さは，いおうの原子「6024よめない個」の重さ32.0gと銅の原子「6024よめない個」の重さ63.5g×2との和，159gになります。それでは，今度もまた銅の目方を127gでなく1gとしたら，何gのいおうと化合して，何gの硫化銅Cu_2Sができるか考えてみましょう。ノートに書きなさい。
C 0.25gのいおうと化合するから1.25g硫化銅ができます。
T それではみんなといっしょに，考えてみましょう。銅が127gの時，32.0gのいおうと化合して159gの硫化銅ができるが，銅が127gでなく1/127の1.0gにへったのですから，いおうも1/127にへるわけです。
　127g÷1.0g＝127　32.0g÷127＝0.25g
　1.0g＋0.25g＝1.25g
1.25gの硫化銅ができることになります。このように，原子や分子の重さがわかると，

原料をいくら使えば，製品がどれだけできるかということなども，簡単に計算ができるようになります。これから化学を勉強していく時にもよく使われますから，忘れないようにしましょう。次の時間には，この計算が正しいかどうか，実験をしてたしかめることにします。

[第2時]
T 前の時間に，原子や分子の重さを学習しましたね。そして，それをもとにすると，化合してできる物質の量を計算して求めることも，またできたものの中に成分の原子が何gずつ入っているかということをも知ることができることをやったわけです。今日は，前の時間にやったことを実験でたしかめてみましょう。ここにあるのは何の金網ですか。
C 銅です。
T そうです，この黄色の粉は何ですか。
C いおうです。
T それでは，この2つの物質が化合すると何という物質ができますか。その分子式は。
C 硫化銅です。Cu_2Sです。
T 今日はこの硫化銅を作る実験によって，原子，分子の重さをたしかめてみましょう。
T それではこの銅の金網を少し切り取って目方をはかってみましょう。

〈実験〉銅の金網を1g〜2gほど長方形（2つおりにして正方形になるような形）に切り取り，調剤用天秤（感量10mg物理天秤でもよいだろう）で目方をはかる。それをもとにして，硫化銅が何gできるか計算させる。

（板書）
　　$2Cu+S=Cu_2S$　　$63.5g×2+32.0g=159g$
　　$2.25g+□=□$
T この銅の金網の目方が2.25gであるから，0.56gのいおうと化合して，硫化銅が2.81gできることになりますね。それではそのようになるかどうか，実験してみましょう。
□の中に理論値をかき入れる。

〈実験〉コンロに火をおこし，アスベスト金網をのせ，その上に500ccのビーカーの底に深さ1cmほどいおうを入れたものをのせ，アスベストのふたをしていおうの蒸気を作る。蒸気ができたらその中へ，鉄の針金の先に銅の金網をつけてわずかに予熱したものを入れる。ただちに反応がおこり，硫化銅ができる。できた硫化銅を取り出し，表面についたいおうを完全に燃焼させてから冷やし，目方をはかる。（詳しくは，本誌60年2月，p38「成分一定の法則」大竹三郎を参照）

T さあ，みんなの計算した通りになるかどうかな。天秤には計算して出した答の2.81gの分銅がのせてあります。
C あっ，おんなじだ。
T まったく計算通りの硫化銅ができたね（3クラス行ったところ，1クラスは理論値通りの値を得，他の2クラスは実験値が理論値に対して102%になった）。これで，今まで学習したことの正しさがわかったわけですね。他の物質についても同じようにして求めていくことができます。
　このあと，水100kgを電気分解すると水素と酸素とは各々何kgできるかなどという計算問題をやらせてこの時間を終った。

5 テストの結果

 2週間ほどしてから，あるクラスに，次の問題を解かせたところ，
 正解者の割合は，問1 25/48   問2 28/48であった。
問1 8gの銅をいおうと化合させて硫化銅Cu_2Sを作ると，何gの硫化銅ができるか。
問2 二酸化いおうSO_2を100g作るには，いおうが何g必要か。

6 授業を終って

○私は授業の中で，原子量，分子量ということばを定義しなかったが，中学校で原子量，分子量をどう扱うべきか，扱うとすれば何時どのような定義をすべきであるか。是非検討されなければならないことを痛感した。

○中学1年の数学では，まだ比例式を扱っていないことと，比例式を詳しく扱うことは反比例のところで混乱をまねく可能性があるという数学担当の人の指摘に従って比例式を使わなかったが，一応の成功であったと思う。生徒の中には小学校の時比例式を教えてもらって知っているという生徒が20％程いたが，これらの生徒が比例式を使って化学計算をやり，かえってまちがえたという事実もいくつかあり，比例式を使うということはそう容易なことではないようである。

 しかし，このことに関しては，数学の文章題などにも以上のような内容がどんどん取り入れられるようになればかなり変ってくることであろう。

○化学計算が日本ではほとんど取り上げられていないため，生徒に練習させるよい問題を簡単に作ることができず，理解を助けることができなかった。学力を評価する問題だけでなく，学力を増進するのによい問題の研究は特に重要ではないだろうか。

○化学計算については，中学校の全課程を通じてどのように指導すべきであるか，その細部にわたっての見通しをたてることが重要である。例えば，このあとに続く中和の授業の中でどのように発展させるべきであるか。溶液の濃度が関係してくる時の指導をどうすればよいか，など検討しなければならない。

○ストロンチウム90などということの意味については，多くの生徒が強い関心

を示したし，実験値と理論値が一致したクラスなどでは，特に自分たちの計算の正しかったことに非常によろこびを感じたようで，このような内容の学習がもっと取り入れられる余地のあることを示しているように感じた。

　以上は，昨年の秋に実践したもので，当時は原子量，分子量をどう教えるかということについて，第8回科教協大会化学分科会で討論された程度しか資料がなく，不明確な点が沢山あり，私自身どうすべきであるか判断できなかった面もかなりあったが，その後，次のような研究，実践が発表されているので，それ等と合せて，検討されると幸である。

［参考文献］
三井澄雄「中学理科における化学計算」本誌61年11月
二田原正憲「化学計算の実践」本誌62年2月
二田原正憲「化学計算」本誌62年4月
大竹三郎訳編『初等化学Ⅰ』東京図書

(『理科教室』1962.12号 5巻12号)

【3】塩基の学習

1 はじめに

　この記録は，中2になってから私が担当した生徒に酸，アルカリ，塩を学習させるために行ったもので，現在まだ塩基の部分だけが終ったところである。対象の生徒は，1年のとき原子価，原子量，分子量などについて学習してきていないので教科書（大阪書籍）に書いてあること以外のことを前提にすることはできなかった。
　このような条件のもとで，より有効な授業を組織するために，酸化物，塩基，酸，塩という順序によって授業をすることにした。したがってこれ以後，酸，塩，中和，さらに原子構造と電流を教え，その中でイオンを扱い，再び酸，塩基，塩，中和を，イオン概念をもとにして授業することを予定している。
　物質についての知識として，その中には，物質の組成，構造，合成についての知識が当然ふくまれなければならない。この授業は，物質の組成と合成についての知識を，化学式と化学反応式に対応させながら，組織するのに適したものである。
　化学式や化学反応式に習熟させるのと同時に，他の新らしい概念，例えばイオン概念などを導入し，この授業を組織していくことも可能と思われるが，私の経験では，いくつかの概念を同時に導入し，化学式や化学反応式にも習熟するように計画することは，生徒にかなりの混乱を与え，かえって初期の目的を達しないこともあるので，ここでは，酸，塩基，塩の組成と合成に重点をおくこととした。

$$金属 \xrightarrow{+O} 金属酸化物 \xrightarrow{+H_2O} 塩基$$
$$非金属 \xrightarrow{+O} 非金属酸化物 \xrightarrow{+H_2O} 酸$$

という物質の系列を考え，塩基から金属を定義し，さらに金属でないものを非金属とした。
　このような定式化を固定することは，化学的に正しいものではない。しかし，金属，非金属について生徒がこれまでに獲得している知識は，物理的な側面からのものであることを考えると，

ここで生徒の金属概念を化学的な側面から拡大しておくことは，有効なことと考える。

金属，非金属という概念は，今日単体についてのものであり，元素（私は，原子構造を扱うまでは，原子といっている）を金属，非金属に2分することは，元素を陽性，陰性に分けるのと同様に，不合理なものである。

しかしこの知識はこれまでに有効な知識をあまり準備していない生徒に，結合の選択性について初歩的な目安を与えること，物質の系譜（合成に深いつながりを持っている）について初歩的な理解を与えること，物質の性質と成分の関係を理解させること，などにおいて有効なものと考える。また，元素の周期性や周期表の学習に発展したときにも，これらの知識は有効な働きをすると考えられる。

2 授業の記録

[第1時]

ねらい。この時限では，酸化物と水との反応から原子を大まかに分けて，金属，非金属に2大別できること，この分類が相対的なものであること，また，これからの学習についての展望を与えることなどを主なねらいとしている。

T われわれは，炭素やいおうが酸素と化合してできたもの，二酸化炭素や二酸化いおうを，何というの。

C 酸化物。

T そう，二酸化炭素や二酸化いおうを酸化物というね。そのほかにもマグネシウムの酸化物を知っているね。何というの。

C 酸化マグネシウム，

T 今日は，その酸化物と水とが反応して，どういうふうになるかということをしらべてみよう。

T このびんの中に酸素が入れてある。これに青色のリトマス液を入れてみよう。酸素とリトマス液が入れてあるわけだね。リトマス液の色が変化するかどうか，ふってみるよ。

さあ，変化したか，しないか。

C 変化しない。

T 変化しなかったということは，どういうことですか。

この中に，変化させる働きを持った物質がないというわけだよ。

今度は，火をつけた木炭，炭素を入れるよ。

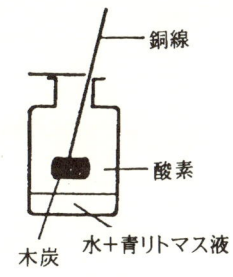

銅線 ―
酸素 ―
木炭 ― 水+青リトマス液

さかんに燃えてるね。今何ができているの。

C 二酸化炭素ができている。

T 木炭を取り出して，今度は，ふってみるよ。さっきは，どうだったの。

C 色が変わらなかった。

T 今度はどうなるかやってみましょう。さあ，どうなった。(10回ほどふる)

C 赤くなった。

T　赤くなったね，わかるかな。ということは，どういう変化がおきたのかな。さっき変化させる物質は，あったかな。
C　なかった。
T　今度はなぜ色が変わったの。
　このリトマス液の色が青から赤に変わったということは，この中に何ができたのだろうか。このリトマス液をどうするものができたの。
C　変化させるものができた。
T　できたものは，どういう性質なんだ。
C　酸性。
T　酸性の物質だね。今の実験をまとめてみよう。
（板書）
　　二酸化炭素＋水──→酸性物質
T　今度は，いおうを燃してみよう。
T　この中には，さっきと同じに酸素とリトマス液が入っている。ふってみるよ，変化はあるか。
C　ない。

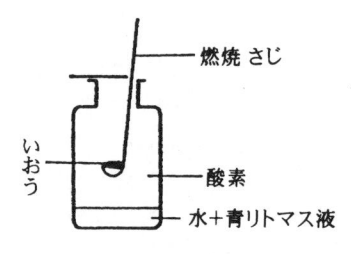

T　変化ないね。燃焼さじ。さあ，見ておれ，いいか，入れるよ。もえているのわかるか，今この中に，何ができているのですか。
C　二酸化いおう。
T　二酸化いおうが沢山できているはずだねさあ，これをふってみよう。よく見ておれよ。（1回ふる）
C　おお，わあー，
T　どうなった。
C　赤くなった。
T　さっき，わたしが二酸化炭素をふったとき，どうだったかな。1回でさっと赤くなったかな。
C　何回も何回もふった。
T　何回も何回もふったね，ところがこんどはどう。
C　1回。
T　1回で，さっと赤くなったでしょう。どういう性質の物質ができたんだろう。
C　酸性の物質ができた。
T　酸性の物質ができた。
（板書）
　　二酸化いおう＋水──→酸性物質
T　それでは，今度は，マグネシウムに火をつけて，燃してみよう。マグネシウムが燃えるとき，何ができるの。
C　酸化マグネシウム。
T　酸化マグネシウムに水を反応させてみよう。酸化マグネシウムは，どうやって作る。ここにマグネシウムリボン，細いテープみたいなものを持ってきたから，これに火をつけてみよう。これは簡単に火がつかない。この煙の白いこな，これが酸化マグネシウム，これをビーカーに集めましょう。
　白くいっぱいついてきたのは，酸化マグネシ

ウム，これにさっきの赤いリトマス液（CO_2で赤くしたもの）を入れてみよう。いいか，色は変化したかな。
C しない。
T うんとかきまぜるよ。色の変化は，見えるかな，いっしょうけんめいかきまぜているよ。だいぶ変化してきたから，他にうつしてみよう。どうなった。何色になった。
C 青くなった。
T 青色に変わったね。ということは，どういうことなのかな。
C アルカリ性。
T 酸化マグネシウムと水が反応してできたものは，何。
C アルカリ性。
T 今度できたのは，アルカリ性の物質だということだね。
(板書)
　　酸化マグネシウム＋水→アルカリ性物質
T もう1つ，ナトリウムという金属を燃してみよう。
T さじの上にのせて，火をつける。何ができるの。
C 酸化ナトリウム。(実際には過酸化ナトリウムができるが，ここではふれない)
T これも，そんなに簡単に火がつくものじゃない。間もなく火がついて燃えるから見てなさい。

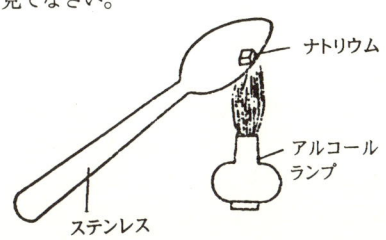

（図：さじにのせたナトリウムをアルコールランプで熱する様子。ラベル：ナトリウム，アルコールランプ，ステンレス）

T 火ついたね。燃えてるの見えるか。
C はい。
T 燃えたの見えたか。それでは，何ができたか。
C 酸化ナトリウム。
T これをさっきの残りのリトマス液（CO_2で赤くしたもの）に入れるよ。さっきの酸化マグネシウムのときは，どうだった。なかなか青くならなかったね。なんべんもなんべんもかきまぜるね。入れるよ，どうなったか。
C 青くなった。
T 見えたか。どういう物質ができた。
C アルカリ性。
T アルカリ性の。
C 物質。
T アルカリ性の物質ができた。
(板書)
　　酸化ナトリウム＋水―→アルカリ性物質
T 今日の実験をまとめてみると，どういうことですか。同じ酸化物だったのに，あるものは，何になる。
C 酸性物質。
T 酸性物質になり，あるものは。
C アルカリ性の物質。
T アルカリ性の物質になる。一体，こういうちがいは，どこから出てくるのか。というのは，実は，こういうことなんだ。同じ酸化物でありながら，あるものは酸性の物質を作り，あるものは，アルカリ性の物質を作るということは，どこにその原因があるのか。その酸化物をしらべてみると，酸化物を作っているもの，例えば炭素とか，いおう，ナトリウム，マグネシウム，実は

そういう原子に関係があるんだ。
　というのは，非常におおまかないい方ですよ。こっからここまでというように，パッと分けられるような問題ではない。それは，さっきの色の変化と同じように，一回でパッと赤くなってしまうものもあれば，なんべんもなんべんもふらなければ，色の変化しないものもある。アルカリ性のものも，ナトリウムなんかは，ちょっとかきまぜただけで青くなったでしょう。マグネシウムはなかなかならなかったね。そういうふうに同じ性質を示すといっても，強さには，いろいろなちがいがある。と同じように，ピタリと分けられるものではないが，原子を2つの種類に分けられる。というのは，その1つの酸化物がこれになり，他の1つのグループの酸化物がこれになる（板書を利用して）ということです。
　これを私たちは，こういうふうにいっています。アルカリ性の物質を作るもの，酸化物が水と反応してアルカリ性の物質になる。そういう原子のことを金属という。
　酸性の物質を作るものは，金属ではないわけだね。金属でないということを，何といったらいいだろうか。
C　非金属。
T　残りは，非金属という2つのグループに分けることが，大まかにできるということです。今のところをまとめると，こういうことですね。
（板書）　酸化物が水と反応してアルカリ性物質を作る原子の仲間を金属という。
　酸化物が水と反応して，酸性物質を作る原子の仲間を非金属という。
T　つながりでかけば，こういうことになる
（板書）

　　　　　＋酸素　　　　＋水
　金属──→金属酸化物──→アルカリ性物質

　　　　　　＋酸素　　　　＋水
　非金属──→非金属酸化物──→酸性物質

T　物質の性質も，例えば，アルカリ性を示すとか，あるいはこういうふうに酸性を示すとかいう物質の性質は，その物質を作っているいろいろな原子と無関係ではない。その原子によって，性質がきまってくるわけだ。だから，われわれは，どういう原子から物質ができているかということを，いつでも注意してみていくことは，その物質の性質がどういうものであるか，知るのに重要な手がかりになる。

[第2時]
ねらい→この時限では，前の時間にできたアルカリ性の物質が塩基であること，塩基は金属＋水酸基という成分をもっていること，塩基の成分には，水酸基という基があることなどを教える。
T　今日は，塩基について勉強しよう。このあと，酸素とナトリウムが化合して何ができるか，原子価から考えさせた。
T　酸化ナトリウムの化学式は，どうなる。
C　Na_2O（板書）
T　これに水を加えるわけだ。
T　水の化学式は？
C　H_2O
T　これで何ができたのかというと，実は，こういうものができたんだ。$NaOH$，名前は，水酸化ナトリウムという（板書）。水酸化というのは，何かというと，ここに

OHというのがありますね。このOは何。
C　酸素。
T　Hは。
C　水素。
T　酸素1つと水素1つでひとかたまりを作っている。このひとかたまりは，化合物ではない。こういうものを私たちは，基という。いくつかの原子があつまって原子団を作っている。この原子団を基という。この場合には，酸素と水素とがくっついて1つの原子団を作っている。だから，酸素と水素だから，なんという名前かというと，水酸基という。そして，水酸基と化合したものだから，水酸化，化合したですね。水素と酸素の基と化合した，水酸基と化合したナトリウム，水酸化ナトリウムこういうものです。水酸基にも原子価が考えられる。酸素は何価ですか。
C　2価。
T　2価だね，水素は，何価。
C　1価。
T　じゃどうなるでしょう。これとこれが結びつきますね。
（板書）

　　─O─　─H　─O─H

T　じゃあ，水酸基の原子価は何価でしょう。
C　1価。
T　1価ですね，ナトリウムは手が何本。
C　1本。
T　水酸基は何本。
C　1本。
T　1本と1本が結びついて（Na─OH）NaOHとなる。原子価を知っていると，化学式が簡単にできるでしょう。なぜNaOHというようになるかというわけがわかりますね。このあいだリトマス液の変化によってアルカリ性の物質ができたということはわかったね。そのアルカリ性の物質は，何であったかというと，実は水酸化ナトリウムであった。
　では，今日は，さらにしらべてみよう。ここに，持ってきたのは，酸化カルシウム，酸素とカルシウムが化合してできたもの，酸化カルシウム，これに水を加えます。

CaO＋H₂O──→

　そうしたら，どういう性質のものができるはずでしょう。
C　……。
T　カルシウムというのは，金属ですから，どういう性質のものができるでしょう。じゃ君に聞こう。
C　アルカリ性の物質。
T　アルカリ性の物質ですね。アルカリ性の物質ができるわけですね。では，アルカリ性の物質ができるかどうか，しらべてもらおう。ここに，シャーレを持ってきました。このシャーレの中に酸化カルシウムを分けてあげますから，それをよく見ます。次にこれに水をかけます。この水は，さっきの化学式を見てもわかるように，酸化ナトリウムをとかしたんですか，それとも酸化ナトリウムと化合したんですか，どちらですか。
C　化合した。
T　とかしたんじゃない，ただとかしたんじゃない。ところが，この水は，とかしてもいるんです。ということは，どういうことかというと，このあいだびんの中に沢山水を入れたでしょう。水を，だから水の一

部は酸化ナトリウムと化合して水酸化ナトリウムを作ったわけ，その水酸化ナトリウムは，残った水にとけたんです。水は2つの働きをしたわけだね。水の一部は，化合する，残りの水は水酸化ナトリウムをとかした。今日も同じようなことがおきます。それを見てもらう。材料を取りにきなさい。
T 酸化カルシウムがどんなものだか．見なさい，さわってみなさい。
こんどは，水をかけなさい。水をかけたところから，リトマス試験紙でしらべてごらん。
T リトマス反応をしらべたか。
C はい。
T 予想どおりだったかな。
C はい。なりました。
T 予想どおりなったところは席につけ。何ができたかしらべてもらう。あっこのグループはもう変化がはじまった。大変はやいね。ゆげがたちはじめたでしょう。なぜ，こんなにゆげがでてくるのだろう。
C ……。
T なぜこんなにジャンジャンゆげが出るんだろう。さわってごらん。
C あつい。
T すごくあついね。なぜあつくなったの，この変化では，何をあらわしているの，いまさわったらあつかったということは，
C ねつが出た。
T 熱が出たということだね。
$CaO+H_2O$——（ねつが出た）一体これはどうしてでしょう。これは何のしょうこなの。
T さっきやったね。NaOとH_2Oが反応するんだと。化学変化をおこすんだとやった

ね。ただとけるんじゃないんだ。じゃこのねつが出ているということは何なんだ。各グループとも，みんな熱がでているね。このねつは，何のしょうこだろう。
C 酸化カルシウムと水が化合している。
T つまり，そう化学変化の特徴なんだ。なぜ熱が出たかっていうこと，ちょっとこっちを向いてごらん忘れてしまってはこまるな。大事なことを，いいかい，Na_2Oと水とは化学変化をしているんだ，ただとかしているんではないんだ。化学変化をしているんだ，それならそのしょうこは何処にあるんですか。どこにあるの。CaOと水はどうしているんですか。とかした水が。
C 化学変化をおこしている。
T 化学変化をおこしている。だから熱が出ている。ただ水をかけてとかしたんじゃない。さあ，もう1度熱の出ていることをたしかめてごらん。さわって，さあ，ここでもう一回，おもいだそう。昨日やった化学変化，その特徴があったね。あたらしい物質ができるというのが，1つの特徴です。もう1つの特徴は，いま目の前にみんなが見ている，さわってみた，熱が出てあつくなったり，逆にねつが吸収されて，つめたくなったりする。今の反応は，熱が出たのか，吸収されたのか。
C 出た。
T 出た反応だね。あたらしい物質ができたことは，どうしてわかった。今みんながしらべたんだろう。
C リトマスが青くなった。
T 赤色が青色に変った。ではどういう性質の物か。
C アルカリ性，

第1章 こんな授業からの出発

T じゃそのアルカリ性の物質は，どんな化学式を持っているのか，考えてみましょう。
　さっきの式から，考えてごらん，この□の中にかきこめ，原子価を考えてみればわかる。その前にヒントをあたえる。

$$Ca\diagup\substack{OH\\ \\OH}$$ これを書きあらわさせる。

何ができたか，すぐわかるでしょう。ノートにかいてごらん。
　$CaO + H_2O \longrightarrow$ □
だれかに代表してかいてもらおう，きみ。さあ，いいかな $CaOH$ でいいかな，どうだろう，Ca は何価でしょう。
C 1価，
T 1価かな，わすれたら表を見てごらん。
C 2価。
T Caは2価だったね，それではなおしてごらん。さあこれで，いいですか，$Ca(OH)_2$ こうできた人。とすると，みんなの目の前に，グズグズなものができたね，さっきはどうだった。さっきは鉄の棒でたたいてみせたね，あのときどうだった，カチン，カチンいったね，ところがこんどはどうだ。どろどろのグズグズのやわらかいもので，リトマス紙につけると，赤を青くする。そういうものにかわったんだね。それを何というの。
C 水酸化カルシウム。
T 水酸化カルシウムこれができたんだ。これに水をかけたら何ができるの。その水は，こんどはどうするの。
C とける。
T 水酸化カルシウムをこんどはどうするの。
C 水酸化カルシウムをとかす。
T それでは，今までかけた水は，大部分，なににつかわれたの。
C 化合，化学変化。
T 化学変化に使われた。それでは，化学変化をおこしたというしょうこがあるね。どこにある。
C ねつが出た。
T それから。
C 赤いリトマスを青くした。
T 何という物質。
C アルカリ性。
T アルカリ性の，水酸化カルシウムという新しい物質ができた。その2つのことから化学変化がおきたということがわかるね。そしてね，われわれは，この水酸化ナトリウム，水酸化マグネシウム今日作った水酸化カルシウムというような物質，つまり水酸基と金属，この前いったね，アルカリ性の物質を作る原子を何といったかね。そのなかまを。
C ……。
T 金属といったね，おぼえているか，その金属というものが化合したもの，金属と水酸基が化合したもの。だからこのNa，Mg，Caというのは，何ですか。
C 金属。
T この金属と水酸基が化合したもの，こういうものを塩基という。
(板書)
　　塩基は金属＋水酸基

[第3時]

T 今までみてきた塩基を考えてごらん。

NaOH，Mg(OH)$_2$，Ca(OH)$_2$という塩基のNa，Mg，Caなんていう金属は，あんまり耳なれない金属だね。きみたちがよく知っている金属にはどんなものがある。
C　てつ，どう。
T　てつ，どう，そうですね。鉄や銅はよく知っているね，それじゃ鉄や銅が金属ならば，何を作るはずですか。
C　塩基。
T　塩基をつくるはずだ，そうなんだ，鉄と銅の塩基がある，これがそうです。Cu(OH)$_2$，これは何といったらいい，
C　水酸化銅
T　これの性質をしらべてみよう。さあ，どういう性質を示すだろう。
C　アルカリ性。
T　これに水を加えたら，水と反応する。あつくなるか，どうだろうか。これは，形からいうと，水と反応したものだから。
C　とける。
T　水にとけるんだね。この間の実験は水を加えると水と反応し，それにさらに水を加えるととけるんだったね，じゃあ，水を加えてみるよ，さあ，この水は何性のはずだ？
C　アルカリ性。
T　さあいいか，青くなったか。

C　青くならない。
T　不思議だね，それではこんどは鉄の方をしらべてみよう。どう，青くなったか。
C　青くならない。
T　実はね，これが普通なんだ。塩基というのは，Cu(OH)$_2$　Fe(OH)$_3$と同じようにほとんど水にとけないんだ。これはほとんど水にとけない。だからアルカリ性を示さない。もう1度いうよ，なぜ，Cu(OH)$_2$やFe(OH)$_3$に入れても色が変わらなかったかということは，水にとけないからなんだ。とけなければアルカリ性を示さないのは，あたりまえなのだ。
　それでわれわれは，塩基の中で，水にとけるものと，とけないものがあることを知ったわけだね。水にとける。塩基にはどんなものがある。
C　NaOH，Mg(OH)$_2$，Ca(OH)$_2$
T　というような塩基を，アルカリというんだ。NaOH，Mg(OH)$_2$，Ca(OH)$_2$のような水にとけやすい塩基を，塩基なんですよ，その塩基を特にアルカリという，塩基の中にはFe(OH)$_3$だとかCu(OH)$_2$だとか水にとけないものは沢山ある，水にとけやすい塩基を特にアルカリという。これから，このアルカリの性質をしらべてみよう。

3　おわりに

　第1時限の授業に参加していただいた烏山工業の塚原徳道氏と同僚氏と日大からの教生をまじえて，授業の検討会をひらいた。そこで，話し合われた主なことをまとめると，次のようである。
① 1年の復習をやらなくてよいか。今日の授業は，復習的なことをわずかにや

りながら，酸化物と水との反応に入っていったが，多くの生徒が忘れているのを見ると，復習をやって記憶をあらたにしておくことが，どうしても必要なのではないか。
②金属，非金属という分類の仕方について。教える内容はそのとき一見有効そうに見えることでも，それが将来の学習において障害になるようなことがあれば，教えるべきではないが，金属，非金属というような大まかな元素の分類はどうなのだろうか。

両性という概念も一応，金属，非金属という概念があって，はじめて理解されるのではないだろうか。またケムズでは，周期表にしたがって単体（実物）をならべているが，これが表の上できれいに金属，非金属と分かれている。そのような点からも，意味のあることではないだろうか。
③HClの扱い。

この学習の流れの中では，塩酸の位置づけがむずかしくなるが，これをHイオンとの関連で，例外的な印象を与えないようにすることが必要であろう。しかし，イオンという考えでいくとHClは，比較的理解しやすいが，H_2SO_4 や HNO_3 はかならずしもよくわからないのではないか。その点この授業の流れでいけば，このような酸についての理解ははっきりするだろう。
④授業について。

酸化物と水との反応をしらべるのに，赤色，あるいは青色のリトマス液を使ったが中性の紫色のリトマス液を使った方がいいのではないか。板書で，酸性物質，アルカリ性物質と書いたとなりに，リトマス液の変化をきちっと書くべきではないか。
⑤この授業が終ったところで，期末テストになったので，次のような問題を出したところ，次のような結果を得た。

男子28名，女子16名，計44名，問の下の分数の分子が正解者数である。
＊次の分子模型をみて化学式をかけ
　　（イ）H—O—H　　（24/28　　14/16）
　　（ロ）O＝C＝O　　（23/28　　13/16）

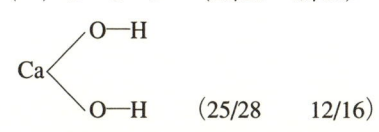

$$\text{Ca}\begin{matrix}\diagup\text{O—H}\\\diagdown\text{O—H}\end{matrix}\quad(25/28\quad12/16)$$

＊次の化学式をみて，その中に成分としてふくまれている金属原子をあげよ。

（イ）CO_2　（ロ）$NaOH$　（ハ）$Fe(OH)_3$　（ニ）SO_2　（ホ）P_2O_5　（ヘ）KOH　（ト）Al_2O_3

　　4つあげたもの　　　3/28　1/16
　　3つあげたもの　　　6/28　3/16
　　2つあげたもの　　　7/28　3/16
　　1つあげたもの　　　7/28　3/16

＊次の化学式をみて，物質の名称をいえ。
　　（イ）H_2O　（27/28　11/16）
　　（ロ）$Mg(OH)_2$　（27/28　11/16）
　　（ハ）SO_2　（21/28　6/16）
　　（ニ）$Cu(OH)_2$　（17/28　5/16）

＊次の化学式をみてFe, Cu, Naの原子価をいえ。
　　（イ）$Fe(OH)_3$　（22/28　8/16）
　　（ロ）CuO　（21/28　9/16）
　　レ1, $NaOH$　（23/28　12/16）

＊次の化学反応式をみて各問に答えよ。
　　$2H_2 + O_2 \longrightarrow 2H_2O$
　　（イ）水素分子は何個あるか。　（16/28　10/16）
　　（ロ）左辺（→左側）に酸素原子は何個あるか。　（16/28　12/16）

＊次の物質の化学式をかけ。
　　（イ）水酸化ナトリウム　（19/28　9/16）
　　（ロ）二酸化炭素　（25/28　11/16）

＊酸化カルシウムと水との反応をあらわす化学反応式をかけ。　（12/28　4/16）
＊酸化カルシウムと水とが反応していることを示した事実をかけ。　（17/28　8/16）
＊どのような性質を持った原子を金属原子というか。　（11/28　2/16）
＊酸化ナトリウムと水との反応をあらわす化学反応式をかけ。　（10/28　1/16）
＊塩基とアルカリのちがいをのべよ。　（10/28　1/16）
＊$NaOH$, $Mg(OH)_2$のOHを何というか。　（23/28　11/16）
＊塩基の成分をいえ。　（7/28　6/16）

[参考文献]
①「理科教室」61年12月号「酸化物，塩基，酸，塩の学習」大竹三郎

② 『無機化学概論』（岩波講座，現代化学）槌田龍太郎
⑧ 「理科教室」63年4月号，5月号，6月号，「塩酸，塩基の学習」高橋金三郎
④ 『理科の系統学習』「酸化物，塩基，酸，塩の学習」国士社
⑤ 「理科教室」64年3月号「酸，塩，塩基の概念づくり」三浦啓

（『理科教室』1964.9）

【4】化合・授業研究

［授業案］
　　　　授業者／松井昔之助　とき／64.10.2 第6校時　学年組／1年5組
　　　（男27名・女16名計43名）

1．題目化合

2．指導内容　鉄といおうから硫化鉄が1つできる。このときあつくなる。2つ以上の物質が反応をおこして，1つの新しい物質ができる化学変化を，化合反応という。化合反応の生成物を，化合物という。

3．指導計画
　化学の基礎について。
　（1）化学とは何か
　　①物体と物質②化学③化学と社会
　（2）物質の性質
　　①物質の性質②物質の種類と分子③純物質と混合物④純物質の作り方、ろ過，蒸留⑤純物質，混合物の性質
　（3）溶解と溶液
　　①溶解と溶液②濃度③固体物質の溶けやすさ
　（4）化学変化
　　①物理変化と化学変化②化合本時③化合のおきる条件④分解⑤物質不滅の法則
　（5）原子，分子
　　①分子と原子②化学量③物質の組成と原子価④化学反応式と重量関係

4．本時の計画
　鉄といおうの混合物の性質の復習実験，混合物を加熱して，変化をしらべる。反応生成物と混合物の性質の対比，生成物は，混合物のように成分に分けられ

ない。鉄といおうの性質が保存されていない。新しい物質，硫化鉄ができた。
　鉄＋いおう─→硫化鉄
　化合反応と化合物について定式化する。混合と化合のちがいを考えさせる。

5．留意点
　新しい物質の生成を確認させる。鉄といおうの2つの物質の間に化合反応がおこり，硫化鉄が1つできることを明確にする。混合と化合のちがいを明確にする。

6．評価
　授業後，次の問題に解答させる。
　　①これは，いおう粉と硫酸銅をまぜたものである。この物質が混合物であるか，化合物であるかをしらべるには，どのようにすればよいか。
　　②いおうの蒸気の中へ，銅を入れると赤熱状態になる。しばらくしてからこれを取り出してみると，黒灰色で銅のかがやきはまったくなくなっている。さらに銅のようにしなやかでなく，もろくすぐおれる。いおうのように黄色でもない。この変化を（イ）何反応というか，（ロ）そのわけを説明せよ。

7．クラスの状態，氷と水は性質がことなるから水の状態変化を化学変化であるというように考えているものもいる。

[授業の実際]
T　今日は化合についてやります。この前やったところは。
C　鉄といおうの混合物をわけました。
T　どうやって？
C　磁石を使って。
T　磁石を使っただけ。
C　水を使って，
（板書）　　化合

	鉄といおうの混合物
磁石を近づけた	鉄だけひきつけた
水に入れる	いおうは浮く 鉄は沈む

T　希塩酸を加えると。
C　においがした。水素がでた。
T　水素のにおい。
C　しない。
T　どうやってたしかめたの。
C　マッチでもやした。
（板書）
　前の欄に，希塩酸を加える，悪臭，水素，とかき加える。
T　机の上にかみにつつんだ試験管がおいてある，ぬらしたらだめだよ。封筒にこのあいだの混合物が入れてあるから，試験管

に入れて，ノートか本にとんとんとたたいて，試験管ばさみではさみます。バーナーに火をつけて，石綿の板の上にのせなさい。
　試験管の用意ができたら，混合物を加熱する。バーナーのほのおの上の方で，試験管の全体を2・3度あたためてから一番上を加熱する。10秒位するとまっ赤になるから，それを板の上に立ててようすを見ます。
（実験）
T　どうだ，何か変化がみえない。
C　下にいく，もえた，火になった。
T　何が下にいく。
C　火。
T　全部下までいったところはないか。
C　いきました。（2・3グループ）
T　全部下までいったところは，そのまま横にして，今みたこと，気がついことをノートに書きなさい。大切なことを書くんで，バーナーの絵などを一生懸命かいてもあまり意味ないよ。
T　書けた人は，試験管にさわってごらん。
C　あついあつい。
T　ちゃんと書いておいてくれよ。
T　試験管をふると，出てくる。（演示）出てこないところは，試験管をたたくとわれるから，わってとり出して。
（実施）
C　わあ，いやなにおい，いおうのにおい。
T　どんな物になったか，みかけを書いてごらん。
T　見ためは，どうなった。
C　固体。（2, 3人）
C　硫化鉄。（小さい声）
T　みためはどうですか，何色かもかいて。
T　かけたかな，かけたらこっちをみなさい。どんなことが，わかったか。
C　粉だったものが，かたまった。
C　ゆで玉子のにおい。
T　どこかで，このにおいがしたね。
C　大涌谷。
T　上をあっためたのに。
C　赤くなって，あつくなった。
T　君たちは，何をつめた。
C　鉄といおう。
T　鉄といおうの混合物，どうなったの。
C　ちがう。わからない。
T　混合物ならば，どうか。
C　わけられる。
T　鉄といおうの混合物ならば。
C　わけられる。磁石で。
T　磁石だけか。
C　水でも。
T　混合物なら鉄といおうにわけられる。成分にわけられた。食塩水は，水と食塩にわけられたね。わけられるか，磁石でたしかめてごらん。
（実験）
T　わけられた。残りの混合物とくらべてごらん。
T　できたものは，ひきつけられたか？
C　ひきつけられない。
T　水でわけてみてもいいよ。大きいビーカーがあるだろう。かくはん棒でかきまわしてごらん。
T　さあ，どうだ，上にどうなればいいの。わかれたところ。
C　ハイー。（2グループ）
T　いおうは何色ですか。
C　黄色。
T　おとといみたいにういているか，これ

とくらべてごらん。
(演示)
C　じゃあ，あれは何だい。
C　化学変化したの。
(板書)
　　試験管から取り出した物質。全部ひきつけない。全部しずむ。
T　この結果から考えて，混合物かどうか。
C　混合物。
C　混合物でない。
T　試験管から取り出したものは，では何だ。
C　純物質。
T　純物質とは。
C　まじりけのない物質。
T　1種類の物質からできているんですね。試験管から取り出した物質は，純物質になったわけだね。じゃあ，希塩酸をあげるから，この前の時間と同じようにやってみよう。この前は水素が出たんだね。においは……。
T　塩酸だよ，きおつけて，においをかいでごらん。でてくる気体のにおいをかいでごらん。
C　くさい。
C　やあ，ああくさい（これじゃあ，かわいそうだ，あちらこちらで）
T　このにおいどこかでかいだことがあるだろう。
C　鉄に希塩酸を入れたとき。
T　おとといのにおいと同じかな，大涌谷にいったときや，べんとう箱をあけたときどうだ。
T　おとといのにおいとちがう人。
ほとんど拳手。

T　あまったるいようなにおいがするね。これは硫化水素（板書）のにおいです。おとといのにおいとちがってちょっといいだろう。温泉にいったときのにおい。
　　――ここまでで50分――
T　さあ，この物質は混合物かな。
C　混合物でない。
T　試験管の中にいれたのは，鉄といおうの混合物でしたが，あたためるとまっ赤になって，2つの物質から1つの純物質ができた。できた物質は，磁石にもつかないし，水にも沈む，希塩酸を加えるとちがったにおいがしたからべつの物質で，硫化鉄というものです。何と何からですか。
C　鉄といおう。
T　鉄といおうから，→のしるしであらわします。鉄といおうから硫化鉄という1つの純物質ができた。
(板書)
　　　鉄＋いおう――→硫化鉄
　　鉄といおうから硫化鉄が1つできた。
T　このように2つ以上の物質から1つの物質ができる。この変化は，化学変化かな，物理変化かな。
C　化学変化。
T　どうして。
C　性質が変ったから。
T　ひえてももとにもどらないね。
(板書)
　　2つ以上の物質が反応をおこして，新しい物質が1つできる化学反応を化合反応という。硫化鉄のように化合してできた物質を，化合物という。
T　今日の実験は，何と何か。
C　鉄といおうが。

T　どんな。
C　化合反応をおこして。
T　何が。
C　硫化鉄。
T　それなに。
C　化合物ができた。
T　いまのことをまとめていってもらおう。
C　鉄といおうが化合して，硫化鉄という化合物ができた。
（板書）
　鉄といおうが化合して，硫化鉄という化合物ができた。

　ここで授業は一応おわり，このあとこの授業の前に，時間がとれたらやっておこうと思った，鉄というを試験管に別々にいれ，加熱する実験をみせ，鉄だけいおうだけでは化学変化がおきないことをみせた。

[授業を終って]
　反応生成物が混合物とちがって分離できないということに時間をかけすぎて，新しい物質の生成を強調することをおろそかにしてしまった。
　硫化水素と鉄に水素を加えたときのにおいのちがいが前に行ったクラスでは，はっきりと指摘されたので，安易に硫化水素のにおいをかがせるだけにしてしまったが，やはり混合物に塩酸を加えてそれとのちがいをはっきり対比させるべきであった。
　混合物を加熱するとき，試験管ばさみで持たせておこなったが，反応がはじまったとき生徒に恐怖をおぼえさせないためにスタンドで固定しておいた方がよいようである。

[評価について]（問題は [授業案] の中にある）
①の問題については，5人が加熱するというようなあやまった解答をしたが，他のものは，一応性質のちがいに目をつけて調べることを書いた。（ほとんどが水にとかす）したがって混合物と化合物のちがいはかなり理解されたと考えられる。
②の問題については
イ　化学反応……………………25人
　　化学変化……………………16人
ロ　あげた理由
　①性状………………………9人
　②変化させてつくったから………2人
　③物質がかわったから…………5人
　④性質がかわったから……………7人
　⑤銅のはたらきがなくなった……2人
　⑥どちらでもないものになった…1人
　⑦二つの物質によって起る………9人
　⑧二つの物質から一つの物質が出来る
　　………………………………7人
　　無答………………………1人
　　間違い……………………1人
解答の集計は以上の通りである。
　①で間違ったもの5人のうち4人が②のイで化学変化と答えている。その他，化学変化と答えたものは，理由として，①③④を多くあげている。性質の変化が，さらに化合反応と認識されるのは，そう容易ではないようである。

　次の記録は，この授業についての討論をもとにして行ったものである。

[第1時]

T この前の時間に鉄といおうの混合物を作り，いろいろと性質をしらべたが，今日は鉄といおうの性質をさらにしらべてみよう。この試験管に鉄粉がいれてある。これを加熱したら，何がおきるだろうか。
C わからない。
T ガスで熱するのだから。
C あつくなる。
T その他どうだろう。
C ……。
T それではやってみよう。
(実験)　2分間ほど加熱してから
T 中の鉄の変化がわかるか。
C 赤くなった。
T 少し赤くなったね。それでは今度，これをひやして，鉄の性質をしらべてみよう。どうしたらいいだろうか。
C ……。
T 鉄の性質が変化したかどうかしらべる。
C 磁石でしらべる。
T 鉄の性質をしらべてみよう。……磁石についたね。鉄の性質は変化しただろうか。
C しなかった。
T それでは今度は，いおうを加熱してみよう。どうなるだろうか。
C わからない。
T それではやってみよう。
(実験)
T 色の変化がわかるかな。
C はい，茶色になった。
T さあこんどはどうだ。
C 上の方までなった。
T これは何だろうか。
C ……。
T さっき，この試験管の中に入れたのは，何だった？
C いおう。
T いおうのかたまりを何というか？
C 固体。
T 固体を入れて加熱したらどうなるだろう。
C 液体になる。
T そう固体をあたためると液体になるね。それではこの部分は何だろう。
C あっ，液体だ。
T この下の方は液体のはずだね。それでは，この色のうすい部分は何だろう。
C 気体だ。
T 液体を加熱したらどうなる。
C 気体になる。
T そう。これはいおうの液体が加熱されて気体になったものだ。この気体の色はなに色か。
C 黒かっ色
T 今までに，色のある気体をみたことがあるか。
C ありません。
T 気体の中には，このいおうのように，色のついたものがいくつもあります。この試験管の上の方をみてごらん。
C 黄色くなった。
T この黄色の物質は何だろうか？
C いおう。
T どうしてここにいおうがついたのだろうか。
C いおうの気体が，まわりがつめたいのでもとの固体になった。
T 気体のいおうが，固体のいおうになったわけだ。
それでは加熱をやめよう。この液体のつい

た部分はどうなるだろうか。
C　固体になる。
T　そう固体になるはずだね。それでは，ここでは，いおうはどんな変化をしたのだろうか。
C　状態変化した。
T　こんどは，この間作った鉄といおうの混合物を加熱してみよう。どうなるだろうか。
C　何も変化しない。
T　どうして。
C　鉄の性質も変化しなかったし，いおうは状態変化しただけだから，鉄といおうをまぜても変化しない。
T　なるほど……他には。
C　鉄だけのこる。
T　なぜ。
C　いおうは状態変化して，外へいってしまうけど，鉄は状態変化しないから。
C　いおうが下へたまる。
T　どうして。
C　いおうはとけて下にたまるから。
T　それではどうなるか，やってみよう。
（実験）
C　わあ，赤くなった。
C　もえている。
T　この試験管の下の方は，まだ手でさわれるよ。さあ変化が終ったね。みんなが予想したようになったかな。
C　ならない。
T　これは一体どうしたのだろうか。今これにさわれるかな。
C　さわれない。
T　どうして。
C　あつい。

T　大変あつくなっていてさわれないね。冷えたら中の物質を取りだしてみよう。それまでに，今の実験について気のついたところをノートにまとめなさい。
T　冷えたようだから，中の物質を取り出してみよう。さあできたよ。これは一体何だろうか。さっき入れた混合物は，こなだったね。色はどうだ。
C　かたまった。黒くなった。
T　これは何だろうか。
C　鉄といおうの混合物
T　他に。
C　鉄。
T　鉄といおうの混合物だという人と，鉄だけだという人がいるね。そのわけをいってもらおう。
C　はじめ鉄といおうの混合物を入れたのだから，鉄といおうだと思う。
T　なるほど鉄だという人は？
C　さっき，真赤になったでしょう。だからいおうは気体になって試験管から出ていってしまったはずだから，鉄だけ残っていると思う。
T　なるほど，他に何か考えはないか。
C　……。
T　それでは，これが鉄といおうの混合物か鉄だけかしらべるには，どうしたらいいだろうか。
C　磁石でくっつければいい。
T　それから。
C　水に入れればいい。
T　それでは磁石でやってみるよ。
C　あれ，くっつかない。
T　ほらいくら近づけてみてもどうだ。くっつかないだろう。

C くっつかない。
T では，鉄はあるだろうか。
C 鉄はない。
(だけどおかしいなあという声多くあり)
T それでは，いおうはどうだろうか。水に入れてみるよ。
C みんな沈んじゃった。
C 少しういている。
T ほこりみたいな小さなつぶが水面についているね。いおうが水面についたときと同じであるかどうか，よくみてごらん。
C 色がちがう。
T まったくわずかしか浮かないし，色もぜんぜんちがうね。これはいおうのこなかな。
C ちがう。
T いおうではないらしい。さあそうすると，この物質は何だろうか。鉄でもないし，い．おうでもないらしい。この物質は，実は硫化鉄という物質です。この硫化鉄の成分は何か。次の時間にしらべることにしよう。

[第2時]
T この間，硫化鉄は，鉄といおうからできている。鉄からできているという二つの意見がだされたが，今日は，硫化鉄が何からできているかということをしらべてみよう。どのようなことをしらべたらわかるだろうか。
C （小さい声で重さという声あり）
T 硫化鉄の中に鉄やいおうは見えないけれども，鉄といおうはなくなったのだろうか。どうかな。
C あっ重さだ。

T 重さがどうした？重さではわからないから，みんなにわかるようにいってごらん。
C 鉄の重さと，いおうの重さをはかり，できた硫化鉄の重さをはかればわかる。
T ということは，どうしてだ。どういうときに鉄といおうからできている。どうなったら鉄からできているといえるのか。
C 混合物の重さと硫化鉄の重さが等しければ，鉄といおうからできている。それから鉄の重さと硫化鉄の重さがひとしければ，鉄からできている。
T 今いったことの意味，わかったかな。硫化鉄が鉄からできているならば，鉄の重さにひとしくなり，鉄といおうからできているならば，鉄といおうの重さを加えたもの，つまり混合物の重さにひとしくなるはずだということだよ。同じような考えで，前にしらべたことがあったね。
C 溶液，溶解。
T そう。硫酸銅が水にとけてみえなくなってもなくならないということをしらべたね。
C はい。
T どうやって？
C 硫酸銅の重さと水溶液の重さと水溶液の重さをはかって。
T そうだったね。それでは，鉄といおうの重さをはかり，硫化鉄の重さとくらべてみよう。鉄を42gといおうを24gとります。硫化鉄がいおうから鉄からできているなら何gになるのか。
C 66g，鉄なら42g。
(実験)
　鉄といおうをはかり取り，混合物を作り，試験管に入れて化合させる。

T　さあ，ひえたから硫化鉄が何gできたか。出してしらべてみよう。
（実験）
　硫化鉄の重さをはかる。
T　硫化鉄の重さは何gか。
C　63.8g。
T　さあ，予想どおりになったか。
C　ならない。鉄といおう。
T　この63.8gという結果は何をあらわしているのかな。予想した66gでも，42gでもないが。
C　鉄といおうだと思います。
T　どうして66gにはならなかったの。
C　さっき，試験管につめたとき，少しこぼれたし，試験管の口でいおうがもえたから2.2gへった。（燃焼をやっていないから，いおうが燃えたからへったということが，ピンとこない）
T　ほかに何かないか。
C　どちらだか，ぼくはわからない。
T　なるほど，それでは，この試験管をみてごらん。混合物をつめたときとくらべてどうだ。
C　何かくっついた。
T　ここについたのは，化合したあとだね。そうすると，硫化鉄の目方はどうなる。
C　へる。
T　どうしたら66gになる。
C　こぼれたのや，試験管についたのをあつめれば66gになる。
T　そうすると，硫化鉄は，鉄といおうからできているといえるというわけだね。それでは，今までのことをまとめよう。この硫化鉄は，鉄といおうでできていることはわかったが，鉄やいおうの性質は残っているかな。
C　ない。
T　この硫化鉄は，鉄でもいおうでもない，まったくちがった性質の物質だね。性質が変化して，新しい物質ができたわけだ。
（板書）
　2種以上の物質がはたらきかけあって1つの新しい物質ができる化学変化（化学反応）を化合反応という。
　鉄といおうが化合して，新しい硫化鉄ができた。化合反応によってできた，新しい物質を化合物という。化学反応がおきたとき，あつくなった。
（宿題）
　混合と化合のちがいを説明せよ。

　授業が終ったあと，化学実験の結果についても，物理実験の結果などと同じように予想させることが必要だという意見が多く聞かれたが，そこで主張されていることは，かならずしも結果を予想するということではないようである。
　私が理解した範囲では，予想させるという形をとって，生徒に注目すべき主題を印象づけるという教授法上の配慮であるらしい。
　そこで私も授業の中で鉄やいおう，その混合物を加熱する前に，生徒にどのような変化がおきるのか聞いたが，これは生徒に予想をたてさせるということではなく，これから主題としていくことをどうなるかという発問によって常に強調するためである。生徒は，この問題に対して，正しい解答をするために必要な知識も経験も持っていない。したがって，そこでの解答の正否は，それほど問題にはしなかった。

授業を終ってみて，主題を強調するということについては，意味があったように思う。他のクラスで硫化鉄の成分をしらべたとき鉄といおうの重さは，残っているが，鉄やいおうはなくなったはずだというように考えているものがいた。もし，鉄やいおうが中にあるならば，かならず磁石でひきつけられるはずだ。ひきつけられないのだから鉄はないというように主張して，混合と化合のちがいにとまどったものがいた。これもその後の酸化水銀による分解反応や物質不滅の法則を示すCO_2のMgによる還元によって，化合物の成分として残っていることを理解したようである。また質の変化については，なかなか理解困難で，HgOの分解をしたとき，酸素は気体なのにどうしてだいだい色の粉になっているのかという質問が各クラスから出された。
　化合反応は酸素と水銀が化合してちがった性質を持った化合物ができることを，酸化水銀と対応させると，あらためて質の変化を意識したようである。
　この授業を終って，次の順序で授業を組織することがよいのではないかと考えた。
　変化（赤熱状態になる鉄といおう，銅といおうなど），質の変化をしらべる。
　混合物の成分が保存されていることを重さをたよりに確める。
　化合物をつくり，それからはじめの物質を再びとり出す。（たとえば二酸化炭素をつくりマグネシウムで還元する）物質不滅の法則を定式化する。
　分解反応（酸化水銀など性質を明確につかめるものを利用する）
　質の変化をあいまいな形で理解するものが多いので，質の変化をギリギリまでおいつめて考えさせるには，はじめの物質の性質が残っていないのに成分として，その物質が残っていることをいろいろな形で意識させる必要があるのではないのだろうか。

座談会・「化合」の授業をみて

出席者 真船和夫　玉田泰太郎　久保田芳夫　山下和夫　林親仙
三浦泉　黒田弘行　橋本広見　須藤昭参　松井吉之助

（文責・須藤昭参）

1 新しい物質ができた

須藤 只今は松井先生の「化合」の授業を観させていただいた。これを素材にして理想的な授業はどうあるべきかを話しあいたいと思う。始めに松井先生より，今日の授業の位置づけや実際にやられて気づいた事など話して下さい。

松井 この化学変化の単元では初めに，物理変化と化学変化のちがいを扱かい，化学変化では新しい物質ができるが物理変化ではそれができないということ。2時間目に化合に入りそこで鉄とイオウの混合物をつくり，その性質を調べ，3時間目が今日の授業です。この次には化合のおきる条件，例えば物質が接触しなければおきないとか，化合には適当な温度が必要だとかをやる。次に分解反応をやり，化学変化においても物質は不滅であることを教える。5時間目に分子・原子で化学の基礎をやり，水素・酸素の授業も計画している。化学変化の学習の始めには分子や原子にはふれないで化合，分解，物質不滅をやり，それを前提として原子，分子を扱かい，今までの学習をどう表現するかをやる予定だ。

　さて，今日の授業をやり気づいたことだが，反応の結果，新らしい物質ができたという事の強調が不足していたのではないかと思う。子どもの書いたものでそのことに気づいた。原因は始めの混合物について時間をとり過ぎてしまったことです。イオウや鉄の性質が無くなったという面からだけでなく新物質ができたという面からもっと追求していった方がよかったと思う。時間配当の点では化合の学習には時間が欲しいのだが他の内容との関係で2時間でおさえているのでどうしてもせいてしまう。

須藤 それでは意見やら質問を出して下さい。

真船 混合物から攻めないで新しい物質ができたということを強調した方がよ

いというのはどういうことか。
松井　混合物でなくなったというだけではなくて，別の物質ができたということを知らせる必要がある。混合物ではなくなったというだけを強調してもあまり意味がない。つまり反応の結果，新しい物質ができたということをしっかり教えることが大切だと思う。
玉田　テストに表われているというのはどんなことか。
松井　テストの2番目の銅とイオウの反応の質問に対して，新しい物質ができたことについて反応の前になかった物質ができたという風に書かない生徒が多かった。
玉田　混合物はどういうものだということよりも，硫化鉄はこういうものだと，例えば硫化鉄にき塩酸を加えたら特別の臭の気体がでてくるとか，硫化鉄は磁石を持っていってもつかないといった事をやった方がよいということとか。
松井　つまり，性質が変化したということを子どもは言っても，新しい物質ができたことは言わない。性質が変った，これは新しい物質が出来た証拠だという関係が子どもに結びついて理解されているか疑問なのだ。
黒田　子どもの話だと新しい物質ができたと先生は言っているが鉄やイオウはどこへ行っちゃったのだろうと言っていた。前にあったものと新しくできた物質との間の関係がうまくとらえられていないのではないかという気がした。これはどこに問題があるのだろう。
松井　混合と化合のちがいをきちんとつかませることが大事だ。子どもにはその点のとらえ方が弱かった。今日の段階では混合物でなくなった。イオウでも鉄でもなくなったということをつかまえさせたかった。原子の段階の，混合でもないということをおさえるためにも必要だったとおもう。新しい物質ができたということと，これができたために性質が変ったということが子どもの中で結びついているかどうか心配している。
山下　子どもの発言にもある。実験中に黄色くなってイオウが燃えた。そして鉄だけ残ったと言っていた。後になり性質が変ったと言うが新しい物質ができたというつかまえ方をしたかどうか。
林　私も同感だが，まあその問題はこの次の授業の中でどう発展するかで変えられると思う。
久保田　鉄ともちがう，イオウともちがうという観点をもう少しと言うことだが，ちがうという観点を洗いざらいということはできないまでも，そのうちの

幾つかを強調し，黒板にも良く書いていたことは，原子や分子のでてくる段階での有効な基礎をつくっていると思う。一方は消えるが片方に含まれるということ，両方が一緒にならねば新しいものはできないということをおさえていくのが良い。ここでこの概念が完全におさえられないにしても，次の分解などで逐次積み上げていくようにすればよい。

須藤　始めに硫化鉄の資料を用意して置くとよかったのではないか。それとできたものを比べ，それが似ていることを確認させることが必要だろう。

松井　なかなか，市販の物と比べるのはむずかしい。かたまりを割るのも大変だしね。用意したことはしたのだが止めてしまった。しかし，それは必要だろう。

久保田　たしかに，イオウと鉄とできた物とがそれぞれちがうことは幾つかの面でおさえておくことが必要だ。授業の過程で，燃えない筈の物が火をつけたら燃えたとか，磁石で分離できる筈のものが一緒についてきてしまう。つまり鉄だけでなくイオウもついてくる。そんなとき大まかに教師はやりすごす。そんな点も細かく吟味すれば問題になる。このような場合幾つかの実験でおさえていくようにするとよい。

松井　私は少し違う観点でおさえている。鉄とイオウを磁石で分ける場合，あの状態で分けられたと言ってよいのだと思う。なぜかと言えば，鉄と一緒にイオウもついてくるが振れば落ちるのはイオウの方だ。分けるというのはそういうことだ。概念は方法により規制されているのである。泥水をろ過してきれいになったというときのきれいというのは，ろ紙でろ過して分離できる範囲できれいになったということで，それについて我々は異義を唱えない。ろ紙という限度で規制される範囲できれいになった。鉄とイオウとの混合物を磁石で分ける時，その範囲で分けられると言ってよいのではないか。ただ純物質という点では問題だろう。蒸留でも第一蒸留，第二蒸留，第三蒸留とある。この時も純物質に分けられると考えさせるのが正しいと思う。

久保田　私もそれを否定するものではない。だが，各所にそのラフな点はある。その中で掴んでいくものがあるだろう。

橋本　今日の授業を松井さんに教えてもらってやってみた。鉄とイオウとを混ぜた中で磁石をつけ，これを振ると黄色い粉は落ちるが全部落ちないで一部ついている。そして子どもは叩いたから落ちたのだろうという風にとらえる。

　硫化鉄の場合，これを粉にしてやれば磁石につく。これはおかしいとおもう。

去年のことだが生徒はイオウと鉄が固まっているからつかないとか，両方を糊で固めればくっつかないのではないかと考えるものもいた。だから種々の段階を踏んで理解を深めていくことが必要だろう。

久保田　化学ばかりでなく物理の方でもそのような事はある。法則や概念は相当抽象化された中ででてくる。現実には中々存在しないというものもある。幾つかの操作を繰返して，その極限でそれがでてくる場合も多い。そこで一気にというのではなく繰返しの中で確かなものにしていくことが大事で，そこを指摘していかなければいけないと思う。

　たしかに硫化鉄の中でつくものがあるが，初めに混合物の中に磁石を入れた時よりはるかにつき方が少ないということは判らせる。

黒田　その点で，硫化鉄粉を水の上でふらせた場合，教師は浮かないで沈んだねと言ったのに，子どもは浮いているのもあると言う。それを理由に子どもは混合物だと言った。そんなとき子どもをどう納得させたらよいか。

三浦　実験には誤差が生ずる面がある。つまり性質上の差である。これは多かれ少なかれでた以上は性質の変化のちがいだということを判らせる。学習を進めていくのに子どもに掴ませる視点が幾つかある。1つの視点からだけ掴ませようとすると無理がある。希塩酸を加えて，混合物の時には水素が出るのに後の場合では硫化水素がでるということなど総合的に観ていくという学習が必要である。

玉田　物質が化合した時新しい物質ができたという事を捕えさせることが重要だと松井さんから指摘されたが，あの実験の過程で確認できるか。それとも硫化鉄のサンプルを持ってきて実は試験管の中にできたのもこれと同じなんだということ，そしてそれを調べさせる。例えば両方に塩酸を加えると同じような気体がでるというような事を，サンプルと少し違うような面があるのは反応が完全でなかったのだということを教えたらまずいのか。

真船　新しい物質ができた。これは鉄とイオウに分けられないのだということを教えるよりは，新しい物質は鉄の性質もイオウの性質も失われるということに重点を置いた方がよかったのではないか。

松井　新しい物質の強調が確かに大事だ。

玉田　子どもの発言は美事なものがある。試験管からでてきたものは混合物かという質問に，そうではない。と答えた。それでは何だ。と聞いたら，純物質だと言う。純物質とは何かと言ったら，それはある特別の性質を持ち混じり気

のない物質である。すぱっと言える。中々ああいう風には子どもは言えない。言葉が生きているかどうかは知らいが，使える点では大したものである。だから新しい物質ができたことも可成り判っているのではないか。

2 デモ実験と生徒実験

久保田 最後にやったデモ実験の硫化銅をつくる実験では，割合に良く子どもに認識され確かに違うものになったという事がとらえられたと思う。
三浦 現象と概念のとらえ方は割合よくつかまえていたとみた。
玉田 最後にやったデモ実験を初めにやったらもっと良かったとおもうが。
松井 鉄とイオウが反応するとき熱がでるということを子どもに判らせるのに苦労した。熱くなったのはどうしてか，熱がでたからだと子どもは中々言わない。そんな点でも最後の実験を前にやっておけばよかった。
玉田 ぼくの言うのはそうではなくて，イオウ，鉄，それにその混合物を別々に加熱する実験を生徒実験をやらせる前にデモ実験でやっておけばよかったというのだ，それぞれの加熱の状態での変化が眼でみても明らかに違うからだ。それは内部で起っている変化が違うということをはっきり判らせられる。
松井 なるほど
須藤 鉄とイオウの加熱のとき，試験管の上部を熱し赤くなる。これを「下に燃えていく」ととらえる子どもがいる。この点まとめでやった，加熱したイオウ中の銅の反応のとき，赤くなるのと比較させて反応熱をとらえさせると判り易いと思う。子どもは燃えていったとノートにメモしていた。

3 教材の配列

松井 2時間の枠の中では，イオウ，鉄，それに硫化鉄という具合におぜん立てしてやっていく時間がなくてね。
玉田 例えば，混合物はカットして鉄なら鉄はどうなるか，イオウは加熱したらどうなるか，それらの混合物の加熱はどうなるか。多分イオウだけ燃えて残るだろうというようなことがでる。ではやってみようということでやった結果，予想とは大分違ってくる。個々の物質を熱したのとは違うことが判り，これが新しい物質ができたということに結びつく。また，反応が起り新しい物質がで

きたということの関連が大事である。
　新しい物質である筈だという点でそれでは鉄やイオウの性質は失なわれているだろうという点でその性質を調べる。次にイオウの中で銅はどう反応するだろうかということになる。このような計画だと2時間でおさえられるとおもう。

4　考えさせる授業

真船　今日の授業で子どもに考えさせる余地が無かったように思う。化学教材では類推が難しいのだろうか。でも王田さんのようにやれば多少なりとも子どもが類推したり予想したりしながら授業が進められる。授業でみていてどうしたら子どもに考えさせられるだろうかとそんなことばかり考えていた。
山下　燃えたとか赤くなったというのはできても熱くなったというのが中々でないのはみただけで無理だから試験管に紙を着させてみるようなことをやらせる必要があったと思う。
玉田　反応しているときの試験管を斜めに下げておくと曲がる。普段起りそうもないことがおこることから熱が相当でたんだというようにとらえられれば良いと思う。

5　いろいろなプランを

林　生徒は鉄とイオウを混ぜたということをよく知っている。その意味では鉄の概念もイオウの概念もある。ぼくはこのように鉄とイオウの実験で化合の概念を教えるということ自体に無理があるのではないかとおもう。
　突飛なことで恐縮だが，ぼくがやるとすれば自然現象の中でいろいろの変化の内の混合・化合という概念を帰納して出しておき，それを理論化し，その例として鉄やイオウの．学習を持ち込み，これが化合したとき新しい物質ができるだろうということを生徒に考えさせながらやらせる。つまり，理論化を先にやり，その中で例として鉄とイオウなどをだすということだ。
玉田　よく判らないが，初めの部分でどのようにして化合という一般概念をつかませるのか。
林　例えば，さびるとか，紙が燃えるとかそんなものから……飛躍はあると思うが，物がまるで変るという現象を出し，それで全体的に一つの理論を展開す

る。そして先生のは押しつけだったから実際にそれができるかどうかという点で生徒に実験させる。できたものが本当に違っているかどうか納得のゆくまで調べさせる。子どもはいろいろのことをやって調べるだろう。

玉田 始めの段階の紙が燃えて新しい物質ができたということをどうしてとらえさせるかという点がよく判らない。

林 酸化などを教えてあるのだから，鉄とイオウをつかって硫化鉄をつくるというやり方で化合を教えるよりはいいのではないか。

玉田 それでは変化したということは判るが，化合したというのは教えられないのではないか。鉄とイオウだけでも，やっぱり飛躍があり，ぴったりと判らせられないだろう。理詰めでやる内容をはっきりする必要がある。

真船 その問題は化合を教えるには，このような方法もあるという案をつくって林さんに提案してもらってから討議した方が良いと思う。

須藤 その通りで，後の機会に林さんより化合の学習の案を出してもらい，そこで討論していくことにしたい。

6 生徒をどうとらえるか

真船 授業の進め方の問題であるが，生徒からいろいろの問題が出ないというのはどうなのだろう。生徒から問題や意見が出せるような授業の進め方はないものだろうか。

松井 自分でも疑問なのだが，授業しているときあまり生徒の声が耳に入らない。質問が独り言のような形ではそれをキャッチするのが難しい。実際問題みんながどのように生徒の声をとらえてやっているか，その秘決を聞きたい。小学校だと子どもとの接触が多くて良いが，中学では子どもが変り，時間に追われて急ぐものだから，試験をしてみて初めて生徒の声が耳に入るような始末である。

玉田 今日の授業をみて，これだけの内容は2時間では無理だ，子どもに聞いてはいられない。

黒田 鉄とイオウを始めに別々に学習し，その後，それでは両方を一緒にして反応させたらどうなるだろうかと質問し，予想をたてさせる。子どもはさまざまな意見をだすだろう。それから実験をする。結果をまとめる。それでは銅とイオウの反応はどうなるのだろうと問いかけ，子どもの思考を働らかせ実験で

確かめるというやり方をしていったらどうだろうか。
三浦 今日のところは土台をつくっているところでそこでは子どもも質問を出しにくいのではないかと思う。ここが終り授業の進行する中で疑問が起き，質問なども出てくるのではないか。急いで基礎をつくろうと思うと多少今日のようになるのではないかと思うが。
真船 例えば，これは混合物かと聞けば，全部のものがそうだとは言わない。全部判っていないのに教師は混合物だと結論を下し，話を進めていってしまう。そうでないと思っている子どもは，どうしてそう思うのかを質してその理由を聞き，解決していくということが大事なのではないか。教師のもつ結論を1部のものが答えたとき，それだけを取り上げてさっさといくというのは判らない子どもを無視して，そのままむやみに引きずっていくように問うことで良くないと思う。
須藤 松井さんは1時間にどこまでやるかという計画があり，その予定を消化しようというあせりがあったためあのような授業になったのではないか。普段なら疑問を持ったり，反対意見もよく聞いて，真船先生のおっしやるような交流のある授業をやられているのだと思う。確かに，できた硫化鉄を粉にして水の中に入れたら一部分は浮いて全部沈まなかった。子どもは，化合の結果できたものも浮くものと沈むものがあるとみて，それを先生は全部沈むねという具合に押しつけている面があった。キメの細かい授業というのは大事なことだが難かしい。
玉田 デモ実験と生徒実験をうまく統一すれば時間的にも統一できてやりやすいのではないか。
久保田 始めに1つの理論ができあがれば，その理論を中心に次の実験なり問題を発展させて授業が進められる。生徒実験をあれ位豊富にやるとどうしても時間が不足する。だからデモ実験が今日の場合，ある意味では必要ではなかったかと思う。必ずしも直接やることが子どもに判らせるやり方ではない。どういうものは直接やらせて，どういうものは間接的にやった方が効果的だというものを吟味するのが良い。
玉田 イオウを加熱したらどうなるかというようなことは小学校でもできることだと感じた。このようなものはもっと下の段階でやっておく必要がある。そうでないと中学校で時間が不足して困るという問題は解決しない。
須藤 ではこの辺で。

(『理科教室』1965.1月号)

第2章　加熱の矛盾を生徒に指摘されて

[コメント]

　前章の「化合」の授業のあと、玉田さんの「化合の授業」(『理科教室』1965年6月号)を参観して、どうしたら玉田授業のように、子どもたちから教師の予想をはるかにこえるような活動を引き出すことができるようになるのか、具体的に考えることができるようになった時代の記録である。

　当時、月に2回、田中實先生のお宅で開かせていただいていた「化サ」での玉田さんたち主に小学校関係の人たちの発言を聞き取ることが少しずつできるようになり始めた時期でもある。

　生徒たちの意味のある発言を引き出せる授業とはどんな授業であろうか。それは、まず、教育内容が明確にされていること、その内容が自然科学の基本的な事実・法則、概念であること。その教育内容にふさわしい方法で授業が創られていること、もちろん、それまでにその教育内容を獲得するのに必要な前提知識を教えてあること、つまり、系統的、かつ体系的なカリキュラムにもとづく授業で、授業が認識の順次性にもとづき構成され、運営されなければならないことなどが、幾らか具体的に理解できはじめた時代のものである。当時は毎年、授業を公開し、検討してもらう研究会を自由に開くことができる自由が学校にあったことをつけ加えておきたい。

　そして、たとえ僅かでも、部分的でも、教育内容とその系統性が意味のあるものになり、方法が適切になると、生徒たちの動きは俄然変化してくる。つまり、教師である筆者に、これまでまったく意識できないでいた生徒たちの思考の発展の筋道が見えはじめるのである。生徒たちが自分の考えを明確に表現してくれるようになるのである。

　しかし、ここでも生徒たちと教師との信頼関係が重要な意味をもつ。つまり、必ず、すべての生徒たちに、理解できるような授業を創りたいという教師の願いを、生徒たちに伝えられなければならない。したがって、どんな生徒のどのような反応にも、公平に、そして真摯に、つねに謙虚に耳を傾け、誠実に対応することを欠くことはできないことを、一つ一つ具体的に学んでいった時代でもある。

【1】化学変化を生徒たちはどのように理解したか

1 はじめに

　この実践は，中学2年生を対象に，1971年度に行ったものである。そこで，生徒たちがミクロの理論（事実）とマクロの事実をどのように統一したかということの主な内容については1972年の科教協全国大会（大阪），化学分科会で報告した。
　ここでは，授業の記録をさらにつけ加え，大会で十分に意図の説明や実践の分析ができなかったところをおぎなって報告したい。この化学変化の研究（授業）の前に，生徒たちは，次の内容についての研究を終っている。

Ⅰ　物質の基礎概念
　物質は質量と体積をもつ。物質は非常に小さな微粒子（分子）によって構成されている。物質は三態を持つ。温度がかわると状態（分子の集合状態）が変化する。分子はたえず運動している。分子の運動は，温度が高くなればなるほどはげしくなる。分子は，分子間力でたがいに引き合っている。分子の熱運動と分子間力は，たがいにその働きをうち消し合う。物質はそれぞれ固有の性質（密度，融点，沸点，結晶形，におい，色など）をもっている。性質がことなれば，物質種がことなる。物質種がことなれば，その構成粒子がことなるなど。

Ⅱ　化学変化
（1）物質の構成粒子
　物質の構成粒子には，分子・原子・イオンの3種がある。分子は，原子がいくつかあつまってできている。
（2）化学変化
　物質と物質の相互作用で新しい物質が生成する変化がある。この変化を化学変化という。物質の性質が変化しない（新しい物質が生成しない）変化を物理変化という。化学変化においても，物質不滅の法則が成立する。化学変化を，

次のような式で表現する。
　　　鉄 ＋ イオウ → 硫化鉄
　反応物質の鉄，イオウは反応生成物の硫化鉄の中に成分として存在している。化合物や単体を構成する成分が元素である。元素は質量の保存によって化合物中に成分として存在していることを示しているが，成分として存在していることを示す性質はない。つまり，元素は，成分として存在しているけれども，そのことを示す性質は存在しない，ともいえる。
（3）化学変化の特徴
　新しい物質が生成する（性質が変化する）熱が出入りする（あつくなったり，つめたくなったりする）

2　ねらい

　化学変化を，原子論にもとづいて理解させるのが，この実践のねらいである。その具体的内容は，次のようである。
　化学変化は，これまで存在した分子（物質の構成単位，粒子）が消滅し，新しい分子が生成する変化である。つまり，粒（分子）が変化する変化である。化学変化——分子の消滅・生成は，原子の結びつく相手の種類と数の変化する変化である。物質の相互作用によって化学変化がおこるとき，原子のふるまい方（あり方）が変化する。同じ種類の原子であっても，構成する分子の種類がことなれば，それぞれに原子のふるまい方（あり方），結びつき方はことなる。原子は，化合物，単体の中にその成分として存在しているが，同一種の原子であってもそのあり方（ふるまい方）は，それぞれの分子種でことなる。しかしそれらの分子の中に共通に同一の原子が存在している。このことが，化合物の成分としてたしかに存在はしているが，存在を示す性質は化合物中に存在していないという元素とかかわりを持っている。
　以上のような内容の研究の過程で，マクロな事実とミクロの理論（事実）との統一をはかることを，常に意図した。これは，化学変化を原子論にもとづき解明するとき，心ならずも生徒たちに機械的原子論ともいえる単なる原子のならび方の変化として化学変化を理解させてしまうことになることをふせぎ，これまでの学習（研究）で獲得した知識の適用の限界を明らかにし，新しい知識の有効性を教えることでもあると考えている。

3　授業の記録

[生徒に与えた課題]
「非常に小さな粒（原子，分子）からできている物質の化学変化がもし，目に見えるとしたらどのように見えるはずか，各自の考えを図に描きなさい」
　次の生徒を指名して黒板に描かせた。

加藤

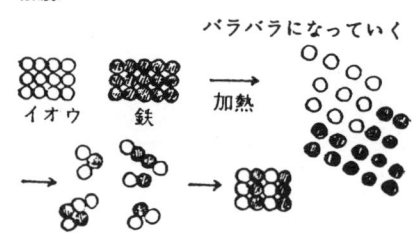

三浦

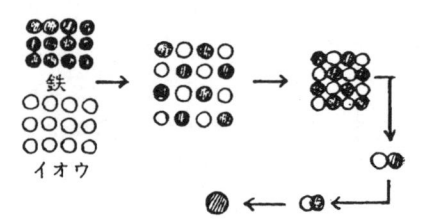

小磯

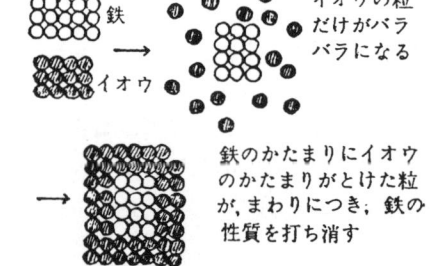

佐野　はじめの結晶は略してある。熱したあとつくのも略した。

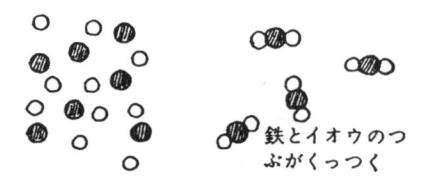

内山　イオウのつぶが鉄のつぶをとりまくような形でつく。はじめ鉄が28gで，イオウが16gであって，鉄の方が多かったので，その分が残って多少磁石についた。

花村　1つずつにバラバラになってまじり合う。

田島　イオウの粒がとけて，さらに加熱すると鉄の粒についてしまって，それが鉄の粒をとりまくようにつくと思います。

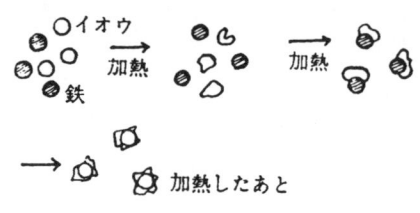

秋山

第2章 加熱の矛盾を生徒に指摘されて

鉄の粒のかたまり　1つひとつ別々
→　その時の粒同志　→　加熱
イオウの粒のかたまり
今度の物質の粒
→　規則正しくならんでいる

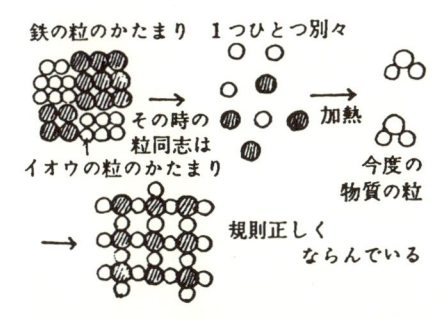

森山

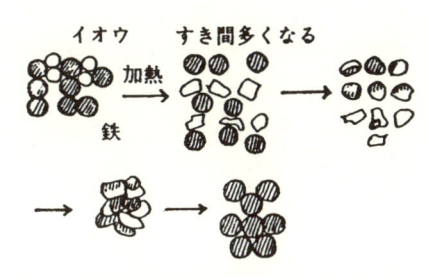

イオウ　すき間多くなる
加熱
鉄
→　→

ひやされると、また粒子間力が強くなり固体になる。もう1つの考え。

○○→○○○○

各自の考えについての説明の終ったあと、次のように生徒間の討論が進んだ。

加藤　小磯君に、最後にできたの真中に鉄があるわけでしょ。できたのをわればつくはずだから、おかしい。

小磯　加藤君は、あれが試験管の中に入っているものと考えているようですけど、ぼくは粉のつぶをかいたので、中から出てこなければあまりつかない。

秋山　鉄の粒をとりまくという人に質問。イオウがとりまくから鉄の性質を打ち消すというの、それならイオウの性質が残ると思いますが、どうでしょうか。

飯野　花村さんへ、鉄とイオウの粒がバラバラになっているの？　ということは、鉄とイオウの融点、沸点が同じということだからおかしいと思います。

渡辺　小磯君へ、立体で考えると、まわり全体をイオウでおおっているのですか。――そう（小磯）――それならできたもの全体がまっ黄色になってしまうと思う。

小磯　イオウの粒が熱によってこげるというか、性質がかわってあんな色になるし、イオウ本来の性質もかわってしまったと思う。

栗原　鉄が28g、イオウが16gということから、鉄のつぶが多いとか、すくないとかいうことはいえないことをはなしました。

教師　ということは、1粒の目方が同じとはかぎらないからね。

飯野　秋山さんへ、最初バラバラになって、次にかたまるのがおかしいと思う。正反対のことがおきるからおかしい。――なに（秋山）――。

教師　加熱して粒の集団をバラバラにしたのに、その粒が高温でくっつくのはおかしいということだろう。

　ここまでで、2時限終了。
　次は第3時限

秋山　飯野君へ、私、まちがえて、加熱しおわって冷えてくっつくことをかいたのです。

鳥塚　田島、内山、森山さんへ質問。固体は粒が規則正しくならんでいるのだから、おかしい。

塚田　佐野君の、加熱すると鉄とイオウの

粒がつくというけど，粒子間力が弱くなるのにどうしてつくのですか。熱したときつくのなら，冷えたときどうなるのですか。
佐野 ものが燃えると，例えば炭素が燃えると二酸化炭素ができるでしょ。燃えていると熱が出るから，燃えているときに二酸化炭素がくっついてできるから，あついときにつくのだと思います。
飯野 秋山さんへ，3番目の図，鉄の両側にイオウがあるのですが，そのつぎの図は，鉄のまわりにイオウが4つずつあるからおかしい。
秋山 ○◎○◎○ のとき○が1つたりない。
わかれたとき ○◎○ とならないから。のようにすればいいと考えました。だからあくまで4つついているのではなく2つずつついているのです。
渡辺 秋山さんの，一番外側は全部イオウでできているのに，今の図だと，鉄が外に出ている部分もあるけどどうなのですか。
秋山 これは固体の一部をかいただけなので，どんどんつけていけば，鉄だけが外へ出ることはないと思います。私はただ鉄とイオウの割合をいいたかった。
教師 立体で考えると4個ではなく，6個にかこまれていることになる。くわしいことは，高校，大学で研究しよう。
渡辺 内山君のイオウの粒の中に鉄の粒が入っているの。そうすると，イオウの粒がこわれるとか，穴があくとか，とけるとかいうことになって，そのときは，粒が粒でないことになってしまうからおかしい。
内山 図がへんなのですが，鉄の粒をイオウの粒がかこんでいるので，イオウ自体はかわっていない。
田島 鳥塚君に答えて ◎はというのを略してかいた。
鳥塚 それでもおかしいので，それが点々とあるのはおかしい。それが ○○○ のようにならんでいるのなら ○○○ わかる。
田島 ◎も ○○○ のように規則正しく ○○○ ならんでいる。
渡辺 内山君のいったのわからない。
教師 鉄を他のものでつつめば，磁石につかなくなるだろうか。これまでも，ビニール袋で磁石をつつんで使ってきているが。はじめ2種の物質の混合物であったものが，化学変化によって純物質，ただ1種の物質に変化したことが，君たちの考えで説明できただろうか。2種の原子を交互にならべたのと，まざったのとどこがちがうのか，もう一度考えておこう。
第3時限終了。

　7組の生徒たちの考えを聞くと，だれの考えもこれまでの知識と事実にもとづいて，何とかして新しい物質の生成――性質の変化を説明しようとしていることがわかる。
　しかし，生徒どうしの討論によって，だれの意見もそれぞれ一長一短のあること――説明しえない矛盾をもつことが明らかにされている。つまり生徒たちに授業で注目させなければならないこと――これから学習しなければならない必然性がほとんど明らかにされたといえるだろう。
　以上の討論から，生徒たちに注目させることがらを，次のようにまとめた。

○化学変化は，原子のならび方の変化ではないか。ならび方が変化しただけで，性質がいちじるしく変化するか。新しい物質になるか。混合と化合とのちがいはどこにあるのか。
○粒（原子）が変化したのではないか。三態変化では，つぶの集合のしかた（ならび方）が変化しただけで，粒は変化しなかったが，化学変化ではほんとに粒（原子）が変化するのか。
　粒（原子）が変化すると，原子はさらに小さい粒からできている——構造をもつ——ことになるけれどもほんとうか。
○粒どうしに，新しい結びつきができるのではないか。粒子間力は，高温になればなるほど弱くなるはずではないか。それなのに，高温で新しい結びつきができるだろうか。

　生徒たちに，これから学ぶべき課題を以上のように明らかにして，次のような内容について説明した。
　化学変化は，新しい分子のできる変化である。

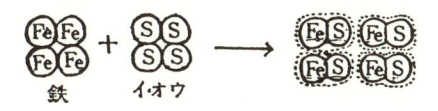

　Fe Fe ＋ S S → FeS FeS
　Fe Fe 　 S S 　 FeS FeS
　　鉄　　イオウ

　鉄原子とイオウ原子が，ただ交互にならんだだけではなく，鉄原子とイオウ原子がたがいに働きかけあって，鉄原子でもイオウ原子でもない新しい粒——分子——硫化鉄分子を生成した。
　2種の原子がたがいに働きかけあい，それぞれの原子のふるまい方が変化している。ふるまい方は変化しても，重量は変化しな

い。
　原子は，構造をもっている。
　点線の円は，新しい粒，分子になったことをあらわす。（分子の生成が明確でない場合もあるので，点線でかく）粒子間力として，これまでひとまとめにしてきたが，これからは，分子をつくる原子どうしが結びつく力と，分子どうしが結びつく力の2つに分けて考えなければいけない。

4　続・授業の記録

[生徒に与えた課題]

　「物質はつぶ（原子・分子）からできている。この物質が化学変化をおこしたときの変化がもし目に見えたとしたら，どのように見えるはずか，図にかきなさい」
　次の生徒を指名して発表させた

迫田　イオウだけがとけて液体になり，イオウの液体と鉄の固体のまざったものができる。それを冷却すると硫化鉄になる。

今野　混合物を加熱すると，液体みたいなドロッとしたものにかわり，硫化鉄になる。ドロッとしたところも硫化鉄かもしれませ

んが，わかりません。

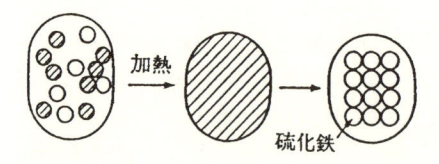

高野 規則正しくならんでできたのが硫化鉄。

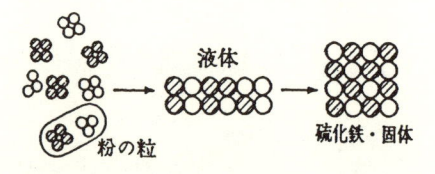

内田（三） 加熱すると，鉄とイオウの粒が1つずつついて，そのとき普通ならはなれるのが普通と思いますけど，イオウの粒の方が少しネバネバして鉄の粒の方へつくような気がするんです。それで1つの粒のような形になって，最後はまったく1つの粒になってしまうと思います。

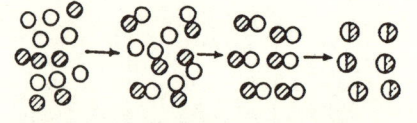

内田（信） 加熱すると分子が全て原子に分かれて，例えば鉄の原子1個にイオウの原子2個というような割合で粒が結びついて硫化鉄の分子ができる。

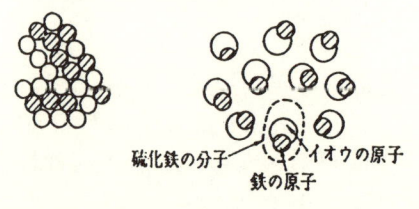

石綿 イオウの持っている性質と鉄の持っている性質がたがいに消し合ってちがうものができる。

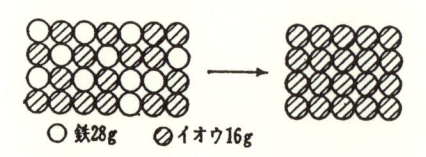

○鉄28g　◎イオウ16g

次の日，次のように意見を修正した。

大野 鉄がイオウのすき間に入って硫化鉄になる。

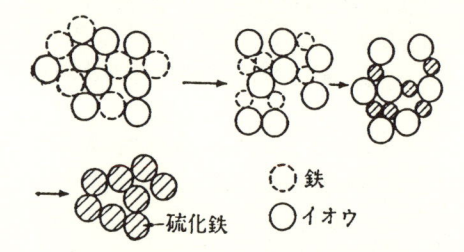

横山 バラバラになったイオウと鉄が，ちがう組み方をして硫化鉄の粒になった。

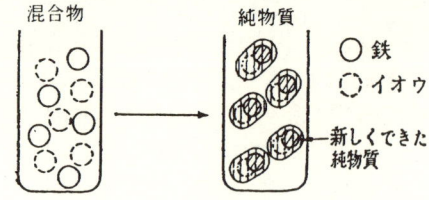

笠原 鉄とイオウがまざってじしゃくのように鉄とイオウがつき合って，また2つずつが，それぞれつき合う。

鉄 ＋ イオウ →(加熱) 硫化鉄

→

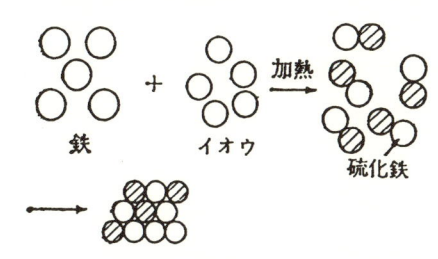

各人の意見の発表のあと，生徒間の討論は，次のように進んだ。

小林　迫田君の，液体は，粒の形が変るのではなく，ならび方が変るのだからおかしい。

福原　迫田君の，点線の円は何ですか。

迫田　鉄です。イオウとまざっているからはっきり見えない。

川窪　迫田君の3番目のもの，物質は粒でできているから，あれ物質以外の何ですか。

風嵐　鉄のまわりにイオウがかぶさっているのですか。

迫田　まざっている。

内田（信）　鉄もとけるのですか，この間，とけたように見えたので，今野さんの。

大内　内田（信）さんの，分子と原子のちがいがわからない，分子というのは，何ですか。

内田（信）　分子は粒で，原子は分子をつくっている。

教師　大野の図を見ると，鉄の粒がだんだんと小さくなっているが，小さくなるということか。

大野　はじめはそう考えたけど……。

教師　横山のはじめの図は，固体か。

横山　そうです。

福原　笠原君の図，加熱したあと，2番目の状態は。

笠原　液体。

高田　笠原君の意見で，じしゃくのようにつき合うなら，3つつくことないのですか。

笠原　よくわからないから，一応2個にしました。

今野　じしゃくのようにつき合ったとき，もう，硫化鉄なのですか。

笠原　そうです。

新海　鉄とイオウの粒の大きさが，みな同じですが，ほんとに同じですか。

内田（信）　鉄どうし，イオウどうしは同じだけど，鉄とイオウでは，大きさも重量もちがう。

大内　今野，高野，内田（三），笠原，横山に質問，みんな間がはなれています。間がはなれているのは，気体の状態ですから，これらはみな気体になってかわるのですか。

教師　高野のはちがうだろう。……粉をあらわしているというから。

石綿　高野さんの図，あれを小さくくだけば鉄とイオウに分けられると思う。この前の実験では鉄がくっつかなかったから，おかしいと思う。

風嵐　高野さんの粒の集団が不規則なのですが，あれは，乳ばちに入れてこすったらバラバラになりますか。

小林　太野くんは，イオウのすき間に鉄が入るというけど，それはおかしい。それは，鉄が小さくなるというのからすでにおかしい。

山の下　横山君へ，最初青いものがなかったのに，最後に青いものがあるということは，何かあたらしいものがあらわれたということですか。鉄もイオウもあるから。

横山　青いのができたというの，それは新

しい性質をあらわします。ぬったのと，ぬらないのは，つぶのもとがまざり合ったから，ほんとはあんなふうにまっぷたつにはなっていない。

執行 高野，内田（三），内田（信），笠原君の4人，硫化鉄最後の硫化鉄は，純物質であるから，1つの粒でできていなければいけないと思います。4人は，鉄とイオウの粒が残っている。

高田 迫田君へしつもん，イオウが2番目でくずれ，3番目で液体のようになっているのですか。それは，粒の形がなくなるのですか。

迫田 粉のひとつぶで，液体になったの。

高田 というと粒が消えたのですか。

迫田 3番目粒あるけど描かなかった。これ肉眼で見たところ。

川窪 高野さんに質問，鉄とイオウが規則正しくならんでいますが，これだと混合物だと思います。鉄の粒もイオウの粒もかわっていないから。

新海 迫田君の2番目の図，イオウが液体になっていくなら，鉄とイオウが分けられて，分けられると思います。

教師 つまり，イオウの液体の下に鉄が沈むだろうということだ。

[第3時限]

小野 大野君のイオウの中に小さくなって入っているということおかしい。

今野 大野君の硫化鉄になったとき，くっついているのは，固体なのに規則正しくならんでいないのは，おかしい。

内田（信） 執行君，粒が2種からできているから混合物ではないかといったけど，その1つの粒が，鉄とイオウの2種からできていて純物質になっている。

川窪 内田（信）さんが，鉄とイオウがある一定の割合になっているということに賛成。

そうでないと，1つの粒自体の割合がちがうと全部ちがってくるとおもうから，図には賛成できないが，意見には賛成。

執行 内田（信）さんがいったことですが硫化鉄の図に鉄とイオウの粒が描いてありますが，その図でいくと鉄とイオウの性質がまだあるということだから，また新しい性質が出ていないともいえるから，成分物質で鉄とイオウに分けられるから，その図ではちがうと思います。

新海 疑問におもうのですが，高野，2人の内田，笠原君の，このままだと，鉄とイオウの性質が出て分けられると思います。この間の実験で，わたしたちは少しつぶして磁石でしらべたら，少しついたので，こういうこともありうると思います。それで，理くつからいくとみんな鉄とイオウの性質がなくなるから，それで少しそこが……。

小林 新海さんの意見，鉄もイオウもくっつくとおたがいの性質を消し合うと思います。だから，この図は2色になっていますが，性質は，まったくちがうものが出てくると思います。

大内 今野さんで，真中の図がぬりつぶされているようですが，それでまた，硫化鉄になったとき粒があらわれていますが，粒がなくなったということは何もなくなったのではないでしょうか。

内田（信） 小林さんと同じで，鉄とイオウの2種で，1つの粒をつくっていて，鉄

とイオウの2種で1つの性質をつくっていると思います。だから混合物ではない。
教師 だれさんのここはいい，あすこは反対というようなこともないか。
山の下 わたしは，内田さんの3番目まで賛成で，最後の鉄とイオウがはっきりのこってわかれているということが賛成できない。迫田君の最後の図を入れたのがいいと思う。
大越 山の下さんに反対，鉄とイオウの混合物をかねつした場合，鉄とイオウの粒は消えないのだから，迫田君の最後の図にはならないと思う。
教師 粒は，変化するか，変化しないのか，まわりで話し合え。
執行 内田（信）さんが，鉄とイオウの2種で純物質ができているといったけど，それはいいと思うけど，鉄とイオウの粒が残っていても新しい性質が出ていないことになるから，迫田君の最後の図を入れた方がよいと思います。
今野 大内君に答える意味ですが，加熱したあと液体のように見えたのですが，鉄があのくらいの温度でとけることはないと思うから，粒の状態をどういうふうにしてあらわしてよいかわからなかったので，液体みたいに見えたことをあらわしたので，粒が消えたり，小さくなったりするということはない。
高野 迫田君の最後の図がいいと執行君はいいますが，わたしは自分の図の方がいいと思います。それは，新海さんのいうように少し鉄が残っているということだから。
福原 今までので，一番最後の図が全部ぬりつぶされているのと，ならんでいるのと，半分が鉄，イオウと分かれているのとあるけど，全部ぬりつぶされているのは，はじめは鉄とイオウしかなかったので，全部なくなるということは考えられないから，これはまちがいと思います。
　半分半分になっている粒は，性質がかわってくるのは，粒のならび方でかわってくると思うから，半分ずつになることはないと思います。
　1つおきにならんでいるのが，この場合一番適当な図だと思います。それは，つぶが鉄とイオウとならび方がちがってもたがいに，その性質を打ち消し合って純物質のように性質がちがうものになっていくと思います。

[第4時限]
石綿 福原君の意見だと，1つおきにならんだのがいいと思いますが，前にいったようにこれをこなにすれば，みんなくっつくと思うけど，つかなかったから，福原君の意見はまちがいと思います。
大野 今野さんに，はじめの図は固体なのに粒と粒がついていないのでおかしい。
内田（三） 何回もいっているけれども，赤い性質と青い性質があってそれをかねつしたら，赤とか青とかがこまかくわかれて，わかれたどうしの赤と青がついて，1つの紫という物質ができる。
大内 横山君の意見に賛成で，なおした方がいい。他の人の意見は，始めに半分，半分でわかれていたり，全面的にわかれていたりしているのです。けれども，それだとまだすりつぶしたとき，前の性質が出ると思う。横山君のは新しい性質があらわされ

ているので，賛成できると思います。

山の下 高野さんが，鉄の粒が残っていても，おかしくないといったのですが，この高野さんの図だとそとがわにも鉄の粒が出ているから，くだかなくても磁石についてしまうと思います。くだかなくてつかなかったということから，このならび方すこしおかしいと思います。

横山 内田（三），石綿，ぼくもそうですが，最後の図，粒がみんなはなれていて，はなれていると気体なので，ぼくの場合はくっつけたい。

高田 高野さんに反対，硫化鉄になったときに鉄とイオウが交互についていて，鉄でもイオウでもないものになったのだから，迫田君の最後の図がよいと思います。

小林 高田君が迫田君の意見がいいというけど，はじめは鉄とイオウであったのだから，まったくちがう粒ができるということはおかしいと思います。だからといって高野さんみたいに粒が交互にならんでいるというのもおかしいから，内田（三），内田（信）さんの意見に賛成。

川窪 高田君に対して，こうなると粒自体がとけなければいけないから，内田さんに賛成と思ったのですが，これもある一方に鉄だけあると，そこへ磁石を近づけると鉄がつくと思うから，この2つではないと思う。

執行 今野さんに質問，2番目の図，イオウだけ変化しても鉄はそのままだから，純物質にかわることはないと思います。

今野 大野君の意見に，私のは粒と粒がはなれているのは訂正しますが，2つの粒の混合物が規則正しくならぶのはおかしいと考えたので，こういうふうにはなしてかいたのです。

高田 小林，川窪さんへ，性質がかわるのだから迫田君の図がいい。ただし，粒の数や大きさ，形はかわらないと思います。

福原 迫田，大野君に対して，最後の図が一色になっていて，その前の図は，鉄とイオウがかいてありますが，そこから急に最後の図のようになることはないからおかしいと思います。

新海 内田（三）さんだけではないけど山の下さんが3番目まで賛成といったけど，加熱したらつくということはないと思います。そういうところ迫田君に賛成なのですが，イオウがさきに液体になったり，さっき高田君がいったように粒が変形しているところが賛成できない。

大野 福原君の，それはまざったのです。

福原 まざったということは，鉄とイオウの粒がいっしょになることだから，粒の重量と大きさがちがうと思うから，ちがうと思います。

　このあと，7組と同じようにまとめ，原子・分子についての話をした。（詳しくは，前号P.46を参照）この授業のあと，化学反応を分子模型でかかせることを何回か行ったが，まずほとんどの生徒が抵抗なく原子模型を変形させて分子模型をかき，化学反応をかきあらわすことができるようになっていた。

5 授業を終って

①化学変化は，物質の相互作用によっておきる変化であるということは，よくいわれる。このマクロな現象がどのようなミクロな現象によってもたらされているのか，そのことを生徒に理解させることを，前号でのべたようにねらいの1つとした。

　このねらいは具体的には，分子中の原子のふるまい方のちがいを原子模型の形の一部変化することであらわしたり，新しい分子が生成するということで説明した。例えば，同じ酸素原子であっても，水分子中の酸素原子のふるまい方（あり方）と二酸化炭素中の酸素原子のふるまい方では，相手の原子がちがうため，ふるまい方がちがうと。そして，このために，元素は約100種しかないのに，物質の多様性がもたらされるし，成分として化合物中に保存されているけれども，その単体の性質は化合物にみられない（あるけれどもない）などという，元素概念の形成にとって重要だと考えられるマクロな事実があらわれてくることを説明した。

　今回の実践で，私がこのようなことをねらいの1つとしたのは，これまでの実践は，原子の結びつく相手が変化する——新しい原子の組み合せができることにややもすると力点がいき，化学変化は，物質と物質との相互作用によっておきる物質の性質が変化する変化であることの，ミクロな追求に不充分さを感じていたからである。

　原子が与えられた環境の下で，どのようにふるまうのか，そのことを明らかにすることをぬきにしたのでは，主観的にはともかく客観的には，化合（化学変化）と混合との区別も明らかにならないし，そもそも物質と物質とが相互に働きかけ合うことによって化学変化がおきるのだということも理解させられないだろう。そして，化学変化がそこに豊かな内容を秘めていることも，物質の共通性も相違性も理解できないだろう。ましてや自然の構造などについての理解を与えることは，望むべくもないことと思われる。

　化合（化学変化）と混合との区別の重要性についてつけ加えると，化学変化を原子の組み合せの変化に解消してしまうと，固体状態におけるときは，原子の組み合せに一定の規則性をもたせ，新しい質の発現を説明したとしても（記録にみるように，生徒は納得しない），液体，気体状態ではどうにも説明しえ

なくなり化学変化と混合との区別は，マクロな事実として存在するのにミクロにはまったくちがいがないなど（連続性を否定することではない）ということになってしまい，化学変化をミクロに考察することの意義が弱められてしまうことにもなる。

そのようになったのでは，中学校の化学教育の有効性を問われることにもなりかねない。この困難からぬけ出すためには，原子と原子の相互作用によっておこるそれぞれの原子の変化を明らかにすることと，それをふまえての一部事実にあわないことでも新しい分子の生成ということで，この導入段階での指導を進めなければならないと考えたためである。

このようにマクロとミクロの統一というねらいをもって授業にとりくんだが，その授業の中で，生徒たちがどのように化学変化を理解していったか，ということは授業記録にのべた通りであり，生徒間の討論で明らかにされた解決しなければならない課題は，まとめ（前号P.50）として生徒たちに提示した。

その課題は，ちょうど私がこの授業のねらいとした内容に対応するものであった。さらに，そのねらいとした内容のいくらかは，例えば3組の横山の意見などのように，保存と消滅という現象が同時におきていると，生徒から指摘されもした。それで私は，この課題の解決のために新しい概念の獲得の必要性を生徒たちが共通に理解するとともに，ねらいの程度が適切であったことが授業の中に示されていると考えている。

②授業をはじめる前に私が，まったく予想もしなかったことが，生徒間の討論で明らかにされた。それは，鉄とイオウの混合物を加熱する。これは鉄・イオウの原子の集団をバラバラにするためであろう。高温になり個々の原子にバラバラにされたそのときに，鉄とイオウの原子の間に新しい結びつきができるというのは，矛盾ではないかということである。この指摘は，例えば前号の飯野の発言（P.49）にみられる。

私は，ねらいでものべたように，化学変化がおきたときの原子のふるまい方の変化を，例えば原子・分子模型の変型などによって説明することを意図したが，この飯野の発言は，その変化のさらに深部，つまり結合にかかわる電子のふるまい方と分布の変化について明らかにすることを求めたものといえよう。したがって，この飯野による矛盾の指摘は，まさに化学結合とは何かという問いかけともいえる。

この生徒たちの思考の発展に対して，私はまとめにのべたように，これまで粒子（分子）間力として考えてきたものは，実は分子を構成する原子どうしが結びつく力と，分子どうしが結びつく力の2つに分けて考えなければならない，などというように答えることしかできなかった。何かもっとまともに答える内容がありそうに思えるのだが，現在もその解答を自分なりに見つけ出すことができないでいる。
　結合エネルギーについて教えるということの1つの手がかりが，この辺にかくされているようにも思われるのであるが，多くの方々のご検討を是非お願いしたい。

（『理科教室』1973年7～8月号）

【2】加熱の矛盾の解決をもとめて

　『理科教室』1973年8月号「化学変化を，生徒はどのように理解したか」において，標題にかかげたような矛盾が，生徒から指摘されたことを報告した。
　その後，この矛盾の解決について考えていたところ，大竹三郎氏から，化学変化がおこるための条件，つまり，物質の接触（分子，原子の衝突）という条件をあきらかにすること，そして，加熱は，反応の速度をはやめるものとして位置づけた方がよいのではないか，というご意見をいただいた。
　化サで検討している60時間案の中で，このことを考えてみると，これまでの指導計画にくらべて，より大きな展望を生徒たちにもたせるようになると考えられる。60時間案では，分解のつぎに化合をあつかうが，そこで，物質の接触をつぎのようにあつかえるのではないだろうか。
　よくみがいた銅板の表面に，イオウをつよくこすりつけると，硫化銅ができる。この硫化銅を，色や伝導性の変化などで確認する。この内容は，反応させるためにかくはんしたり，試験管を振ったりすることとも統一できる。
　より短い時間に，より多くの硫化銅をつくるには，どうすればよいか，で加熱の効果を導入する。この加熱の効果のミクロな意味を，つぎのようにあつかうのは，どのようなものであろうか。
○反応温度が高くなると，分子内の原子間の結合がゆるむ（結びつきが弱くなる）。
○分子と分子の衝突のはげしさが，ます。
○分子の運動の速さがまし，衝突の回数がます。
○反応速度が10℃上昇すると，以上のようなミクロな事実が全体として，反応速度を2倍にする効果をもたらす。
　このような内容をあつかうことは，将来，活性化エネルギー，活性化エンタルピーなどを導入するための基礎を形成することにもなるだろう。また，加熱の効果を，反応速度の増大とすることは，反応速度を化学変化の導入の段階から，生徒に意識化することになり，反応速度を研究対象とすることを，より容易にし，生徒により広い視野をあたえることにならないだろうか。

　　　　　　　　　　（『化学サークル通信№26』1974年6月）

【3】化合・私ならこうする

1 化合はどう扱われているか

　現在中学校で使われているある教科書をみると，化学変化における量的関係の探究だけが前面に出て，質の変化はことばだけですまされている。量的関係についての法則性も質の変化と統一されたとき，化学変化の解析に重要な意味を持っていることが理解できるものではないだろうか。例えば，反応物質の性質が消滅しているのに，生成物質にその質量が保存されていることが確認されたとき，物質不滅の法則や化学変化とよばれる変化がどのような変化であるかを理解することができるのであろう。このようなマクロな現象を手がかりとしてはじめて分子・原子の実在を確信することができるのではないだろうか。
　また化合反応として正面から扱われてはいないが，量的関係をしらべるための具体例として扱われている化合反応は，スチールウールやマグネシウムの燃焼である。これらの反応をはげしくおこさせるために，はじめに加熱している。したがって，熱分解反応をおこさせるためにも加熱，化合反応をおこさせるためにも加熱ということになる。このことは，生徒たちがこれまで学習してきた，分子は温度が高くなればなるほど運動の速さが速くなる。したがって温度が上昇するにしたがって固体から液体，気体と状態をかえるを基礎として原子についても同じことがいえ，熱分解反応をおこさせると加熱の働きを広め深めてきたのに，強力な新しい結合を生成するためにも加熱しなければならないとなり，熱の働きが分子（原子）の熱運動をはげしくすると新しい結合を生成するというまったく矛盾した内容をもつことになる。このような内容の矛盾に気づかずに授業を進めたのでは，化学反応について生徒たちに混乱を与えてしまうだろう。
　現在広く行われている化合についての指導内容には，抜本的に考えなおさなければならないことがあるように思われる[1]。

2　化合の指導内容を考える

　これまでの化合の指導内容を考えると，われわれの実践も合めて，化合の機構についての内容がぬけていて，反応の形式や質の変化がその主な指導内容になっていたと思う。原子論的な化学教育の確立を意図するには不十分な内容といわなければならなかった。

　化合反応における分子・原子のふるまいを考えると化合反応がおきるためには，まず2種類の物質をまぜる——2種類の分子が衝突しなければならないことが明らかになる。この化合の条件は，これまでわが国ではほとんど注目されてこなかったように思うが，さきに指摘した分解するにも加熱，化合させるにも加熱という矛盾を克服し，化合の本質により迫るものとして非常に重要な意味をもっていると思う。また，このことは化合反応だけでなく，他の化学反応を考えるときの基礎としても重要な意味をもっていることも明らかである[2]。

　加熱の働きは化学反応の速さを速くするものとして導入する。こうすれば，先きの矛盾を克服できるし，さらに化学反応速度を中学校で教材化することを可能にする。化合反応についての指導内容を，化合の条件と加熱の働きの2つを軸として，これまでのものを合せて組織することが重要と思う。

3　化合の授業を考える——2時間を予定する

[化合 I]

　銅仮と硫黄（粉）を生徒たちにわたし金属の性質を確認する。金属光沢と電気を導きやすいことについては実験的にたしかめる。スチールウールでこするとよく輝く。電気の伝導性は，簡易電導性テスター（図を参照）でたしかめる。

　このあと次の課題を与える。

　「この銅板と硫黄粉を使って硫化銅CuSをつくりたい。どのようにすればよいか」生徒から出される意見——銅と硫黄を液体，気体に状態変化させてまぜる。銅板の上に硫黄をのせておく。銅と硫黄を粉にしてまぜるなど。

　これらの意見をまとめて，次のように問いかける。

　「銅と硫黄をまぜるということは，銅分子と硫黄分子を衝突させることか」。このことが不明確な生徒もいることだろうから，下のような図をかいて，分子

の熱運動と2種類の分子の間で衝突が起きることを確認させるとよいだろう。

「銅分子と硫黄分子が衝突すれば，硫化銅分子ができるというならば，そのことを実験でたしかめてみよう。銅板に硫黄をこすりつける。銅分子に硫黄分子をつきとばして衝突させて硫化銅ができるかどうか，しらべてみよう」

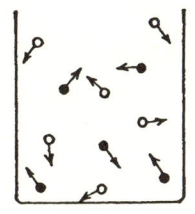

〈実験〉銅板に硫黄をこすりつけて硫化銅をつくる。

はじめに金属光沢をしらべた銅板の一部に，わずかの硫黄粉をのせ，指でこすりつける。間もなく表面が黒っぽくなり，金属光沢がなくなる。なおも暫くこすり続ける。強くこすりすぎると，せっかくできた硫化銅がはげ落ちてしまうから注意が必要である。十分に硫化銅ができた部分に簡易電導性テスターの足をあて，電球がつかないか，わずかにしか電球がともらないことを確認する。

「銅板に硫黄をこすりつけたら，硫化銅を作ることができただろうか」
「その証拠をいいなさい」

生徒があげる証拠には次のようなものがある――色が黒く変化した。金属光沢がなくなった。電気が通らなくなった（通りにくくなった）。「銅と硫黄をこすりつけた部分の物質の性質が変った。新しい物質ができた。そこにできた新しい物質は，硫化銅である。硫化銅の性質をいいなさい」

「銅と硫黄から硫化銅を作るためには，どのようにすればよいことかがわかったか」

銅と硫黄をまぜること，銅分子と硫黄分子を衝突させることを確認する。

このあと，化合，化合物という用語について説明・板書し，さらに化合の条件を次のようにまとめる。

〈化合の条件〉

化合反応をおこさせるには，2種類以上の物質をまぜる。2種類以上の分子を衝突させなければならない。このことを化合の条件という。

[化合II]

「前時に，硫化銅を作るには，銅と硫黄を粉にしてまぜる。銅と硫黄を液体，気体にしてまぜる。加熱して温度を高くし，分子の運動をはげしくする。銅板の上に硫黄をのせておくなどという意見があったから，実験でたしかめてみよ

う」

〈実験〉(教師)
①硫黄の気体と銅の固体の反応。経30mmの試験管の底に3cm程硫黄を入れ強熱して硫黄の気体をつくる。軽く栓をしておくとよい。この気体の中に，径1mm程長さ30cm程の銅線の先端を4，5回らせん状にまきその部分を少し加熱しておいて入れる。数秒から10秒程でらせん状にまいた部分が赤熱状態になる。反応が終ったら取り出し，性質の変化を確認する（大変にもろくなり，こまかくくだくことができる）。
②銅紛と硫黄粉をまぜて加熱したときの反応。薬じ1杯程ずつの銅板と硫黄粉をまぜ，ステンレスの皿の上にのせ，加熱する。数秒間の加熱で瞬間的に反応し，硫化銅ができる。
③銅板の上に硫黄をのせておいたときの反応。よくみがいた銅板の上に硫黄をのせ，一晩おいておく。

　加熱して，反応温度を高くすると，反応がはげしくおきること（短い時間に多くの硫化銅ができること）を確認する。

　このあと，次の課題を与える。

　「きょうは，鉄と硫黄から硫化鉄をつくりたいが，鉄粉と硫黄粉をまぜただけではほとんど硫化鉄をつくることができないが，どのようにしたらよいか」（板書 $Fe+S \rightarrow FeS$）生徒たちはすぐ，加熱して反応の温度を高くすること，状態を液体，気体に変えてまぜることを提案する。

〈実験〉硫化鉄をつくる

　鉄粉28gと硫黄粉16gを乳鉢でよくまぜて混合物をつくり，これを試験管に8分目ほどつめ底をかるくたたいて落着かせる。これを試験管ばさみではさみ，混合物の最上部をアルコールランプで加熱する。1分間ほどの加熱で赤熱状態になる。このとき加熱をやめ試験管を直立させて反応の進行を観察する。
　反応が終ったらそのまま放置してひやす。
　ひえるまでの間につぎのことを説明する。
　硫化鉄の性質，塩酸と反応して硫化水素 H_2S を発生する（何のにおいににているか，あとでいわせる），磁石につかない，色，つやなど。
　このあと試験管をプライヤーなどではさみ割って，反応生成物を取り出して，その性質をしらべさせる。鉄・硫黄混合物と対比させる。

このあと，硫化鉄ができたことを確認してから，次のことを問う。
「化合反応をはげしくする（短い時間に多くの化合物をつくる）には，どのようにすればよいか」。加熱して反応の温度を高くすればよいことを確認する。

〈化合反応の速さ〉
化合反応のはげしさ（速さ）は，反応する温度が高いほどはげしく（速く）なる。

[化合Ⅲ]
この時間には，銅と酸素とが化合したことを，次の反応でたしかめる。
〈実験〉銅粉と酸素ガスを容器中で加熱し，酸化銅をつくり，酸素ガスの体積が減少することをしらべる。フラスコの中に銅粉と酸素ガスを入れ栓をする。銅粉の部分を加熱して酸化銅をつくる。
次に，ゴム栓につけてあるガラス管，ピンチコックつきゴム管の先きを水の中に入れ，ピンチコックをひらいたら，どのような変化がおきるか，またその理由をいわせる。銅粉と化合した酸素の体積分だけ水がフラスコの中に流入することを明確にし，実験する。さらに，銅と酸素とが化合したことをたしかめる方法として，質量の変化がつかえることを生徒たちに指摘させ，実験でしらべる。
このとき，空気中で銅粉を加熱するのは，酸化銅以外の物質が同時にできてしまうから適切でないという意見が出される。分子の衝突ということがここで生きてくる。実験のあと反応相手の選択性について説明する。
〈実験〉銅粉が酸素と化合し酸化銅になると質量の増加することをたしかめる
ステンレスに皿3〜5g程度の銅粉を入れ，空気中で加熱し，酸化銅をつくり，質量の変化をしらべる。
以上の3時間で化合についての導入的指導を終る。

この案で授業を進めると，これまでより分子・原子についてのイメージを豊かに動的にすることができ，以後の学習の中でいろいろと発展させることができる。
化学反応の速度についても具体的，原子論的に扱うことができる。是非多くの方々の実践的ご批判を期待したい。簡易電導性テスターのつくり方をつぎに

のべる。

簡易電導性テスターのつくり方使い方

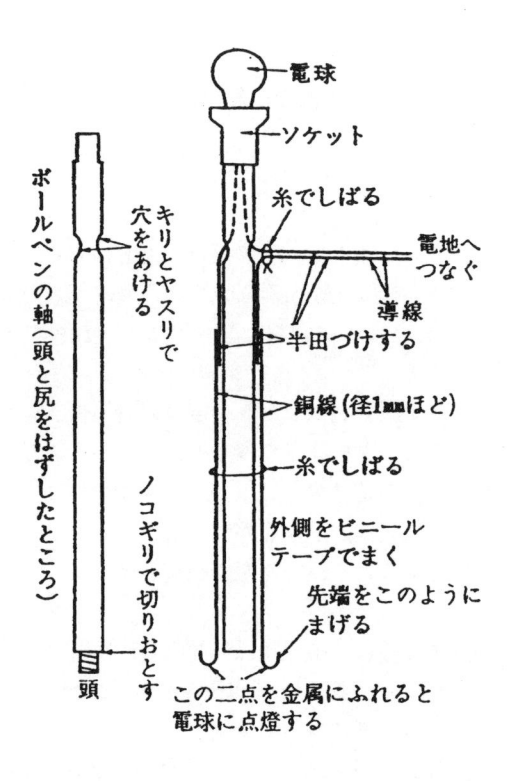

（図：電球、ソケット、糸でしばる、電池へつなぐ、導線、半田づけする、銅線（径1mmほど）、糸でしばる、外側をビニールテープでまく、先端をこのようにまげる、この二点を金属にふれると電球に点燈する／ボールペンの軸（頭と尻をはずしたところ）、キリとヤスリで穴をあける、ノコギリで切りおとす、頭）

［注］
(1)『理科教室』73年7月，8月号 松井吉之助「化学変化を生徒たちはどのように理解したか」
(2)『化学サークル通信』27号松井吉之助「分解するにも加熱，化合させるにも加熱，その矛盾の克服をめざして」

（『理科教室』1975年12月号）

第3章 『授業ノート』づくりとその成果

[コメント]

　この章には、「中学校の化学指導内容　60時間案」を1時間毎の授業の構成とその運営にまでわたって具体化した『授業ノート』づくりと、その実践結果の報告をまとめた。

　「化サ」が創ったこの「60時間案」は、1973年8月の科教協全国研究大会に須藤昭参さんによって報告されている。「60時間案」は、理科の授業時間数が将来削減される可能性が高いことを見越して、そのような悪条件のもとでも実践可能な時間数で、化学の基本的な事実・法則、概念を教えられるようにすることを意図して、作成した化学のカリキュラムである。

　この「60時間案」は現在でも、充分に今日的な意味をもつカリキュラムであることを改めて指摘したい。そして、この「60時間案」は、単なる案ではなく、サークルのメンバーやさらに全国の仲間によって毎年毎年実践的に検討され、その結果が全国研究大会などで報告されてきたもので、充分に実践的な検討をへたものである。有効性が実践の結果で明らかにされているものである。科学的根拠・生徒たちの発達した姿によって裏づけられたわが国唯一の化学カリキュラムといえるものと考えている。

　なお、この『授業ノート』の詳しい内容は、松井・三井編『化学変化の教え方』（むぎ書房1991.9）にも述べられているので、ぜひ、合わせてご検討を期待したい。

　この『授業ノート』の授業の構成と運営は、玉田さんの授業を参観して、その授業の構成と運営に学んだものである。この授業の構成と運営によって、生徒たちの思考の発展をリアルタイムで把握でき、その発展に適切に対応できるようになったのである。授業が同時に教育研究の手段になり、勿論、授業の評価にもなっていることに注目して頂きたい。授業の評価は、生徒たちの発達した姿によってこそ行えるものであり、生徒たちの思考の筋道にリアルタイムで対応できることは、授業の方法として極めて適切なものであることを指摘したい。優れた授業の方法は優れた授業研究の方法でもあることを指摘したい。

【1】分解の授業

1 はじめに

　われわれ（東京化学サークル）は，さきに「中学化学指導内容・60時間案」を発表した。これは，現状でも十分に実行可能で，体系的な科学教育をめざしている中学校でも十分に実行可能で，体系的な料学教育をめざしている中学校の化学教育の内容についてのわれわれの提案である。

　これらの内容とその実践の結果については，ここ何年か，毎年の全国大会に発表してきた。そこで，これらの内容が十分に意義あるものであることを明らかにしえたと考えている。それで，これらの成果をより多くの人たちに活用してもらえるようにすること，そして，より多くの人たちによって内容と方法が検討され，体系的な化学教育の重要性とその内容と方法がさらに明確にされるようにすることの必要性を考えるようになった。そこで，この「授業のート」を作成した。

　今回発表する「授業ノート」は，先にのべた「60時間案」の最初の9時間分にあたる部分を，だれでもすぐ授業に，活用できる形にしたものである。

2 「授業ノート」の構成について

　見開き2ページを1テーマ分（1時限を想定）の授業にあてている。左側のページは，生徒のノートになるものである。そこには，生徒に与える課題，その課題についての生徒自身の考え，他人の意見を聞いて考えたこと，教師の説明を聞いてわかったことなどを書くようにしてある。

　右側のページは，教師むけのものである。そこには，課題を与えるまでの手順や確認事項，課題に対しての予想される生徒たちの考え，これに対しての対応，実験とその注意，また生徒たちに説明すべき内容などについてのべている。

3 授業をどうとらえているか

〈課題〉授業は，教師が生徒たちに指導内容について一通り説明すれば，それで成立するものではない。指導内容を真に生徒たちが獲得できるようにするためには，生徒たちが自ら学習内容を獲得するために考え，行動するようにしむけなければならない。このためには，注目すべき事実，研究課題（学習内容）などを生徒たちに明確に意識させなければならない。このためにわれわれは，課題を生徒たちに提示することにした。

〈自分の考え〉課題に対して，生徒各自の考えを書かせる。生徒に自分の考えを書かせることには，いろいろな意味がある。

自分の考えを書くことによって，生徒に課題を強烈に意識させること。課題についての考えを整理させ，その曖昧さを自覚させる。どこに疑問や矛盾があるのかなどを鮮明に意識させる。教師の説明を自分の考えと対比し聞きとるべき点を明確にすることなどは勿論であるが，これら以外に書かせることは，授業を組織するうえで極めて重要な手段である。それは，生徒たちが〈自分の考え〉を書いている間，教師は机間巡視をすることによって，すべての生徒の考えを把握することができるからである。

つまり，生徒たちのつまずきの実態を，教師が明確に把握できる。したがって，そのつまずきを生徒たちの討論の場に適切に引き出すことができ，つまずきの内容，原因を討論によって明確にし，それを集団的に乗り越えさせるための手立を講じることが可能になる。また，これまでの教育内容とその方法についての評価を正確に知ることができる。

課題を与えても，生徒たちの口頭での発表だけにたよっていては，発言した一部の生徒だけの考えしか把握できない。しかし，書かせることによって，すべての生徒の考えを正確に把握することが可能になる。したがって，真の意味で，生徒のひとりひとりを大切にする授業を成立させる手立を手に入れたことになる。

書かせることの重要性は，授業を組織するときの重要な方法という以外に，例えば生徒たちの書く能力の育成，学習内容の記憶を強化するなどという側面からも指摘できる。

〈ひとの意見をきいて〉課題についての自分の考えを明確にさせたあと，そ

れを他のひとの意見と対比して，自分の考えを再検討させる必要がある。これは，課題がもつ機能を十分に発揮させることであるとともに，すべての生徒に，目的を持って他のひとの意見を聞かせることでもある。そして，これは視野を広めてもう一度判断を検討させる，つまり，注目すべき事実，設定されている実験の意義，法則性についての理解，法則の使い方などについて，自分の考えをより深く検討させ，これらのことについてより深く理解させることである。

〈実験してわかったこと〉実験の結果とその結果をもとにしていえることを，すべての生徒たちにはっきりと区別させて書かせることは，大変にむずかしく，また長い時間を要する。ここでは，この結果とその結果をもとにしていえることを，まとめて書かせることにする。こうすると多くの生徒たちが，抵抗すくなく結果とその結果からいえることを書くことができるようになる。

そして重要なことは，この〈実験してわかったこと〉を書きおえた者から何人かを指名して，読ませることである。そしてそれを手がかりとして，他の生徒たちに落ちている内容を書き加えさせることである。こうすることによって，すべての生徒たちに確実な理解を保障することができるようになる。

その他，教師が説明したこと，概念の定式化，化学反応式などは，枠どりした中に書かせるようにしてある。これには，他の部分と区別し，後日の活用の便宜をはかるなどの意味がある。

同一の働きかけをすると，それに対する生徒たちの反応にも共通性があらわれてくる。つまり，ある課題に対しての生徒たちのいろいろな考えは，決してでたらめに出されるのではなく，そこに法則性があることがわかる。したがってこの生徒たちの考え，思考の法則性を事前に知っていれば，その反応に対しての対策を事前に考えておくことができる。つまり，それを活用して授業を組織していくことができる。それで，この生徒たちの思考の法則性をかなり明らかにできれば，すべての生徒によくわかる授業を組織する，授業を科学的に組織していく一つの有力な手段を獲得したことになる。つまり，予想される生徒の考えは，教師にとって授業を組織するさいの極めて重要な知識なのである。

ここでは，これまでのわれわれの実践によって明らかにされた，普通一般に見られる生徒たちの考えを明らかにすることにした。

以上のべてきたことの他に，授業についてのべなければならないことが多々

ある。例えば，指導内容の体系性，系統性，さらに認識の順次性など。しかし，ここでは，「授業ノート」の内容にかかわる範囲内にどどめる。

4　実践の結果（分解Ⅰ）

[第1時限]
　3年2組・在籍43名（男26　女17）
　プリントを配り，これからこのプリントをノートとして使用することを説明する。

```
課題　この個体の物質を加熱して温度を上げると、どんな変化がおきるか。自分の
考え（予想とそのわけ）を書きなさい。
＜自分の考え＞


＜ひとの意見を聞いて＞


＜実験＞加熱したときの変化を下の装置でたしかめる。

　　　　　　　　個体の物質



　　　　　　　　　　　　　　　　水

＜実験してわかったこと＞

　化学変化



　分解
```

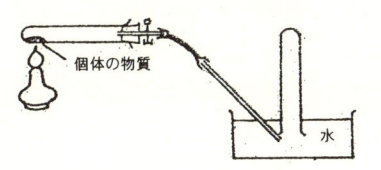

酸化水銀を見せ，この物質の状態が固体であることを確認したあと，課題を出す。
教師　自分の考えを，いいなさい。
西川　その固体を加熱すると液体に状態変化する。さらに加熱すると気体に変化する。
大井　物体の形，体積が変化する。もっともっと加熱していくと，液体，気体と状態が変化する。
山田　その物体を加熱することによって状態変化して液体になり，形や体積が変わる。また，それ以上に加熱すると固体だったものは，気体に変わって体積が増える。
教師　つけたすことないか。
高久　この物体を加熱して温度を高くするにつれて，分子の運動が速くなる。
金子　体積が増えるにつれて密度が小さくなる。
大井　高久君につけたし。運動が速くなり分子間力がよわまる。
　ここでそれぞれの意見をたしかめたところ，全員が状態変化して液体，気体に変化するという。ここで他の〈ひとの意見を聞いて〉考えたことをかかせる。
　次に実験装置を示し（板書もして）「この装置で，変化してできる物質が集めらるかどうか」を質問した。生徒たちは固体の入っている試験管の中に液体がたまり，水の入っている試験管の中に気体が集まるという。（ここで他の意見を引き出さなかったので，後で大きく混乱した）
〈教師実験〉酸化水銀の熱分解をみせる。
　実験が終わったあと「実験の結果から，三態変化したといえるかどうか」を質問したところ，何人かの生徒が「えっ三態変化？」「状態変化じゃないの？」といったので「状態変化したといえるかどうか」と質問しなおした。
近藤　液体，気体と状態変化をした。三態変化したといえる。
新坂　固体から液体，液体から気体と状態変化したと思う。
矢部　どっちかといえば，やっぱり変化したと思う。はじめついていた水蒸気みたいのものは，液体かもしれないし，昇華したのかもしれないしよくわからない。
峰岸　状態変化しなかったと思う。固体から気体へ昇華したのではないか。固体の物質の入っていた試験管の内側についていた銀色のつぶつぶ，最初は液体のように見えたけどそれは最後まで残った。だから，他には液体のようなも

の見えなかったから，固体から気体へ昇華したのだと思う。
土江　三態変化しなかったと思う。理由は，液体状態がよくわからなかったから。
　ここで昇華も状態変化であることを，確認したあと，混乱しているのでそれぞれの生徒の意見をしらべた。
　　状態変化したといえるかどうか
　　　　わからない…………… 1 人
　　　　状態変化しなかった… 9 人
　　　　状態変化した………… 32人
　　状態変化をしなかったという意見の者を指名して発言させた。
長谷川　固体の入っていた試験管の中に，実験の終わったあとで，銀色のつぶが残っていたということは，その固体がそのまま気体になったとはいえないので，状態変化しなかった。
荒井　銀色のつぶつぶが何かわからないので状態変化しなかった。
山本　長谷川君のいったことも 1 つだけど，もう 1 つ試験管のはじの方で加熱し，まんなかへんで凝結して液体になって，それが気体になったとしたら，冷たい水の中を通ってくるから凝結して液体や固体の形として出てくるはずだと思う。
教師　山本に板書を使ってもう 1 度説明させる。
状態変化をしたという意見の者を指名して発言させる。
岡崎　最後に固体がなくなって，その固体はどこかに絶対あるはずだから，それが見えないということは，それが状態変化して試験管の中にたまったと思う。
清田　山本君に反論ですが，気体になって管に入ったら，冷えて液体か固体になっているはずだというけれども，それは気体になって管に入ったのだから，そこまでは状態変化したといえると思う。
　ここで改めてそれぞれの生徒の意見をしらべた。
　　　　わからない…………… 6 人
　　　　状態変化しなかった… 10人
　　　　状態変化した………… 25人
　ここで，気体が集まっている試験管と加熱した試験管の温度が，加熱する前の温度と同じになってることを確認したあと，「では，ここ（気体の集まっている部分）の物質の状態は何になっていなければならないはずか」と問い，

「固体」という答を聞いたあと「実際には，固体になっていない」「これで状態変化といえるだろうか」と質問した。
　次に加熱した物質は酸化水銀であることを教え，銀色の物質が水銀であることを推測させ，さらに気体は酸素ではないかと予想させ，実験して酸素ガスであることを確認した。
教師　酸化水銀を加熱したら，何ができたか。
生徒　水銀と酸素ができた。
　ここで一時限終わる。

[第2時限]
教師　この間の実験では，予想どおり状態変化したといえるか。
芹沢　いえる……どうして……固体から液体，気体と変ったから。
　このとき5人が手をあげた。
近藤　状態変化しなかった。わけは，酸化水銀を加熱したら，水銀と酸素になってしまって，液体・気体となったわけではないからいえない。
岡崎　状態変化したといえる。最初固体だったが，液体と気体になったみたいだから状態変化したといえる。
竹田　岡崎君は，液体と気体に分かれたから状態変化したといえるというけれども状態変化で2つに分かれることなどないから，これは多分化合物か何かで，まざっているものが二つに分かれたと思う。（4月に転校してきた）
小沢　試験管のさきを火であぶって，固体を加熱して，その先きに銀色のものができて，その銀色のものは，固体じゃなくなって，水の中に出た銀色のものは残っていた。だからこれは，液体に関係なく変ったという意見が出たけれど，前にも意見が出たけれど（このあたり意味がよくわからない）。試験管の先きであたためたから，試験管の途中で冷えて固体になってしまうはずで，気体が出てきたから，状態変化していない。
峰岸　状態変化した。酸化水銀というものが，酸素と水銀に分かれて，酸素は酸化水銀の中にあったとき固体であって，気体になった。水銀も一時液体になって加熱している間は液体になっていたから，状態変化したといえる。山本君がこの前いった，物質によって融点，沸点がちがうから酸素が気体になってもおかしくない。
森　ぼくは，状態変化でなくて，特別な変化だと思う。2分野で塩素や酸素が

出て別の物質になったから，この場合も別の物質に変ったと思うから，これは状態変化でない。
畠山 いままでの実験の中で，食塩を熱して液体になった。この場合純粋なものから状態変化したけれど，これは，2種類の物質の場合の状態変化だと思う。

ここでもう一度，それぞれの生徒の意見をしらべた。

わからない……… 3人
状態変化ではない…23人
状態変化である……15人

教師 酸化水銀が状態変化したとしたら，もとの温度，初めの温度まで冷やしたら，どうなるはずか。
加藤 もとの固体にもどるばずです。

ここで，前時に使った装置を再び示し，水銀は残っているか……残っている……状態変化したなら，この試験管の中に酸素はあるはずか，ないはずか……ないはずであることを確認したあと，まだ酸素ガスが残っていることを実験して示した。このとき，峯岸が「酸素と水銀がつく温度がその温度より高いかもしれない」と発言した。そこで，「その温度と融点，沸点の関係は……」と質問したが何も答えなかった。

ここで状態変化について，復習する必要を感じ，次のように質問し，まとめた。
教師 状態変化で変わるものと，変らないものをいえ。
吉岡 体積は変わっても，重さは変わらない。
長谷川 物質の種類が変らないで，えー。
社本 分子間のすき間が広くなって，固体，液体，気体と変わる。

このあと，実験してわかったことを書かせ，次の者に読ませた。
峰岸 状態変化はしていない。試験管の中に水銀の液体と酸素の気体が入っていた。もとの温度にもどしてみても，酸化水銀にはならなかった。だから状態変化しなかった。
岡崎 酸化水銀を加熱して温度をあげたら，酸素と水銀に分かれた。分かれたのが元の温度にもどしても，また元の酸化水銀にもどらなかったから，状態変化しなかった。

物質の種類が変わったら，状態変化ではないことをつけ加えたあと，化学変化と分解反応について説明した。それを生徒たちに書かせた。

5　実践の結果から

①「授業ノート」について

　「この装置で，変化してできる物質（気体，液体）が集められるかどうか」と問い，「集められる」という意見しか出なかったとき，水の入った試験管をさし「ここに，この固体の物質の気体が，ほんとうに集められるか」問いなおし，生徒たちにかならず討論させなければならない。

　酸化水銀の熱分解を教師実験で示しているとき，発生した気体が水で十分に冷やされていて固体の初めの温度以下になっていることを生徒たちにさわらせるなどしてたしかめることも必要である。

②状態変化の指導内容について

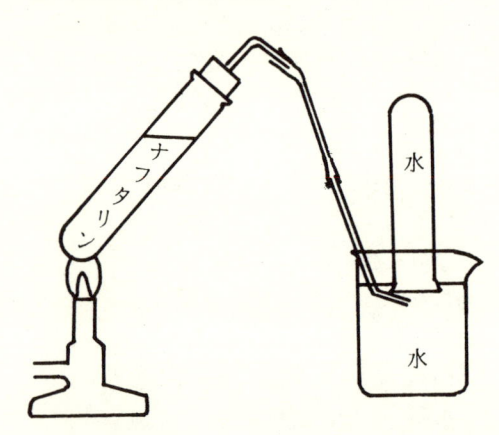

　化学変化の授業の前提である状態変化の授業の中で，物質は，温度の変化にともなって状態変化する。つまり，物質の状態は，温度によってきまる，ということを生徒たちにより明確に理解させるために，特に右の実験と，融点，沸点についての定式化が重要と思う（玉田泰太郎著『新・理科授授の創造』新生出版）。

　融点（沸点）は，それ以上の温度では，固体（液体）でいられない温度である。

　私の授業では，融点・沸点について復習することを（混乱したとき）忘れていた。

　状態変化を教えるということは，融点・沸点を教える（測定ではない）ことともいえよう。

③新指導要領の問題点

新指導要領は，物質を加熱したときの変化として，状態変化と燃焼を同列に扱い，そのあと分解を扱っている。
　このような扱い方では，解決困難な混乱が，生徒たちの中に持ちこまれることが明らかだろう。
〔1978年第25回科教協全国（愛媛・松山）大会・化学分科会報告「授業ノート・化学の基礎」(1) とその実践の結果について〕

【2】「化合Ⅰ」の授業

教師 銅板を示し「これは何か」と問う。「銅」—「どうして」—「金属光沢がある」—「では、この水道の蛇口も金属光沢があるから、銅だね」—「色が銅の色をしている」

硫黄を示す。「これは何か」—「硫黄」

教師 「今日は、この〈銅板と硫黄粉を使って、硫化銅を作りたい。どのようにしたらよいか〉」と課題をだす。これまでは、分子を分解すること、分子をばらばらにすることをやって来たが、今日からは、逆にくつけることをしたい。どうしたらよいか」とつけたす。

質問 工藤「板のままでなくてはいけませんか」「どのようにしてもよい」

〈教師のノートから〉

白鳥 溶かして混ぜて、冷やす。
大平 銅をとかして、硫黄を混ぜる。
永本 2つを熱して混ぜる。
大島 分解で熱したから、くつけるには、一緒にして冷やしたらよい。
津田 硫黄を水にとかして、銅を粉にして混ぜて、熱する。
内山 硫黄をとかして銅板をいれる。

教師 それぞれの考えを持つ生徒の人数を調べる。

　　　わからない…2人
　　　何か書いた…41人

教師 わからないという人言いなさい
酒井 銅を液体にする。硫黄を液体にする。両方を一様に混ぜて急激に冷やすと考えた

けれど、銅の融点が1084.5℃だから、とても無理だと思う

大島 わからない。分解するときは加熱したから、くっつける時は、冷却するのかと思ったけど、硫黄と銅を一緒にして冷やしたら、いつのまにか混ざっているなんて考えられないからわからない。それに、その他の考えも全く浮かばないから、やっぱりわからない。

教師 何か書いた人。

鈴木 銅を融点以上に熱して液体にする。そこへ硫黄をとかして冷やせば硫化銅ができる。

永本 二つを熱して混ぜてかためる。そうしたら硫化銅ができると思う。

津田 硫黄を最初水でとかして（水で溶けなかったら熱する）、銅のかたまりをできるだけ細かくして、一緒にして、今度は熱する。熱し終わったら、今度は冷やす。

内山 硫黄をとかして液体にして、それに銅板を入れれば硫化銅ができる。

教師 他に意見はないか……。何か質問、意見は……。

教師 では、皆からいろいろな意見がでたが、皆の意見に共通していることは何か

生徒 ……。

河野 熱する。
津田 冷やす。
船津 混ぜる。

他に意見のないことを確認してから、冷やすという意見が共通しているか質問し、

共通していないこと，熱するも大島から疑問が出ていることを再確認する。そして，共通点は，2種類の物質を混ぜることであることを確認する。
教師 ノートの〈目にみえる世界〉のところに，共通点をかけ
生徒 〈目でみえる世界〉の共通点をかく。
教師 2種類の物質を混ぜる。2種類の物質をくつけるということを〈分子の世界〉でいうと，分子と分子の間に，どのようなことをおこさせればよいということか。
　直ぐ答えがかえってこないので，物質は何からできているか，確認して〈二種類の物質を混ぜる〉ということを，分子でいうと何ということになるか，考えさせる。
生徒 二種類の分子を混ぜる。
教師 二種類の分子を混ぜると，分子と分子の間に，どのようなことがおきるだろうか。分子はいつもどうしているか，分子の運動を確認して，二種類の分子を混ぜると，分子と分子の間でどのようなことがおきるか，問いかける。
下村 衝突する。
　皆の意見の共通点は〈分子の世界〉でいうと，二種類の分子を混ぜる。二種類の分子を衝突させるであることを確認して，ノートにかかせる。
教師 皆の意見の共通点は，二種類の物質を混ぜる，つまり，二種類の分子を衝突させればよいであった。ということは，この銅板に硫黄の粉をたたきつければよいということになるね。
　袋に入れた硫黄粉を，銅板にたたきつけてみせ，押しつけてみせ「これで硫化銅ができるというのだね」と問いかける。

生徒 ざわつく。「できないよ」の声などがきこえる。
　皆の意見の共通点である，二種類の物質を混ぜる，二種類の分子を衝突させるを確かめるために，銅板に硫黄をこすりつける方法で，硫化銅ができるかどうか調べることを説明して，実験の方法を記録させる。
　ベルがなる。

[次の授業]
　始めに忘れものを10分注意してから，前時の内容を復習して，実験にはいる。
生徒 実験の方法を記録して，各斑毎に実験する。
教師 「硫化銅ができているか。……できているという証拠があるか。……それはどのようなことか」などと巡回して問いかける。
生徒 実験してわかったことを書く。
教師 実験して，確かになったこと，わかったことなどをよめ。
鈴木 銅に硫黄をすりこんだら黒く色がかわった。それに金属光沢がなくなった。そして，電気も通らなくなった。ということは，硫化銅になったということがわかった。熱したりしないでも硫化銅ができた。
金場 銅の上に硫黄をすりこむとだんだん黒くなった。電気は通らなかった。そして金属光沢がなくなった。そして，衝突して混ざった。
酒井 予想どおり，硫化銅になった。分子を衝突させたことによって，硫黄と銅から，硫化銅という物質ができた。これは，黒い物質で金属光沢もなく，電気も通さない。硫化銅は，金属ではない。硫黄と銅を分け

るにはどうするか疑問である。また「化」にはどのような意味があるのか。
教師 確かになったことはないか。
内山 銅と硫黄の分子をぶつからせると、硫化銅ができる。
教師 銅と硫黄から硫化銅ができたことを、化学反応式に書き表わそう。

　まず書くことはなにか。「事実」
　　銅　＋　硫黄　→　硫化銅
　次は、分子式だね、硫化銅の分子式は、CuSである。銅，硫黄の分子式は、
　　Cu　S　CuS
　＋と→をつけて、化学反応式にしなさい。右と左で原子の数は合っているか、確かめよ。巡回して点検する。殆どできている。
　　Cu＋S→CuS
教師 化学反応式を読め。
生徒 繰り返して読む。
　化合，化合物について説明し，記録させる。
　ベルがなる。
　単体について説明し，記録させる。酒井の質問の「化」について説明する。銅と硫黄を一緒にしておいて，温度を高くしたときの変化について調べる。そして，温度が高くなると，化学変化が激しく，早くなることを説明して記録させる。

【3】化学変化のまとめ

教師 これまで，自然の変化について，いろいろと勉強してきた。今日は，それらのことをまとめたい。自然の変化は，大きくわけると2つに分けられたが，それは，何だったか。
生徒 化学変化，物理変化。
教師 ほかに？
佐久間 目でみえる世界と，目でみえない分子の世界。
教師 他に意見がないことを確認したあと，物質の変化は，物理変化と化学変化の2つに大きく分けることができること，その変化をみる見方が，2つあること。
　目でみえる世界——五感でわかる世界，巨視的事実
　分子の世界——五感でわからない世界，微視的事実を説明・確認した。
教師 化学変化の特徴は何か。
山崎 化学変化は新しい物質ができる。
教師 では，物理変化は，何といえるか。
藤野 状態変化。
教師 物体の形がかわったら，何といえるか。
藤野 物理変化です。
教師 では，特徴は，何か。
佐々木 物質の種類がかわらない。分子の種類がかわらない。
教師 物理変化の巨視的事実は，物質の種類がかわらない。微視的事実は，分子の種類がかわらない。では，化学変化の微視的事実は何といえばよいか。

生徒 新しい分子ができる。
教師 化学変化の巨視事実は，何か。
生徒 新しい物質ができる。
教師 化学変化，物理変化の2つの変化を通してなりたつ法則があったが，それは何か。
生徒 物質不滅の法則。
教師 いま，いくつかのことを復習したが，その他にもいろいろある。それらのことがらの間の関連，関係，共通点，相違点，対応，比較などを考えて，わかりやすい表にかきあらわしたい。

[課題]
　自然界の変化における巨視的事実・その法則と，微視的事実・その法則とのつながりを，表にまとめなさい。
生徒 自分の考えをノートに書く。
教師 この間，生徒のノートを見てまわる。そして，指名して発表させる者の，心づもりをする。
教師 小泉，佐々木，大倉の3人を指名し，板書させる。

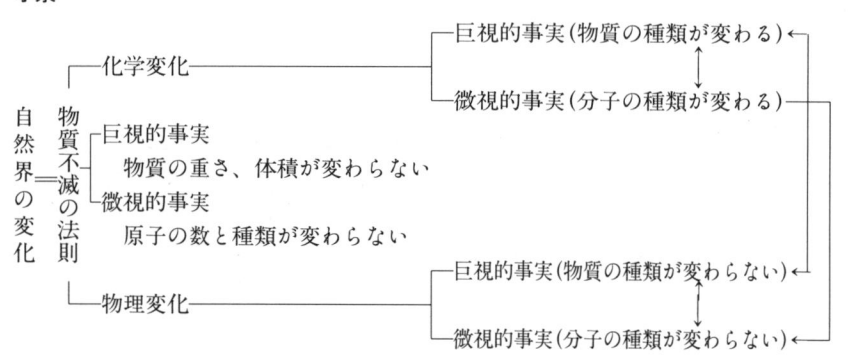

小泉

```
自然界の変化 = 物質不滅の法則 ┬ 化学変化 ┬ 巨視的事実(物質の種類が変わる) ←
                            │          └ 微視的事実(分子の種類が変わる) ←
                            ├ 巨視的事実
                            │   物質の重さ、体積が変わらない
                            ├ 微視的事実
                            │   原子の数と種類が変わらない
                            └ 物理変化 ┬ 巨視的事実(物質の種類が変わらない) ←
                                       └ 微視的事実(分子の種類が変わらない) ←
```

大倉

```
自然界の変化 ┬ 物理変化 ┬ 巨視的事実── 物質の状態が変る
            │          └ 微視的事実── 分子の状態が変る
            ├ 物質不滅の法則 ┬ 重さは、変らない
            │                └ 分子の数は、変らない
            └ 化学変化 ┬ 巨視的事実── 新しい物質ができる
                       └ 微視的事実── 新しい分子ができる
```

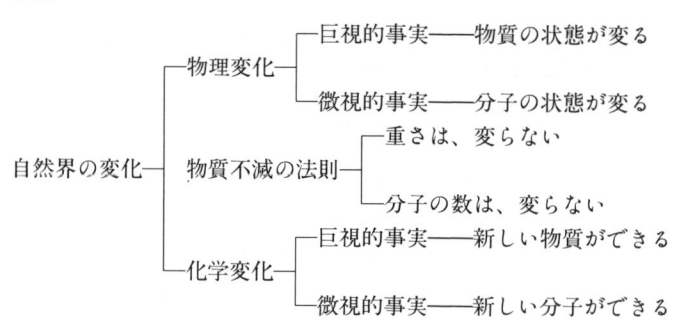

佐々木

		巨視的事実・法則	微視的事実・法則
自然界の変化	物理変化	・物質の種類がかわらない変化 　（状態、色、形などの変化） ・温度で、速さがかわる ・物質の重さは、かわらない	・分子の種類がかわらない変化 　（分子と分子の間のすき間の大きさにかかわるなどの変化） ・分子の運動の速さで、速さがかわる ・分子の数は、かわらない
	化学変化	・物質の種類がかわる変化 　（新しい物質ができる変化） ・温度で、速さがかわる ・物質の重さは変わらない	・分子の種類がかわる変化 　（新しい分子ができる変化） ・原子の運動の速さで、速さがかわる ・原子の数は、かわらない

教師　（3人が図を書き終わったところで）自分がいちばん書きたかったこと，いいたいこと，苦心したこと，書き表したかったが書き表せなかったことなどを，できるだけ詳しくいいなさい。
小泉　変化の共通点は，物質不滅の法則で結ばれていて，巨視的事実と微視的事実を全部かきあらわしたかった。それで，並べた。
大倉　自然界には，物質不滅の法則があって，巨視的事実と微視的事実に分けられる。この場合の状態は，固体，液体，気体ではなく，いろいろなことを，ごちゃまぜにしたもの。化学変化も物理変化も，巨視的事実と微視的事実に分けた。
佐々木　気になっていること，共通点がよくわからない。同じことをいっていることは，位置を同じにして，物質不滅の法則も，いっしょにしてかいた。
　それから，巨視的事実，微視的事実，物理変化，化学変化の4つに分けてかいた。あとは，変化の速さについて，かきました。
教師　質問はないか。
山上　小泉君の図で，物質不滅の法則で，体積がかわらないと書いてあるけど，重さはかわらないけど，体積は，状態変化などでかわっているから，おかしい。
教師　温度が変化すると，膨張，収縮もしているね。

他に，何か，意見ないか。これはおかしい，これは，いいというところ。自分とちがっていて，よいところ，自分と同じでよいところ，不十分なところなど。
山野　いい面で，小泉，大倉君の図で，物質不滅の法則にも，巨視的事実と微視的事実があるというのは，ぼくは，気がつかなかったから，よいと思う。
小倉　化学変化のときに，熱の出入りがあることがわかっているから，それも書いた方がいい。
佐々木　自分の図ですが，温度で速さが変るし，触媒もあるから，書いた方がいい。
高橋　大倉君，小泉君のは，それぞれの温度で，速さがちがうことが，かいてない。
教師　3人の考えに，共通点は，ないか。
生徒　……。
教師　（板書を利用して説明）物理変化と化学変化，その巨視的事実と微視的事実が，それぞれ対応させてある。
　また，物質不滅の法則が，物理変化，化学変化の両方の変化においてなりたつことが，書き表されている，などということがある。
　他の人の意見を聞いて，考えたことなどをかけ。
　自然界の変化についての表・印刷物を配る。

〔1979年　第26回科教協全国（千葉）大会・化学分科会報告〕

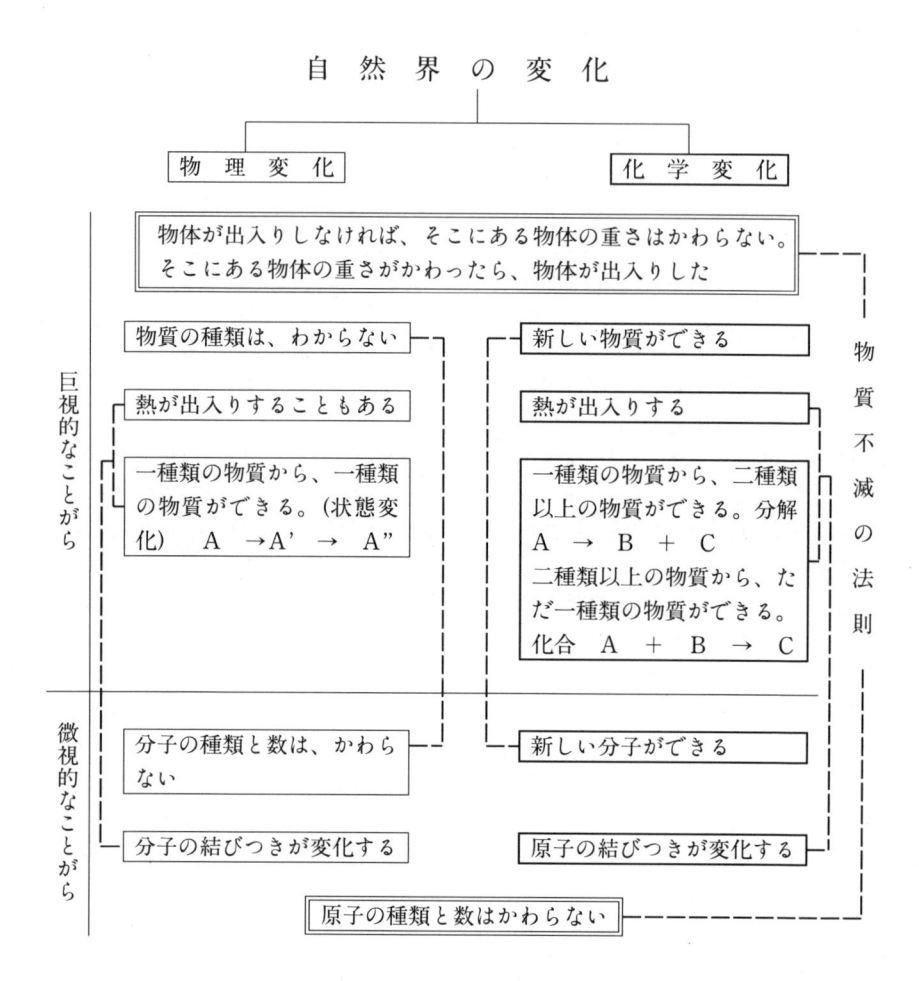

自然界の変化

- 物理変化
- 化学変化

物体が出入りしなければ、そこにある物体の重さはかわらない。
そこにある物体の重さがかわったら、物体が出入りした

巨視的なことがら

物理変化	化学変化
物質の種類は、わからない	新しい物質ができる
熱が出入りすることもある	熱が出入りする
一種類の物質から、一種類の物質ができる。(状態変化) A →A' → A"	一種類の物質から、二種類以上の物質ができる。分解 A → B + C 二種類以上の物質から、ただ一種類の物質ができる。化合 A + B → C

微視的なことがら

物理変化	化学変化
分子の種類と数は、かわらない	新しい分子ができる
分子の結びつきが変化する	原子の結びつきが変化する

原子の種類と数はかわらない

物質不滅の法則

【4】 酸化と還元

　われわれ（東京化学サークル）は，中学校の化学教育の内容と方法についてまとめ，例えば1973年大会において「中学の化学指導内容60時間案」（須藤昭参）として発表した。そしてそれをさらに 1 時間毎の授業にまで具体化し1978年79年大会に『授業ノート・化学の基礎 (1)(2)』にまとめ発表した。今回の『授業ノート・化学の基礎 (3)』は，先に発表した『授業ノート (1)(2)』の内容に続く 8 時間分の内容を授業にまで具体化したものである。

　その各時間のテーマは次のようである。

16酸化と酸化物Ⅰ／17酸化と酸化物Ⅱ／18酸化物の還元／19酸化と還元／20酸化物と水の反応Ⅰ／21酸化物と水の反応Ⅱ／22酸と塩基／23　酸，塩基，塩

　ここでの内容は，酸化，還元にかかわるものになっている。これは，次のように考えているからである。

　酸化・還元は，非常に広くみられる化学変化であり，工業的にも重要な化学変化である。そして，酸化物を手がかりとして，塩基，酸，塩という物質群間のつながりを明らかにする学習へ発展させる基礎にもなる。酸化物，塩基，酸，塩という物質群の間に，成分の関連があること，また，反応性についても関連があることなど，物質群間のつながりにかかわる内容は，今日，あまり注目されていない。しかし，化学の学習を暗記ものでなく，推理のきく学習にしていくためにも，化学研究のおもしろさを会得させるためにも，また，さらにイオンの学習の基礎としても，これらの内容は重要なものである。

　さらに，この『授業ノート・化学の基礎 (3)』には，『授業ノート (1)(2)』の内容にまでわたっての問題をつけた。これらの問題は，生徒たちが学習した内容の理解を一層深めるためのものである。しかし，さらに，問題を通して，われわれが発表してきた中学校における化学教育の内容と方法を，一層明確に多くの人たちに伝えることができると考えている。

　わたしたちは，体系的な科学教育の内容と方法を明らかにすることこそ，今日の極めて困難な状況を打開するための，基本的方策であると考えている。批判的検討を期待したい。

『授業ノート・化学の基礎(1)(2)』の内容
1，分解Ⅰ／2，分解Ⅱ／3，化学変化と分子・原子／4，原子記号から分子式へ／5，化学変化の書き表し方Ⅰ／6，化学変化の書き表し方Ⅱ／7，化合Ⅰ／8，化合Ⅱ／9，化合Ⅲ／10，化学変化と物質不滅の法則Ⅰ／11，化学変化と物質不滅の法則Ⅱ／12，化学変化の特徴Ⅰ／13，化学変化の特徴Ⅱ／14，化学変化の速さ／15，化学変化のまとめ

[授業ノートの構成と使い方]
　次の記録は，『授業ノート・化学の基礎(3)』の19時限についてのものである。

[酸化と還元]
　課題　次の還元反応で共通していえることは何か。
　CO_2 ＋ $2Mg$ → C ＋ $2Mg$ ＋ O
　CuO ＋ H_2 → Cu ＋ H_2O
　$2PbO$ ＋ C → $2Pb$ ＋ CO_2

教師　生徒たちが〈自分の考え〉を書きにくい場合には，「酸化物はどうなったか。還元剤はどうなったか，考えよ」とつけ加える。
教師　生徒たちが〈自分の考え〉を書いている間，机間巡視。
〈教師のノートから〉
中島　酸素を奪い取っている。
佐々木　酸素が化合しやすいものへ入っている。「酸化物，還元剤がどうなっているか考えよ」という。
滝口　還元剤は酸素と結びついている。
教師　気がついたことをいえ。板書を利用しなさい。
前沢　酸素がどの式にも含まれている。2つのものからは，今までは1つのものができていたが，還元は2つのものから2つのものができている。
野沢　必ず還元剤が酸素と化合して，酸化物から酸素をうばい取っている。酸化物が単体になっている。

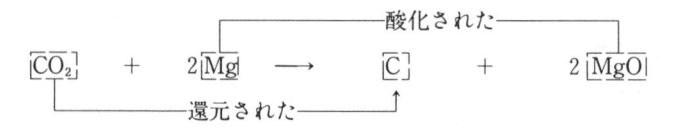

$$\underset{\text{還元された}}{\boxed{CO_2} + 2\boxed{Mg} \longrightarrow \boxed{C} + 2\boxed{MgO}}$$

（酸化された）

丹下　還元剤は，みな酸素と化合し酸化物になる。
教師　次のように板書し，酸化と還元が同時におきていることを確認する。
　　$CO_2 + 2Mg \rightarrow C + 2MgO$
教師　〈他の人の意見を聞いて〉考えたことを書きなさい。板書を参考にして，化学反応式に何が，どうなったか，書き込みなさい。
教師　〈他の人の意見を聞いて〉わかったことをよみなさい。
村上　化学反応式を書いて。
　このことから酸化反応と還元反応は，同時におきていることがわかった。また，他の人の意見から，この反応は今までとちがい2つの物質から2つの物質ができるということもわかった。
岩佐　他の人の意見には，酸化物が必ず単体になっているというのと，還元剤が酸化物になっているというのがあった。このことから，還元反応がおきるときには，必ず酸化反応がおきているということがわかった。しかし，酸化反応が起きるときに還元反応がおきるとはいえないと思う。
数野　他の人の意見には，はじめにあった酸化物は，還元剤によって酸素をうばわれ単体になるという意見があったが，ぼくもその通りだと思う。また，還元剤は，はじめにある酸化物から酸素をうばい酸化物になるというのもあったが，それはいえると思う。これらのことは，先生もいったが次のことになる。はじめにあった酸化物は，還元反応をして単体になり，還元剤は，酸化反応をして酸化物になる。これらの変化は，同時におきている。つまり還元反応がおきるときには，必ず酸化反応がおきることもわかった。
教師　何か，つけたしないか。
村上　質問。酸化水銀の分解反応（$2HgO \rightarrow 2Hg + O_2$　この生徒は，前時にこの反応が還元反応であるか，質問している）では，酸化と還元が同時におきていますか。
教師　村上の質問の意味がわかるか。
　わからないという生徒　14名
　村上の質問について，化学反応式を利用して，次のことを説明する。酸化水銀の分解反応では，酸化剤を使用していない。つまり，酸化水銀の酸素をうばい取る，還元するための酸化剤がない。だから，酸化水銀の還元反応は起きているが，還元剤が酸化される酸化反応は起きていないのではないか，という質問である。このあと，酸化と還元はやはり同時におきているといえることを説明する。酸化水銀の分解の場合，酸化水銀HgOの水銀Hgは還元され，酸化水

銀の酸素が酸化されている。また，岩佐の考えのイオウの酸化の場合，イオウは酸化され，酸素は還元されていると考えざるをえない。
(1980年第27回科教協全国〔京都〕大会・化学分科会報告『授業ノート・化学の基礎（3）』の作成とその実践結果について）

【5】 塩化銅の電気分解

　この実践報告は1986年12月15日と17日の2時間の記録である。授業は、3年10組で生徒数は44名である。この生徒たちは、2年から3年へ組替えせずに進級している。
　したがって、少なくとも2年間は、私が理科を教えてきた生徒たちである。

[15日]
　10分遅れて授業を始める。前時の復習をして、次の課題を出した。
〈課題〉塩化銅の水溶液に電流を流すと、＋極に塩素、－極に銅ができた。つまり、塩化銅は塩素と銅に分解された。このときの、水溶液中での塩化銅の変化がもし目に見えるとしたら、どのように見えるだろうか、図にかきなさい。
生徒　それぞれに、課題についての〈自分の考え〉をノートにかく。
教師　生徒がかいている間、それぞれの生徒の考えを見てまわり、教師のノートに特徴的な考えを持つ生徒の苗字と、その考えのポイントを記録する。そして、数分たったところで、次の生徒たちを指名し、黒板にその考えをかかせる。
　全員が書き終えたところで、それぞれの考えを説明させる。
（自分の考えがかけない者もいたが、黒板にかかれ始めると、書きだしていた）

坂野

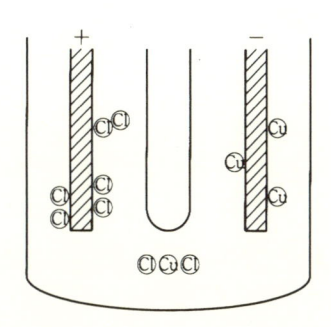

分子が分解されるから、Cl 2つで分子になって、それが＋に引かれる。Cuは－に引かれる。

池田

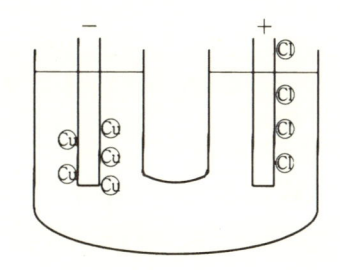

炭素棒についてから塩素が上に上がる。でも塩素分子は、原子が2個で1つの分子だから、これは、間違いです。今、気がついた。

江口

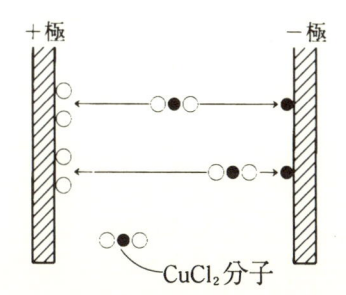

$CuCl_2$分子

図のように，水溶液中のCuCl₂が電気によって引っ張られる。Clが＋に引かれる。Cuの原子が－に引かれる。Clの原子が2つ結びついて，気体になって外へ出ると思う。
保理江

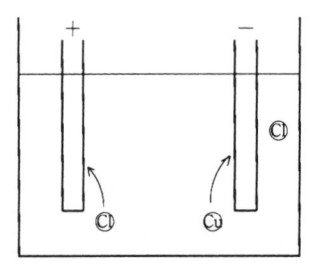

　CuCl₂を水に入れると，そのままだと分解できないから，CuとClの2つに分かれる。何らかの形で原子のような状態に分かれるとおもう。この原子は，自由電子の役割を持つかのように，Cu原子は－極へ，Cl原子は＋へ移動する。電流を流すと，銅と塩素が極に付着して，Cl₂は気体物質なので上へ上がる。
佐藤（滋）

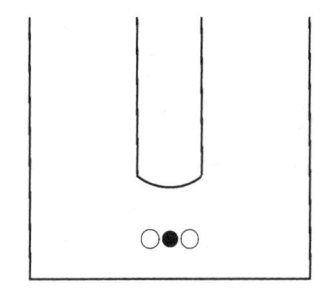

　3つにバラバラになる。ここで（極）で2つついたら気体になってしまう。分かれる時に，たぶん電気を帯びる。もし帯びないなら，Cuなんか重いから下へ落ちる。電気を帯びているから，－極へつく。
原

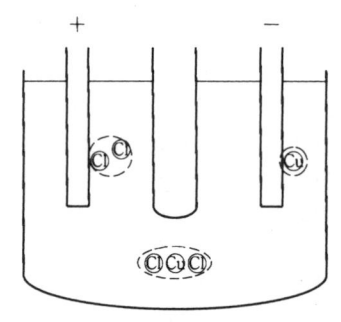

　CuCl₂分子は，Cu原子1個とClが2個だから，Cl原子が2個でCl₂になり，Cuは1個で銅の分子になる。水溶液には塩化銅の分子があり，電流を流すと，＋に塩素の分子がつき，－に銅の分子がつく。

教師　何かつけたしの説明はないか。………1つ，保理江が「気体物質」と言ったが，これについて何かないか。……気体分子です。……この温度で気体なので，何時でも，気体である物質はない。今の温度が，塩素の沸点以上である。では，何か質問，意見，何でもよいが，……意見は。

高守　全部の人へ，CuCl₂は，水に溶したとき，全部バラバラになっていると考えているのですか。私が考えたのは，分子がそのまま極について，そこで分かれると考えました。皆のは，極につく前に分かれている。

教師　水に溶したとき分かれるというのが，保理江の意見。電流が流れると分かれるというのが，佐藤（滋）の意見。極について分かれるというのが高守の意見。どうなのかということだ。

ベルがなる。
教師 次の時間，もう一度，黒板に図をかきなさい。

[17日]
生徒 黒板に図を再度かく。
教師 質問，意見何かないか。
小川 保理江さんの意見は，水に溶したとき，CuとClがバラバラになっているから，私のと違う。私は，江口さんと同じ。
教師 このことはどうか。……高守と小川のいったこと，大きなことが関わっているが。では，塩化銅の水溶液の違いについてまとめてみよう。保理江のは，CuとClの混合物のように見えるが，どうか。
　池田のには，溶液がない。原の意見では，塩化銅の分子があり，それが混ざっている。佐藤の意見は，原と保理江の意見を，たしたようなものになっている。これらの違いについて，何か意見はないか，質問でも。
高守 同時進行で＋と－に引きつけられるのですか，どちらかへ引きつけられた後，残ったのが反対へ引きつけられるのですか。
生徒 ……。
教師 高守は，分子が極にくっついてから，分解すると考えているから，質問しているのだ。
生徒 ……。
教師 特に無いようなので，皆の意見の共通点についても，考えよう。
田中(紀) Clは＋極に，Cuは－極に付着する。
教師 ほかに，……そのことが，共通しているね。では，Clは＋極に引きつけられるから，どんな性質，＋電気に引きつけられ

るから，何を持っているということであったか。
生徒 ……。
教師 佐藤，言いなさい。
佐藤(滋) Clは－電気を持っている。Cuは＋電気を持っている。
教師 他に，何か質問，意見などないか。では，〈他の人の意見をきいて〉を書きなさい。……書き終えたら読みなさい。
実森 －極に銅原子がついたから，銅原子は，電気を帯びている。逆に＋極について塩素原子は，－電気を帯びている。これは，皆の共通点だけど，水に溶したときにバラバラになって，銅と塩素原子の混合物になるのか，電気が流れたとき，引き寄せられるのか，塩化銅水溶液と銅と塩素の混合物なのか，まだわからない。
宮下 違っている点は，初めに塩素と銅とが分かれているということと，塩化銅のままだということだ。同じ点は，みんな塩素原子は＋極へ，銅原子は－極へ行くことだ。また，塩素が＋極へ行くというのは，塩素がマイナスの電気を帯びて，銅はプラスの電気を帯びているということだ。まだ，どれが正しいか分からない。
教師 次のことを説期する。
　塩化銅水溶液の中には，＋電気をおびた銅の原子Cu^+と－電気をおびた塩素の原子Cl^-がある。このように電気をおびた原子や原子団(分子)をイオンという。塩化銅水溶液の中には，銅イオンCu^{2+}と塩化物イオンCl^-がある。溶けたときイオンになって散らばっている。水溶液中の電流は，＋イオンと－イオンの流れである。金属中の電流は，－電気をもつ電子だけの流れであ

った。わかったこと書きなさい。
保理江 質問，塩化銅の水溶液は，混合物ですか。
教師 水溶液だから勿論2種類の物質の混合物であるが。3種類の物質の混合物とは言わない。
高守，宮下 質問，溶けた時，バラバラになっているのか，水のなかでは。
教師 その通り。
教師 では，固体のときはどうなのか，また，後で考えよう。

　わかったことを書きなさい。……書き終えたら読みなさい。
高守 電荷を持った原子や分子をイオンという。で，塩化銅水溶液には＋電気を持っている銅Cu^{2+}と－電気を1つもっている塩素Cl^-が溶け込んでいる。つまり，銅イオンと呼ばれるものと，塩化物イオンというものが塩化銅水溶液に含まれている。だから，金属の中を流れる電流が－の自由電子の流れだったのに対し，水溶液の中を流れる電流は，イオンの流れなので，＋のイオンの電流と－のイオンの電流がすれちがいながら流れている。塩化銅は水に溶したとき，バラバラになって2種類のイオンとなっている。固体状態のときにどうなのかはわからない。また，イオンの水溶液のことは，混合物とは言わず，塩化銅水溶液と言うが，実際には，水の中で分かれ＋イオンと－イオンの混合物になっている。電気を流すとCl^-のイオンは＋極へ，Cu^{2+}のイオンは－極へ同時に引かれている。

保理江 水溶液の中で電荷（電気）を持つ原子，又は原子団をイオンという。この水溶液は，2種類のイオンの混合物である。水溶液の電気分解での電気の流れは，イオンの流れだ。

　$CuCl_2$の場合，水に溶かすと銅イオンCu^{2+}と塩化物イオンCl^-になり，電流を流すと，Cl^-は＋極に，Cu^{2+}は－極に同時に引き寄せられる。

　ベルがなり終わる。

(87年4月　東京支部研究会『授業ノート・イオンと化学反応』「イオン」の実践報告)

【6】中和反応の授業記録とその検討（中和反応１）

教師　塩酸（塩化水素の水溶液）には，HCl → H$^+$ + Cl$^-$　水酸化ナトリウムの水溶液には，NaOH → Na$^+$ + OH$^-$ というイオンがあることを確認したあと，次の課題をだす。

〈課題〉酸である塩酸の水溶液に，ちょうど中和するように塩基である水酸化ナトリウムの水溶液を加える。このとき混合した水溶液に電流は流れるか。イオンで考えよ。

〈記録ノートから〉
高橋　イオンがないから流れない。
馬場　イオンが少しでも残っていれば流れるが，ちょうど中和されてしまうので流れない。
増川　OH$^-$とH$^+$で水，NaClは食塩水で流れる。
根本　NaCl水になるから流れる。
伊場　Na$^+$とCl$^-$が結びつくかもしれないから，流れないかも。
教師　次のようにそれぞれの生徒の考えを板書し，それぞれの考えをもつ者の数を挙手でしらべる。
　　　　わからない……１
　　　　流れない………７
　　　　流れる…………34
　　　ベルが鳴る。

[第２時限]

教師　生徒の服装について７分ほど注意をする。わからないという意見の人から，いってもらおう。
田沢　わからない。イオンに陽イオンと陰イオンがあるから，流れるような気もするし，イオンが中和されているから……。
教師　流れないという意見の人。
桑田　ちょうど中和されているということは，お互いに電気を打ち消して電気はないということだから（イオンがない）流れないと思う。でも，何らかの方法で流れるかもしれないから自信はない。
馬場　イオンが水中に少しでも残っていれば電流が流れるけれど，ちょうど中和されてしまうので＋イオンと－イオンがなくなるので流れない。イオンが残っていれば流れる。
高橋　流れないと思う。－イオンを引きよせる＋極と，＋イオンを引きよせる－イオン極があっても，中和されてしまってイオンの性質をもったものがないのだから，流れることはないと思う。でも，自信はない。
寺門　電気は流れないと思う。＋と－のイオンの数が同じで，中和しているのだから，電気を流そうとしても，混合した水溶液にはイオンがない。だから電気は流れないと思う。
田之岡　塩基というのはイオン性化合物で，電気をよく流すけれど，酸は分子性化合物で電気をよく流さない。この２つを中和さ

せると，理由はないけど流れないと思う。
大塚 ＋のイオンの数と－イオンの数が同じで，中和しているのだから，電流は流れないと思う。
荻窪 電流は流れないと思う。理由はわからないが，もしかして流れると思う。中和しているから電流は流れないと思う。
伊場 塩酸の水溶液H^+，Cl^-と，水酸化ナトリウムの水溶液Na^+，OH^-をまぜて電流を流すと，電流は流れると思う。
教師 初めの考えとちがうけれども，変えてしまったのか……そう。
では，流れるという意見の人。
越知 電流は流れると思う。わけは，HClとNaOHが中和すると，NaClとH_2Oができる。HClは，H^+とCl^-で，NaOHはNa^+とOH^-だから，H^+とOH^-でH_2Oができる。H_2Oは，分子性物質だから電流は流れない。Na^+とCl^-が残るから食塩水溶液になる。だから電流は流れる。
教師 次のことを板書して，越知の意見を補足する。

　　HCl → H^+ ＋ Cl^-
　　NaOH → Na^+ ＋ OH^-
　　H^+ ＋ OH^- → H_2O
　　Na^+ と Cl^- が残る

西陰 水酸化物イオンと水素イオンが結びついてH_2O，つまり，水になり，塩化物イオンとナトリウムイオンが残る。つまり，ただの食塩水になると思う。食塩水に電流は流れる。だから流れると思う。
根本 ながれる。電流を流しつづけると＋と－の極にあつまり，中和したときは流れないようだが，食塩水になってから電気は少し通るだけだけど，流れはじめてから

全体的にみると，中和したときの方が電気は通りにくくなると思う。なぜかというと，4つのイオンが溶けているときより，2つのイオンが溶けているときの方が，流れるイオンの数は確実に少ない。
教師 次の図を書いて，根本の意見を図示する。

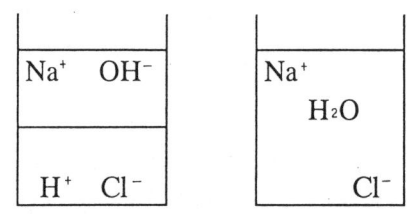

Na^+　OH^-	Na^+
	H_2O
H^+　Cl^-	Cl^-

教師 他に何かつけたしないか。では，質問，意見何かないか。
西陰 電気が流れないという意見の人に聞きたいんだけど，イオンがなくなるという人，ただの水と食塩NaClが下へたまるということですか。
教師 電気が流れないならば，食塩NaClの沈澱ができるはずだということか。
西陰 そうです。
教師 この質問について，何かないか。……何も意見はないのか。流れないという意見の人。……何もないか。では，いま考えていることを調べよう。

　　わからない……… 0
　　電気は流れない… 4
　　電気は流れる…… 38

教師 〈他の人の意見をきいてわかったこと，考えたこと〉などを書け。……書き上げた者は？
西陰 やはり電流は流れると思う。塩化物イオンとナトリウムイオンはイオンのまま水溶液中に溶けていると思う。もしイオン

でなくなっているのなら，下に食塩として沈澱していなければならない。しかし，水に食塩はよく溶けるから，結局イオンにもどり電気が流れるようになると思う。まぜると，電流の通りがわるくなるという意見は，そうだと思う。

高橋 ほとんど自信はないけれども，やはり電流は流れないと思う。でも，西陰君の聞いたように，もしかしたら塩が沈澱してしまうかもしれない。

越知 ちょうど中和しても電流は流れると思う。H^+とOH^-がなくなっても，Na^+とCl^-が残るから。でも，イオンの数がへるから電流の流れは悪くなると思う。

田之岡 流れないと思う。イオン性化合物の塩基と分子性化合物の酸をちょうど中和させるのだから流れないと思う。よくわからないけど，イオンがなくなるというのは，＋イオンと－イオンが互いにうちけしているということだから，別に沈澱はしない。

教師 （実験）ちょうど中和したとき，電流が流れるか，調べる。リトマス液で中和点を示す。

　　ベルが鳴る。

教師 実験してたしかになったことを，わかったことを，考えたことなど書き上げておけ。

[第3時限]
　　20分遅れて授業を始める。
教師 実験してたしかになったことを読め。
田之岡 私の予想は，電気は流れないだった。でも塩酸の水溶液と水酸化ナトリウムの水溶液を，ちょうど中和した状態にして電気を流すと，電気は流れた。でも，とても暗かった。

　このことから，水酸化物イオンと酸の水素イオンが結びつき，水溶液中には塩化物イオンとナトリウムイオンが残っていることがわかった。

高橋 自分の意見とはちがう結果になってしまった。塩酸と水酸化ナトリウムをちょうど中和させて，電流を流してみたところ，ちゃんと流れて豆電球がついた。しかし，豆電球のあかりはくらかった。塩酸と水酸化ナトリウムをちょうど中和したときは，塩化物イオンとナトリウムイオンが少しではあるが残っているから，少しは電流が流れることがわかった。このとき，水素イオンと水酸化物イオンは，結びついて水になっている。

増川 リトマス液で赤くなっている塩酸に，水酸化ナトリウム液を1滴ずつ入れていくと，初めは明るくついていた豆電球が，暗くなっていった。水酸化ナトリウムが入るたびに部分的に紫色になったので，その部分では中和しているといえる。液が紫色になったので，電極をはなしてみると初めの塩酸のときより暗くなっていたが，電気は流れた。この実験で水ができ，残った塩化ナトリウム，つまり食塩ができ，そのイオンに電気が通ったことになる。

教師 次のことを板書してつけ加える。
　$NaOH + HCl \rightarrow Na^+ + Cl^- + H_2O$
　$OH^- + H^+ \rightarrow H_2O$

　中和反応は，酸と塩基が反応して，水と塩ができる反応である。わかったことを書け。

ベルが鳴る。

〈実践結果の検討〉
① 「どんなイオンでもいっしょにとけていられるか」から，「沈澱の生成」「イオンの検出」という一連の授業のあとに，中和の学習が位置づけてあるが，これらの学習内容が使われて課題の解決がはかられている。したがって，このような指導内容の系統化は，有効なものといえよう。
② イオンや沈澱の生成についての理解が十分でなかった生徒たちも，この中和反応の学習で，理解が深められているので，中和反応をここに位置づけ，中和反応を電流が流れるかどうかで考えさせることは，意味のあることといえよう。
③ イオンの濃度の変化に注目できるほど，化学変化についての量的理解ができる。この意見は，他のクラスでも出ているので，決して特別な生徒のものではない。
④ 中和反応における水の生成は，ことばだけに終わることが多い。しかし，この電流が流れるかどうかという課題から入ると，電球が暗くなるという事実によって水の生成がいやおうなしに考えられるので，中和反応をより深く理解させることになるだろう。

〈授業の分析と反省〉
第二時の越知の発言に対して，筆者は，「次のことを板書して越知の意見を補足する」とし，

$HCl \rightarrow H^+ + Cl^-$
$NaOH \rightarrow Na^+ + OH^-$
$H^+ + OH^- \rightarrow H_2O$　Na^+ と Cl^- が残る。

を書き，越知の発言を補足している。

また，根本の発言に対しても，「次の図をかいて，根本の意見を補足する」としている。

この2度の補足説明は教師として，やってはいけないことであったと考えている。まず，その時にやらなければならなかったことは，越知と根本に対して，「黒板に板書して，もう一度，みんなにわかるように説明をしなさい」という指導であったと考える。そして，時間がかかっても，それぞれに十分な説明をさせ，よりその内容の理解を図るべきであったのである。こうすることで，より多くの生徒たちにその意見の意味が十分に浸透したと考える。

しかし，筆者がまことに不十分な対応をしたことの一つには，たとえば根本の発言がでることを予想していなかったことである。このような量的な発言をまったく予想できなかったのである。そのためにそこで適切な対応ができなかったことがある。

また，越知の発言に対しては，複雑すぎて，生徒に説明させることが十分にできないのではないか，というような錯覚をもってしまったように考える。事実は，生徒の方がはるかに深く理解し，洞察していたのであるから，生徒の活動にまかせるべきであったと現在，深く反省している。

生徒は信頼にたるもので，筆者などの理解をはるかに越える深い理解を獲得していくものであることを，ここでも改めて教えられている。

〔1984年第31回科教協全国（東京）大会・化学分科会報告〕

第4章　化学変化導入の前提としての物質の授業

[コメント]

　物質の化学変化を確実に生徒たちに理解させるためには，前提になるいくつかの基本的な知識（概念や事実・法則）が理解されていなければならない。しかし，このことは，意外と理解されにくいもののようである。

　筆者は，化学変化を物質の性質の変化で教えたあと，ある生徒から，物理変化でも物質の性質は変化している。なぜならば，状態変化が起きれば，液体と固体，液体と気体では，その性質が大きくことなるではないか，という指摘を受けて，改めて，化学変化で変化する性質とは何か，を検討することができるようになった。

　化学変化で変化する物質の性質は，一般に物理的性質と呼ばれる，密度，融点，沸点，金属光沢，電気・熱の伝導性，磁性などの教えられなければ意識化できないマクロな性質である。初等的にしろ，化学変化を明確に理解できるようにするためには，これらの性質を確実に理解させておかなければならないことは明らかである。

　化学変化の導入の前に位置づけている物質についての基本的な性質の授業の記録がこの章の記録である。もちろん，ここでの内容は，何も化学変化の学習だけの基礎知識になるものではなく，物理学，生物学，地学などすべての科学の学習の基礎知識として働くものである。

　筆者は，1970年8月に大竹さんと共著で『物質の学習—理科授業の新しい試み—』明治図書を書き，そこには，50余時間にわたる生徒たちの発達の記録を載せている。合わせて，ご検討いただけると幸である。

　もう一つ，ぜひ，指摘しておきたいことがある。生徒たちが化学変化を分子・原子概念で解析できるようにするには，それ以前に，物質は分子からできている・物質の粒子性を確信できるようにしておくことである。化学変化の導入で分子は原子が集まってできていると発展させる。これで化学変化を分子・原子概念で解析できるようになる。原子，分子を文部省「学習指導要領」のように同時に導入したら，生徒たちは混乱させられて，両概念とも明確に理解できないようになってしまうのである。

【1】物質の状態とその変化

1　はじめに

　この実践は1981年度の中学1年生に行ったものである。この授業の以前に，次の内容を扱っている。
　物体と物質（物質には，いろいろな種類がある）。重さと体積（物質が存在する証拠），密度，溶解と溶液（分子を導入），結晶の晶出，結晶（固体）の構造。この「物質の状態とその変化」では，固体を加熱したときの変化，液体を加熱したときの変化で，物質の状態は，温度で決まることを扱った。そのあと，この変化を分子で考えさせた。分子運動はここで導入した。

2　実践の中から

　私の授業で，大変に不満なところは，生徒たちが書く〈他の人の意見を聞いて〉考えたこと，わかったこと。また，〈実験してわかったこと〉たしかになったことの不十分さである。それ以前の内容を受けて，それが十分に発展させられていないことである。例えば，水銀を凝固させた実験のときの内容が，大変にまずしい。
　実践をふりかえって，その原因を考えてみると，いくつか考えられる。生徒たちに，自分の考えの変化（発展）のすじ道を書けという働きかけが不十分であった。一応形式的には，変化のすじ道を書けと働きかけている。しかし，それが十分に生徒たちのものになっていない。例えば，〈実験してわかったこと〉については，実験の結果とそれからいえることを書かせることに，努力を集中してしまっていたように思う。内容を豊かにするには，生徒たちに対して，何をどうしたらよいのか，検討してほしい。
　また，ノートを早く書きあげた者から発表させていくと，どうしても，拙速の者が数多く入ってくる。内容のより豊かな者を早く書きあげさせ，発表させる手立てはないか考えている。

第4章　化学変化導入の前提としての物質の授業　123

物質の状態とその変化を扱うと，かならず「木や肉も状態変化するのか」という質問が出される。そこで，今回は，プリントp8にあるように扱った。
　関東甲新静ブロック大会（82年5月29日・30日）のとき，これに対して左巻氏（埼玉）より，木や肉について質問がでたら，状態変化しないものもあるとした方がよいのではないか，という批判が出された。
　その後，検討して，現在は次のようにしたいと思っている。木や肉について質問が出たら「よい質問だ。そのことは，もう一つ勉強しないとわからないから，それまでまちなさい。それまでは，温度が変ると固体は液体に，液体は固体になると考えていてよろしい」，と答えるようにする。

3　おわりに

　現在の子どもたちは，物質についての知識や経験が大変にとぼしい。このような状況の下で，物質の基本的性質についての授業を，どのように組織したらよいのか，改めて考えなければならないように思う。
　子どもたちの状態が悪ければ悪いほど，内容と方法を一体として研究し，授業を組織しなければならないように思う。
　食品についての説明は，その国の大衆の科学的知識の平均的レベルを表わしているのではないだろうか。食品についての説明が，生徒たちが指摘したとおりになっているということは，今日の理科教育の成果を，改めて問われているようにも思う。

4　授業記録

固体 ⇄ 液体

課題　塩化ナトリウム（食塩）を試験管に入れ，アルコールランプで加熱したとき，どのような変化がおきるか。

〈教師のノートから〉
室谷　こげる
安藤　とける

五十嵐　とけると思うがアルコールランプではむずかしい。
それぞれの考えをもつ生徒の人数
　　わからない…12
　　こげる………20
　　とける………10
　ベルが鳴る

教師　わからないという意見の人から，発表してもらう。
鈴木　わからない。何となくこげるような

気がする。
丹野 わからない。やったことないからわからない。
有元 こげるようにも，とけるようにも思えてわかりません。
高橋 硫黄やナフタレンのようにとけるかもしれないが，もしかしたら，こげるかもしれない。
大岩 わからない。食塩を熱すると，どのように変化するかわからない。
金子 わからない。ナフタレンもとけたので，食塩もとけるとも考えたが，もしかしたらこげるかもしれないのでわからない。
飯島 よくわからない。たぶんこげると思う。
日橋 硫黄やナフタレンはとけたから，とけるかもしれない。よくわからない。
矢ケ崎 硫黄やナフタレンは，液体になったが，よくわからない。でも同じようにとけるかもしれない。
松平 こげるような気も，とけるような気もするならわからない。
加藤 よくわからない。とけるとこげるのどちらかとしたら，理由はわからないがこげると思う。
室谷 食塩水だったら熱すると蒸発して，食塩だけが残る。が食塩だけはよくわかりません。でも，熱する時間が長くなるほど，こげてしまうのではないかと思った。
教師 液体になるという意見の者。
三宅 ナフタレンの時に，塩はあたためるとこげるといったものの，自信をなくした……。ゴムはあたためれば応とけるし，毛糸もとける。だからやっぱり塩も融解すると思う。

秋山 とけると思う。理由は，ナフタレンや硫黄もとけたから。
渡辺 塩化ナトリウムをアルコールランプで熱すると，とける気がした。でも，とける気がしたのはナフタレンや硫黄がとけたからで，本当にとけるかどうかはわからない。もしかしたら変化はないような気もする。でも，やっぱりとけると思う。
櫛淵 硫黄，ナフタレンもとけたから，とける。こなの物体だからとけるというのはおかしいがとける。
池谷 ぼくは塩化ナトリウムはとけると思う。わけはナフタレンや硫黄もとけたので，塩化ナトリウムもとけると思う。
教師 つけたしないか。……では，こげるという人。
安藤（女） とけるとは思わない。こげると思う。理由は，かっぱえびせんをたべていたら，その袋に「まれに黒いつぶがはいっているが，塩のこげたものなので，品質にかわりはない」とかいてあったから。
松田 熱するとこげると思う。理由は，食塩水を熱すると，水は蒸発して食塩だけ残る。ということは，もう水分はふくまれていないのだから，その塩を熱したらとけずにこげると思う。たとえとけても，それは食塩水ではないと思う。
花房 試験管の中に，塩を入れてアルコールランプで熱すると，どうなるか。こげると思う。わけは，魚に塩をけてやいたとき，見ていると，塩がバラバラになり黒くこげていたから。
井上 食塩を火であぶったことは，ないかわからないが，融解するとは思えない。また，理由は特にないが，聞いたことがあ

るようなので，たぶんこげると思う。
教師 つけたし……意見，質問，何かないか。
　ここで，それぞれの考えをもつ人数をしらべる。
　　　わからない…0
　　　とける………7
　　　こげる………36
教師 他の人の意見を聞いて考えたことをかけ。……よめ。
櫛淵 私もカッパエビセンのを読んだのを思いだした。だからこげると思う。
とけるのは，何となくだし，こげたのは2人見た人がいるから，だからこげると思う。
上甲 こげると思っていたとおり，カッパエビセンの話でますます自信がついた。
向 やっぱりこげる。インスタントラーメンの袋に，こげたのは塩とかいてあったから。
三宅 絶対にとけると思う。ただ安藤さんのアルコールランプぐらいではだめだというのはさんせいだ。でも，時間をかければできるかも……しれない。やっぱり塩化ナトリウムはとけると思う。
室谷 私はこげるにしましたが，特に理由はありません。はじめから，この意見なのです。しかし，食塩水をアルコールランプで熱したのち，食塩だけが，ずっと残っているということは，もしかしたら，食塩の結晶のままで変化しないのかもしれません。
　もし，液体状態に変化するのだとしたら，融点が非常に高くてアルコールランプでは，温度が低すぎて無理とか何かあると思う。
　食塩のこげたのを見た人がいるので，何となくこげるような気もする。

（実験）試験管に入れた塩化ナトリウムを，アルコールランプで加熱する。
教師 温度が高くなったこと以外の変化が見られないことを確認したあと，「塩化ナトリウムは，ほんとうにこげたり，融解したりしないのだろうか」と問いかける。アルコールランプでは，温度が低すぎると思うから，ガスバーナーで加熱してみたら変化するかもしれないという意見を引き出し，次の実験に入る。

（実験）試験管に入れた塩化ナトリウムを，ガスバーナーで加熱する。
　塩化ナトリウムの融点は，800℃であること，ウオルフラムの融点は3000℃以上であることを説明する。
教師 実験してたしかになったこと，自信をもっていえるようになったことをかけ……よめ。

大場 アルコールでやってみたらぜんぜん温度がたっしないので，ガスバーナーでやってみたら，だんだん融解したことになった。その融点は，800℃であった。試験管にわりばしを入れたら，そのわりばしは，こげてしまった。
　とけたのは食塩水ではなく，食塩が液体になったことになる。また，加熱するのをやめてみたら，一瞬に結晶になってしまった。（凝固したことになる）
　試験管にマッチをつけたらもえた。だからそれほど熱いことがわかった。凝固したら体積がへった。
松田 とけたがアルコールランプではなく，

ガスバーナーでとけた。それは融点が800℃なので，アルコールランプではとかせないのである。物質には3000℃以上もある物質もある。そして食塩水ではなかった。それは食塩の液体であった。また液体が固体に凝固したときには，表面にくぼみができた。それは体積がへったことを示している。

安藤（女）やはりアルコールランプでは何の変化もなかった。でガスバーナーで熱し，やっと融解したときに，中にわりばしを入れたら，こげたし，試験管にマッチを近づけると燃えてしまう。それだけ温度が高いことがわかる。

800℃だ。この液体は食塩だけのもので，他の物質と同じように凝固した。

教師 自信をもっていえるようになったことないか。

　ベルが鳴る。

15分遅れてはじめる。

池田 塩化ナトリウムは，アルコールランプでは熱がたりなくて，とけなかったが，ガスバーナーでやったら時間はかかったがとけた。底の方からだんだんとけた。やっぱり塩化ナトリウムは融解した。

　塩化ナトリウムの融点は800℃だった。その温度はマッチをあてると火がつくぐらいである。冷やすとすぐもとの固体になった。液体になると，固体よりも体積が増える。

　液体は，無色透明である。融点が3000℃をこえるものもある。（タングステン）ウオルフラム。液体のときは，水面が平面である。

松本 私はこげると思っていたけど，アルコールランプで実験すると，塩は変化がなかったので，ガスバーナーに変えた。すると少しずつ変化してきて，最後には無色透明の液体になった。この液体は，食塩水ではなく，食塩の液体である。この液体の中に，わりばしを入れると，一瞬のうちにこげてしまった。ガスバーナーをはずすと，すぐ固まったが，マッチを近づけると火がついた。なぜかというと食塩の融点が高く800℃だからで，高いものには3000℃のもの（タングステンまたはウオルフラム）もある。液体と固体のときは，体積がちがう。固体になると真ん中のところがへこんでいる。

　つまり体積が減った，ということだ。このようなことがたくさんわかった。

田中 食塩はとけた。しかし，アルコールランプなどではとけず，ガスバーナーでやっととけた。融点は800℃だ。冷やしたら固体になったが，それでもマッチを近づけたらマッチが燃えた。それだけ温度が高いということがわかった。また液体のときは表面がたいらだったが，固体になったらくぼんでしまった。体積が減ったからだ。とけたのは食塩水になったのではなく，食塩がとけて液体になったのだ。

教師 カッパエビセンとインスタントラーメンの袋をもってきなさい。なかみがあるともっとよい。

教師 水銀を示し，状態が液体であることを確認する。（ゆびでさわらせる）

〈課題〉この水銀の状態を，液体から固体に変えることができるか。やり方も考える。

第4章 化学変化導入の前提としての物質の授業

即席ラーメン サッポロ一番®

ラーメンの本場サッポロの味をお楽しみ下さい。
本場の風味がご家庭で召しあがれます。

■おいしい召しあがりかた■
十分に沸騰しているお湯500cc（コップ3杯）にラーメンを入れ、2〜3分煮て下さい。
お湯の量は多めに願います。
めんがほぐれましたら火を止め、スープを加えて下さい。
黒い粒子がスープに浮く事がありますが、塩分のコゲたものなどで、差しつかえありません。

別添スープ共 **100g**

〈教師のノートから〉

```
              アタタメル
  櫛渕    固 ⇌ 液
              ヒヤス
```

だからひやす。

秋山 わからない。なりそうでならない。

三宅 ひやす。氷ではだめだ。

白倉 アルコールランプであたためたらできるかも、わからない。

松本 膨張するからあたためる

有元 あたためるか、ひやす

室谷 融点が非常に低いのではないか

それぞれの考えをもつ生徒の人数
　わからない………22
　固体にできない…1
　固体にできる……20

教師 わからないとという意見の人から発表してもらう。

渡辺 よくわからない。見たかんじもまったくならないような感じがする。

宅摩 わからない。自分でも見当がつかないからわからない。

田中 よくわからないけど、できるかもしれない。冷やせばいいと思う。液体になったナフタリンや食塩は、温められたら液体になったんだし、冷やしたら固体にもどったから。

でも、ナフタレンや食塩は、固体状態で、水銀は液体状態で、状態がちがうからよくわからない。

松本 わからない。水銀はたまに体温計で見るときぐらいしか会わないけど、温めると膨張するから、熱して固まることはないと思う。固体になるかどうかは、わからない。

白倉 私はそんなことはやったことがないし、固体に変える実験のやり方もよくわからないけど、アルコールランプか何かであたためると、固体にでもなるんじゃないかと思うけど、自信はもてない。

教師 わからないという意見のもの、他に何かつけたしないか。……では、固体にできないというもの。

大場 よくわからないが、固体状態にはできないと思う。理由は、べつにないが、油みたいなものが固体にならないと思ったからだ。また、もしできるとしたら、単純だけどひやせばよいのではないか。

教師　固体にできるという人

松田　たぶん固体になると思う。ぼくはある科学教室にかよっていたとき，水銀をドライアイスで冷やすと，固体に凝固したと思う。だから水銀は固体に凝固すると思う。けれども空気中においておくだけで，凝固するとは思えない。

五十嵐　この水銀が液体だということは，いつも融点にたっしているのだから，なにかの方法でひやしたらかたまると思う。ただどうやってひやしたらいいかわからない。

教師　この教室の今の温度が，水銀の融点以上の温度ではないかといっている。

安藤　液体の物質が固体になってもおかしくないと思う。二酸化炭素も固体になるし，物の形があるかぎりなると思う。ひやすといっても，－40℃ぐらいまでさげればいいと思う。

室谷　今まで実験した物質は，状態が変化した。しかし，今度の水銀はよくわからない。温度によって変化するのだろうか。水銀が試験管の中に入っているものを，氷水の中にいれたらどうだろうか……と考えた。また，物質がそれ以下の温度では，液体状態でいられなくなる温度があるのではないか……。そのため，ただの氷水に入れただけでは，その温度に達しなく，変化しないのではないだろうか。

　私は，温度が非常に低いものに接触させたりすれば，固体に変化するのではないかと思った。しかし，温度が非常に低いものなんて，どうやってやったらよいか方法がわかりません。

櫛淵　液体から固体になると思う。いままでで，固体→あたためる→液体になったんだから，液体→ひやし→固体になるような気がする。

　でも，なんとなくだけれど，固体もそれぞれ融点のちがいがあるように，液体にもあるような気がする。

教師　櫛淵の意見は，こうだよ。次のように板書する。

　　　　　　　　アタタメル
　櫛淵　　固体　⇄　液体
　　　　　　　ヒヤス

　安藤は，この変化をするときの温度，つまり融点が非常に低いはずだ。－40℃ぐらいではないかといっている。

教師　他に何かつけたしないか。……では，質問，意見，何でもいい，何かないか。では，他の人の意見をきいて考えたことをかけ。

　ここで，それぞれの考えをもつ生徒の人数をしらべる。

　わからない………3
　固体にできない…0
　固体にできる……40

犬伏　考えをかえた。だれかがあたためると液体になるのだから，ひやせばかたまるのかもしれない。しかし，はっきりしたことは，わからない。

櫛淵　自分の意見＋今の液体状態は，融点にたっしているという意見にさんせいだ。0℃でたっしているなら，－（マイナス）でひやせばいい。

上甲　水銀をひやせばいいという意見が出た。ひやすには，ドライアイスをつかえばいいと思う。

ベルがなる。

[教師実験] 水銀をドライアイス＋メチルアルコールで冷やす。

　実験が終わったあと，次のことを説明する。水銀の融点は，－38℃であること，ドライアイス＋メチルアルコールを－73℃以下の温度にすることができる。

教師　実験してわかったことをかけ。……よめ。

室谷　ドライアイス＋メチルアルコール……両方で，－73℃以下というとても低い温度の中に，水銀が入っている試験管を入れてみた。すると水銀の融点は，－38℃なのですぐ固体に凝固してしまった。

　そして加熱すると（この場合は，手で温める），液体にもどってしまった。
（融解する）

　固まった水銀の固体をピンセットではさみ，手で触ってみると，とても重かった。密度は13.6g/cm³である。試験管で見たら，固体になった水銀は，中の方がへこんでいた。固体になると（凝固すると），体積が減ることもわかった。

櫛淵　水銀をメチルアルコールとドライアイスで冷やした。（－73℃以下）液体の水銀は固体になった。

その固体は真ん中が，ドーナツのようになっている。加熱すると液体にもどる
（融解）（加熱といっても手の温度）

　このことから，固体→あたためる→液体→ひやす固体。液体→ひやすと→固体→あたためると→液体

松田　やはり凝固した。メチルアルコールとドライアイスで，液体の水銀を冷すと，すぐに固体に凝固した。次に手で加熱すると，水銀は融解してとけた。また加熱するとは，火などで熱するだけでなく，手であたためても加熱するということもわかった。

　また表面がくぼんでいたのは，体積の減ったことを示し，固体の水銀をもってみると，非常に重かった。密度は13.6g/cm³で，金とあまり変らないという。そして，ビーカーをさわると，とてもいたかった。それは－70℃の以下の冷たいものをさわったからである。

教師　他に何かつけたしないか。

教師　次のまとめの説明をする。

　固体状態の物質の温度を高くすると，融解して液体状態になる。液体状態の物質の温度を低くすると，凝固して固体状態になる。

　ところで"木，肉"などは，加熱して温度をあげても，どうして液体にならないのだろうか。"木，肉"などは，非常に数多くの種類の物質がまざりあってできている。すなわち混合物である。それで変化がわかりにくくなっている。

液体の水銀　→　－73℃の水につけるビーカーにさわったら痛かった　→　固体になる

　これまで調べてきた物質は，すべて純物質である。それで，混合物もそれぞれの物

質に分けて純物質にすれば，状態変化という変化をする。
　わかったことをかけ。……よめ。
五十嵐　物質の中にも木のように融解しないものもあるが，木は，まざり物の非常に多い混合物なので，融解したことがわからないだけなのである。だから木は，その物質をみんなわけて，純物質にすれば，融解するそうである。しかし，どのようにして純物質にするかわからない。
大場　木などは混合物なので，固体から液体，液体から固体というこれらの変化はない。純物質（ただ1種類の物質）ならば，だいじょうぶである。また，ろうそくのろう，火山の石などの（混合物）でも変化する時がある。
犬伏　では木などはとけるか。これは混合物でいろんな物質がまざっているから，あるものはとけても，他のものが多すぎてわからない。木，人間（生物）例外をぬかしては99.9％そうである。
　しかし，混合物でも，1つ1つ純物質にすれば，変化は見ることができる。
　ベルがなる。

(1982年科教協第29回全国（熊本）大会・科学分化会報告)

【2】分子の運動を中心にして

[指導計画]
Ⅰ　物質をつくる分子
　(1) 氷砂糖のつぶを小さくする。
　(2) この氷さとうのつぶを，さらに小さくする。
　(3) さとうのゆくへ。
　(4) さとうの結晶のすがたかたちは，みえなくとも，その重さは，さとう水の中に残っているか。
　(5) 物質と分子
　Ⅱ　溶解と溶液
　(6) 溶解／(7) 溶液の特徴
　Ⅲ　物質の状態と分子
　(8) 分子を集めて，結晶をつくる／(9) 結晶——固体の構造①／(10) 固体の構造②／(11) 固体の構造③／(12) 分子間力／(13) 分子の集まり方をかえる／(14) 液体の構造①／(15) 液体の構造②／(16) 液体の構造③／(17) 分子のあつまり方をかえる／(18) 気体の構造①／(19) 気体の構造②／(20) 気体の構造③／(21) 気体状態における分子の運動／(21-1) 気体状態における分子の運動と気体の熱膨張／(21-2) 気体状態の物体の液化／(22) 液体状態における分子の運動／(22-1) 液体状態における分子の運動と液体の熱膨張／(23) 液体と分子間力／(24) 固体状態における分子の運動／(25) 物質の状態と温度①／(26) 物質の状態と温度②／(27) 物質の状態と温度③／(28) 分子運動と温度，分子運動と分子間力

Ⅳ　物質の密度
　(29) 物質の種類の特徴／(30) 固体，液体の密度／(31) 気体の密度／(32) 物質の状態と密度

[(22) 液体状態における分子の運動]
〈課題〉液体状態のとき，分子は，運動しているかどうか，自分の考えとそのわけをかきなさい。

平戸　分子は，運動していないと思う。水面をしずかにしておくと，平になってしまってまったくうごかない。もし，分子が運動していれば，このようなとき，水面がたいらになっていることはないと思う。容器を入れかえると，形がかわるのは，分子間力がよわくなっているので，形がくずれるのだと思う。

玉木　分子は，運動していると思う。水面が平にならないというけれど，分子はすごく小さいから，運動していても波立ったりしていないと思う。それに液体を加熱すると体積がふえるので，気体と同じで，分子の運動がはげしくなったと思うから，運動していると思う。

金子　平戸さんに賛成。分子は小さくて目に見えないけれども，運動していれば，もし目に見えなくても，顕微鏡か何かなら見えるはずだし，それに液体のとき分子間力がなくなって，分子と分子の間のすき間がふえたので，べつに運動しているとは思いません。

佐々木　金子，平戸に賛成，運動していないと思う。液体の構造（分子と分子の間のすき間）は，少しはあるけれども，多くはない。気体の分子が運動しているのは，真空のところで運動しているのだから，何かあるところでは，運動できないと思います。それで，液体には，真空は少ししかないから，たとえ動けたとしても，ごくわがかだと思います。

佐藤　平戸さんたちに反対。液体は，温度が高くなると体積がふえるけど，これは分子の運動がさかんになると考えられるけれど，運動していないとそのことがあまりうまく説明できないので，運動していると思います。それで分子間力のことですが，水滴を高いところから落とすと，球のようになるけど，分子間力がなければ分子にバラバラになるはずなのにまるい球になるから，分子間力はあると思います。液体は流れるから，そんなに強くなくて弱いと思います。

蛭川　佐藤君に賛成。分子は運動していると思います。気体の分子は，温度があがってそれで運動して体積がふえるといったので，それなら固体から液体へかわったときも，分子の運動がはげしくならなければ変われないはずで，温度があがるのだから，液体の分子も運動できるようになるのだと思う。そしてその運動はよわいものだと思う。——どうして——少し体積がふえるぐらいだから，液体→気体のときは，1,000倍にもなるけど，固体→液体のときは，少ししか体積がふえない。それで固体の構造を考えてほしいけど，分子が球形だとすると，すき間ができるはずで，バラバラにしたとき，すき間が少し小さくなると思う。

それでさっき金子さんは，すき間がふえて体積がふるえといったけど，運動していないなら，そのすき間に少しでも分子が入って，けっきょく体積がへることになるのだと思う。

蛭川の意見がわかったかどうか，たずねたところ，わからないという生徒がいたので，図を描いて説明を教師がつけ加えた。

岡村　佐藤や蛭川と同じ意見で，分子は運動しているけど，動き方は，小さいというのに賛成。あと言われてしまった。

金子　蛭川さんの意見。分子間力がなく，ただ入れたら，すき間が小さくなるというけど，前にリュックサックに荷物をたたまないで入れると，体積が大きくなるというのがあったから，動かないと体積小さくなるというの，言い切れないと思います。

それから，佐藤君に意見。分子間力は弱いけど運動しているのがわかりません。

分子間力が少しでもあれば，分子間力の方が運動より強いということだから，そこがわかりません。

佐藤　分子間力があるのに，なぜ動けるのかということ，だれかに引っ張られても，左右なんかには動けるから，やはり動ける。

森　どっちか意見をつけにくい。混乱している。固体→液体に変化するとき，体積が3％増えるから，たった3％しか増えないから，その運動はごくわずかだと思う。同じ水でも，温度を上げると軽くなって，上へあがり，温度が下がると，下へ下がるから，そういうことが行われていることは，ごく微妙でも運動が行われていると思う。

江幡　分子が運動している方に賛成。わけはみんながいったこと。それに水の中にイ

第4章 化学変化導入の前提としての物質の授業　133

ンクをたすらと全体にわーっとちらばっていくのを見て，もし運動していなかったら，ああいうふうに，ふわーっとうず巻きしながらひろがっていくことはないと思う。だから，分子が運動しているとすれば，水の分子とからみあったりして，うずまきのようにしていくのだと思う。
教師　液体状態にある分子が，うんどうしているかどうかを確かめる方法はないだろうか。江幡の意見のほかに。
南　気体のとき実験して，運動しているかどうかを，ガラスのこなでしらべたから，水にふれるようなものをつかって，もしふれたら運動している。
玉置　わからない。
南　ガラスの粉でも何でもいいから，液体に入れてみて，それがふるえたら運動しているといえる。
教師　どんなものを入れたらよいか。
玉置　ガラスの粉でなく，うすくて面積があるもの，かんな屑をくだいて入れるようなもの。
福元　水槽に水を入れて，平にして，発泡スチロールの粉をのせてみれば，それがうごくと思う。
佐藤　分子にくらべたら相当大きいから，それでは，運動がわずかだと思うから，けんだく液みたいな方がいい。そのけんだく液のうごきをみればいい。
教師　けんだく液の中に浮いている小さい物体の動きをみるには，何を使えばよいか。
田中　顕微鏡，光を当てて，光の通り道を横からみる。

　1時限終了。

[(24) 固態状態における分子の運動]
〈課題〉固態状態のときも，分子は運動しているかどうか，自分の考えと，そのわけをかきなさい。
●2組
前川　運動していないと思う。分子間力で固態のときは，規則正しくならんでいて，もし運動していたら規則正しくならんでいられない。
吉岡　ぼくも運動していない。もし運動しているなら，1つの固態をわって，それをまたくっつけたり，どっちかに多くわかれたりするはず。
山崎　固体も熱をもっていて，あれも震動していないと熱がでないので，震動ぐらいは，しているんじゃないかと思う。
教師　震動ということわかるか。みんなやってみろ。

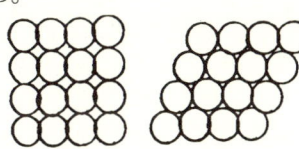

蛭川　わたしも運動していないと思う。しているならはじめ左のようにならんでいたのが，すきまの方へ入っていったり，右のようになったりうごいていくので，体積や形が，かわると思います。
教師　右の図のようになると，体積がどうなるのか。──体積がへることを，確認する。
佐々木　私も運動していないと思うけど，疑問になるのは，吉岡君がいったことで，一度こわしたものは元にもどらないというけれど，粘土は固体なのに元にもどる。これは，なぜでしょうか。

西郷　固体でも，夏にぴったりついていた線路が，冬に少しはなれるでしょ，体積が少し変ってくるから。固体でも少しは，運動しているかもしれない。
山上　ぼくも固体における分子は，運動していると思います。わけは，冬になると時計が進み夏になるとおくれたりするのは，はりがのびたりするからで，もし分子が運動していなければ，そういうことは，おきないと思います。
　　ここで，各人の意見を調べる。
　　　固体状態のとき，分子は，運動していない…23人
　　　固体状態のとき，分子は，運動している……18人
教師　固体状態のとき，分子が運動しているかどうかを調べるには，どうしたらよいか。
蛭川　同じ種類で，同じ体積で，同じ形のものを作って，1つは，そのままにしておいて，一つは，液体にならないように温度をあげて，それの体積や形がかわっていたら，分子は，運動していることになると思います。
教師　物体の温度がたかくなると，体積は，どのように変化するのか。
蛭川　温度があがったら，体積がふえると思います。
教師　他のクラスで出た意見を説明する。

●5組
山崎　私は，運動していないと思う。わけは，分子間力が強く働いているから，分子が身うごきできない。
高橋　わたしは，運動していないと思います。わけは，運動していたらその物体の形がくずれると思います。
加藤　高橋さんに質問。水のとき分子はうごいているけれども，形がくずれなかったから，固体のとき分子がうごいていてもくずれないかもしれない。
片岡　ぼくはうごいていないと思う。もし，うごいていたら，前に顔や体は分子でできているといったけど，もし分子がうごいていたら，顔とか何かがくずれてしまうと思う。
西　わたしも固体状態のとき，分子は，運動していない。固体状態の分子は，規則正しくならんでいるのだから，運動できない。もし運動していたとしたら，規則正しくならんでいるといえないし，高橋さんのいうようにくずれないかもしれないけど，動いていない。
岡崎　わたしも運動していない。液体状態のときにくらべて分子間力が強いし規則正しくならんでいるから，身うごきができないし，それで分子は運動していないと思うけど，わたしは，運動しているのと，運動していないのと半分半分で，物質は，固体，液体，気体という3つの状態があって，気体，液体のとき運動していたから，同じ物質だから，固態のときも運動しているように思う。
広瀬　ぼくは，もしかしたら，少し運動しているんじゃないかという意見。水銀で気体のとき，すごい運動をしていたし，液体のときは，分子間力が強く働いているから，スピードはおちるけれど速くうごいていたから，固態のときは，ほんの少しならうごいているのじゃないかと思う。

第4章　化学変化導入の前提としての物質の授業　135

宮本　ぼくは，分子は，うごいていると思う。わけは，1mの基になる長さがヨーロッパにあると聞いたけど，それは伸び縮みしない金属でできているというけど，それは温度がかわると伸び縮みするということで，液体も温度が高くなると嵩が増えて，分子が運動していたから，固体のときも運動していると思う。

岡崎　動いていないと思います。固体の物質を2つ重ねて置いても，いくら時間をかけてもまざり合わないから。

教師　図をかいて説明しなさい。

岡崎

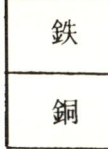

鉄
銅

例えば，鉄と銅を重ねておいても，まざり合わない。もし，運動していれば，液体のときのように混ざり合うと思う。

ここで，各人の意見をしらべる。

固体状態のとき，分子は，運動していない…29人

固体状態のとき，分子は，運動している……9人

わからない…3人

教師　岡崎が出したこと以外に，固体状態のとき分子が運動していたら，こんなことがおきてしまう。または，おきないということなか。

岡村　もし運動していたら，線路のすき間が小さくなって，冬さむい日すき間がだいぶ大きくなっているから，運動しているのが少し強い。ぼくの意見。

ここで，よくわからないの声が出た。

岡村　線路がちぢんで大きくあく。次の図をかく。

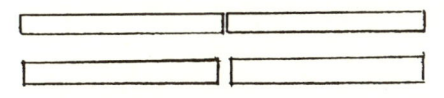

教師　温度が変わると，レールがどうなるといっているのか。だれか足してやれ。

加藤　線路が夏になると膨張して，冬になると縮まる。

教師　固体の物体が膨張する，あるいは，ちぢまると何かがわかるのか。

岡崎　分子と分子の間のすき間が，ひろくなる。

広瀬　この前いったことにつけ加えて，固体にもかたいのとやわらかいのがあって，やわらかいのは分子間力が弱くて，液体でも，ネバネバした方は，分子の動きはよわいから，固体でも，かたい方が分子の動きがにぶくなる。

レールに日光があたると，分子の運動が速くなって，すき間が少し大きくなる。それでやわらかくなると思う。すき間がふえるから，少し大きくなる。

教師　固体の物体の温度が高くなると，肉眼でどういうことがみえるといっているのか。

岡本　体積がふえる。

教師　みんなが言っていることは，固体の物体の温度が高くなると体積が増え，さがると体積が小さくなるということか。

生徒　そうです。

森　レールがあたためられるということは，液体に近くなって，液体というのは，分子が動いているのだから，分子が動きだして体積がふえると思います。

ここで，もう一度各人の意見をたしかめ

る。
　固体状態のとき分子は，運動している…22人
　だから，固体状態の物体の温度を高くすると体積がふえる
　固体状態のとき分子が運動していない…19人
教師　固体状態のとき分子が運動していないということは，体積がかわることがないということか。
内西　体積がかわらないとはいえない。小学校のとき，膨脹するとおそわったから。しかし，プラスチックなんかが，体積がかわるというこはないから。
教師　そうすると，金属は，分子の運動に関係なく伸び縮みするのか
生徒・内西……。
　このあと，実験，他のクラスの意見の説明。
　固体状態における分子の運動の説明。

[授業記録の分析から]
①知識は力である
　生徒たちは，それまでに獲得した知識・経験をフルに使って課題の解決にとりくんでいる。
　授業を組織する――生徒たちを，課題の解決にとりくませる――ためには，それまでに，その課題を解決するのに必要な基本的概念，経験を組織してこなければならない。
②概念の獲得
　子どもたちは，これまでの経験，知識，思い込みにとらわれている。良い意味でも，悪い意味でも。

　人間は，新しい現象に直面したとき，古いしがらみ（それまでに獲得した知識，経験）にがんじがらめにされ，もがき苦しみ，新しい概念を獲得する以外に出口がないことを知ったとき，はじめて，その新しい概念を獲得し，それを確信する。
　教師の簡単なお話などで，新しい概念を生徒たちに獲得させることができることだろうか。子どもたちのつまずきも多様である。はじめ，そのように考えざるを得ないような場面に生徒たちを追いこむ，そこで初歩的にしろ，概念を獲得させる。その後，主体的にその概念をいろいろな現象に適用させる。そこで子どもたちは，それまでに持っていた概念を修正し，拡大し，深化させる。

③授業――それは，生徒集団による，集団的な自然科学の研究である。
　課題，そして生徒間の討論。
　個人の一面的理解から，集団的研究によって，多面的理解へ発展させる。
　集団だから，矛盾が明らかにされ，集団だから，それが克服できる。
　自然現象を正しくとらえて，その本質をあばき出す。科学的な実践と認識を生み出す授業には，課題に対しての，
　○自由な接近
　○多様な接近
　○正確で順序正しい接近
が必要である。
　授業は，このことを具体的に保障しなければならない。

④「何を」「如何に」教えるか。

生徒に与える課題は,何か。——本質か,現象か——

いくつかの現象から,本質を洞察させる。そして,そのことを明らかにさせる。

この全体を通して,科学の方法が意味をもつ。原子・分子概念など,実験事実から帰納されて出てくるものでないというが,では,どうすればよいのか。

分子・原子があるはずだ。その分子・原子が運動しているはずだと考えざるを得ないように,生徒たちを追い込むこと。教師が,お話をする必然性をつくり出すこと。

⑤より少なく教え,より豊かな実りをもとめて

ゆとりある教育,そして学ぶ価値のある教育の内容と方法をもとめて。

無駄を省き,重要な事実や法則を,多様性をふまえて,長期的見通しの下に積み上げる。

小・中学校を一貫した,体系的な科学教育の内容と方法を明らかにすることが,今日の課題ではないか。そのために,これまでの成果に学び,前進しよう。

［参考文献］
『理科教室』77年5月〜9月「物質と分子」

(1977年第24回科教協全国(岩手)研究大会　化学分科会「物質と分子」の授業の報告)

第5章　中学校でも教えたい発展的な内容

[コメント]

　われわれは「中学校における化学教育　60時間案」を提案し、その具体化として、6分冊の『授業ノート』を創ってきた。ここで、一言、つけ加えておきたいことは、われわれは何もこの「60時間案」の内容だけを中学校で教えればそれでよい、としているのではない。もちろん、社会と化学・科学との関わりについての知識、あるいは、化学の他の内容についても教えられるようになることを願っている。

　その発展的な内容の一つとして考えられる"社会と化学"の関係の理解を目指したのが「"化学と社会"の授業」である。ここでは、化学工場で働く人々がもっともひどい被害を受けているという事実、このことは、現在でもまったくかわらない事実であることを、これからそのような施設で働くことになるかも知れない生徒たちにぜひ理解させたいことであった。そしてさらに、生産過程の改善が市民運動と一体としていることも、ぜひ、理解させたいことの一つであった。

　有機化学・有機化合物の授業は、これまであまり中学校の教育内容としては注目されてこなかった内容であるが、中学校までの教育で社会に出る人たちにとっても、さらに進学する人たちにとっても、決して軽視できるものではないと考える。それは、自分自身を科学的に理解するためにも、また、生物学の学習や環境問題などを理解するための基礎知識としても、その知識を欠くことができないからである。

　ここであつかった程度の有機物についての知識だけでも生徒たちに獲得させておいたら、今日の高校の生物学の授業内容は、かなり理解しやすいものに改善される可能性が充分にあるだろう。これによって、ただむやみやたらに暗記させる生物学の学習を、より、具体性をもったものに変えていくことが可能になると考える。

　そして、特に注目してほしいことは、生徒たちが有機化学を充分に学習できる可能性を示している事実である。教えることによって、ますます、発達していく姿に注目してほしいと考えている。

　大竹三郎さんの論文を、重要な資料として、掲載させていただいた。

【1】「化学と社会」の授業

1 ねらい

　ひとまとまりの化学の基礎知識を学習してきた生徒たちに，これまでに獲得した多くの知識を総合的に活用させて，化学工業にかかわる問題についての学習をさせるのが，この授業のねらいである。
　日本の現状は，いまさら説明するまでもなく深刻な環境汚染の被害になやまされている。この現状を長期的見通しの下に克服し，このましい環境をとりもどすことは，急務である。この課題にこたえるために，化学，化学技術および化学と社会とのかかわりについての基本的知識を生徒たちに学習させることは，特に重要なことであろう。
　この授業では，人類の発展にとっての化学工業の役割，化学，化学技術の発展の道すじ，現代社会における化学，化学技術ののぞましいあり方などについての基本的知識をあたえることをそのねらいとする。
　また，このような授業を組織することは，生徒たちが化学を学習することの重要性についての理解を深める機会になることをねらいとしている。そして，ここでの学習は，情緒的，精神的なものではなく，化学の基礎的知識をふまえて課題の克服への展望をもてるものにすることは，いうまでもない。

2 指導内容

〇化学工業の種類。
〇化学工業は，人類の発展にとって欠くことのできない工業である。
〇化学，化学技術は，つねに社会とのかかわりの中で発展してきた。
〇環境汚染をひきおこさない化学，化学技術のあり方。

3 授業の記録

　　　　　　　　　　　　　　教師　化学変化を利用していろいろな物質をつくる工業を，化学工業という。化学工

業には，どのような工業があるか，例をあげなさい。

山本 石油化学工業，石油を精製したり，プラスチックなんかをつくる。

小池 石炭からビニロンか何かつくる。

平沢 繊維工業。

井上 食品工業。

奥住 薬品。

教師 肥料，カセイソーダ，写真のフィルムをつくるものなど，化学工業である。

　ところで，化学工業は，いろいろな公害の原因になっている。では，人類にとって化学工業は，必要な工業であるのか，ないか，意見をいいなさい。

法貴 もし化学工業がなくても，昔の人のように自給自足の生活をすれば，できるように思うけど，いまの人にはそれができないように思うし，もし，いまの人口がすごく多いから化学工業がなかったら生きるのにこまると思う。だから，もう少し煙突をたてる規則を考えて，規則正しくやればいいと思う。

奥住 自給自足では，いまの日本では絶対にいけないし，みんなのまわりを見ると，化学工業でできたものが大半だから，化学工業が生活の一部になっているから絶対に必要な工業になっている。

田中 必要な工業だと思う。自然からとれば，化学工業は生まれてこないけど，その自然のものだけではまかないきれないから化学工業が生まれてきたので，化学工業は必要である。

此村 化学工業は必要だけど，このままだと公害はひどいし，人間の健康を害するから，国が規制をもうけて公害を最小限にくいとめればいい。

加藤 国の発展，自分たちの発展に必要だから，限度をきめて公害を最小限にくいとめればいい。

日向 必要である。これ以上自然をはかいしたらだめだし，きょうの生活の中で化学工業はかかせないようになっているけど，公害がふえていくから現在を限度として規則をつくっていけば，化学工業は重要な役割をはたす。

小池 必要で必要でない。化学工業をなくしたら人は生きていかれないし，化学工業があれば公害があるから，公害を最小限にくいとめるのじゃなくて，公害をなくして化学工業をやればいい。

東野 例えば石油化学工業で，衣類をつくって，それがなくても生活できるけど，いまのようにゆたかな生活はできないから化学工業は必要。

教師 公害を最小限にすればよいのか。あってはいけないものなのか。

田中 理想はなくすことだけど，現在からみると最小限にくいとめるとしかいいようがない。

成田 化学工業は別のもの。自然にないものをつくりだすのだから，自然のサイクルにのらないものをつくるのだから，どうしても障害がでてくるのがあたりまえだし，だから公害をなくすには，化学工業をまったくやめてしまうのと同じことになると思う。

椎葉 成田につけたし。日本の経済は，これだけの工業力でなりたっていて，公害をなくせば化学工業をやめることにひとしいから，化学工業をやめれば，日本がこんら

んにおちいるから，公害をなくすのは理想で現実にはできない。
井上　ソビエトでは，コンビナート方式で，公害を最小限度におさえているけどバイカル湖などがよごれてきたのは，化学工業のためだから化学工業があれば公害があるので，公害をなくすことは化学工業をやめてしまうことになるから公害をなくすことはできない。したがって，日本のように工業だけによって経済をささえている国は，ますます公害がひろがるけど，ソビエトや中国のように自給自足の国では，公害を最小限におさえられると思う。
村田　化学工業によって公害がおきると，莫大な金がかかっていまのように安くつかうことができなくなるから，化学工業か公害かどちらかをとらなくてはならない。
小池　化学工業は必要であるかもしれないけど，ソビエトで公害が少しあれば，何年もすれば増えてしまうし，二酸化イオウができてしまえば消せないし，少しずつだしても結果は同じだから，公害がない化学工業をつくればいいけど，それがつくれなければ，何年かするうちに地球上の人が公害でみんな死んでしまうかもかもしれないし，だからそうなったら化学工業をすてても公害をなくさないと，化学工業という小さなもののために人類がはめつするから，化学工業をなくしても公害をなくさなければいけない。
木元　人口45億で，化学工業がないと20億の人が生きれないというし，化学工業がないと死とかそういうことで，人が死ぬのがさきだと思います。
安倍　小池は化学工業をなくせばいいというけど，化学工業で人が生きているから，やめれば人類が破滅するから，だされた公害をどうするかが問題で，水銀でも，二酸化炭素でも，使えるから再生のことを考えなければいけない。

[第2時限]
(この時限では，前時の討論の内容を踏まえて，次のことを説明した)
　イギリスで産業革命の進行とともに綿紡織工業が大きく発展した。
　生産された大量の綿織物を漂白，洗濯するために大量の炭酸ソーダが必要になった。
　1820年代の炭酸ソーダの生産方式（ルブラン法）は，煙突から塩酸や硫酸，硝酸をまき散らしたり，炭酸ソーダを生産した後に大量の廃棄物（硫化カルシウム）が残るものであった（炭酸ソーダ灰1t生産すると硫化カルシウムと石炭，石灰石の混合廃棄物が1.4tもできてしまった）。そこでこの残留物を河原などに投棄すると硫化水素を発生したり，その廃棄物が雨で川に流れ込んだりして，環境破壊・公害が引きおこされ，周囲の住民から反対，排斥され，人問題になってしまった。

第5章　中学校でも教えたい発展的な内容　143

　神保元二著『生産は環境と調和できるか』（日刊工業新聞社，1973年5月）のp147に収録されている図22が非常に参考になる。
　（このルブラン法以前は，海藻を焼いてその灰から炭酸ナトリウムと炭酸カリをとるという方法であった。したがって，生産量はごく僅かで，大量生産されるようになった綿織物の需要にはとても応じられなかった。そこでこのルブラン法が登場した。したがって，この方法は当時とすれば，超モダンな生産工程・工場であったといえる。しかし，食塩を硫酸で処理して生成した芒硝［硫酸ナトリウム，副産物として塩酸が発生するので，それを工場外へ排出した］に，石炭と石灰石を混ぜて，炉内で十分に燃焼・反応させて，炭酸ソーダを多く含んだ物質・黒灰を作る方法であった。そして，同時に大量の硫化カルシウムが副産物として後に残り，工場外に捨てられた。
　また，この工程に原料として利用した硫酸も当時は自分の工場内で生産していたというから，その原料の硝酸も同時に漏れ出るということになり，1つの工場から，塩酸，硫酸，硝酸が大量に排出されていたという。このために，工場労働者の衣服はたちまちのうちにぼろぼろになり，発生する油煙にもまみれて，その様相は極めて異様なものであったという。もちろん，工場近辺の隣人にも大きな影響を与え，大変な苦情が寄せられるようになっていたという）
　このため，1820年代には，公害反対の住民運動が激しくおこり，生産を拡大するための工場の拡張ができなくなっていた。
　（この苦情に対して，19世紀初頭に工場側がとった対応は，20世紀のわが国の対応と同じで，まず煙突を高くして，塩酸を広くまき散らす［薄める］ことであった。結果は，もちろん，被害の及ぶ範囲を広げるだけのものであった。そして，ますます反対運動が拡がり，操業ができなくなりかけて，工場側がとった対応は1830年代の後半に排ガスをコークスを詰めて，上から水を流す塔を作り，排ガスをその水で洗い，塩酸を除去するという方法であった。つまり，充填吸収塔（現在も広く利用されている）という装置が発明され，利用されることになった。しかし，充填吸収塔操業の当初は回収した塩酸を川に流していたため，魚が死んだりして，また，問題になってしまったという。
　次に，濃い塩酸を回収できるようになったとき，塩酸の販路がなく，その処理に困って開発されたのが，塩酸から塩素を取り出し，漂白粉をつくる次のプロセスである。
　これについては前掲書p146の図Ⅱが参考になる。

漂白粉は生石灰に水を加えたものに，塩素ガスを通せば生成するので，廃棄物を利用する1つのプロセスが活用されるようになった。しかし，まだ，硫化カルシウムの処理の問題は解決されず，ますます，生産量が増えて，大量の廃棄物を河原へ放置したり，海へ投棄したり，廃坑へ捨てたりしたために問題は大きくなった。この大量の廃棄物の問題の解決は1861年にやっと解決のめどがつけられ，石灰石，イオウとして回収されるようになった。
　この炭酸ソーダの生産にともなう公害を防止するための「アルカリ法」という法律が作られたのは1863年である。
　この工程の改良も，経済的になりたつ，利潤を生み出す方式であったために行われたもので，経済的に成り立たない工程は決して，活用されることがない。化学的に，技術的に可能であることだけでは成立しない。また，どんなに住民の反対運動が強くても，それだけでは実用化されない。もちろん，住民の反対運動がなければ何も改善されない）
　そして，このルブラン法とことなるソルベー法が開発され，炭酸ソーダの生産工程は徐々に転換されていった。ソルベー法は製品に含まれない物質は循環して利用するという工程をとるものであった。このために公害は大きく減少した。
　ルブラン法が深刻な公害をまき散らしたが，この方法をみると，製品にまったく含まれない，成分とならないイオウ，硫酸が大量に利用されている。これが大きな被害をもたらしたのである。したがって，化学工業で注意すべきことは，次のことである。
　化学工業による環境汚染をふせぐには，製品の成分とならない原料をつかわない。もし，つかわなければならないときは，再利用して外へださない。
公害をふせぐには，住民の反対運動の果たす役割が非常に大きい。
　化学工業がつくりだす物質の中に，人類にとって必要なものがある。どうしてもそれを使わなければならないときだけそれを使うようにする。

[参考文献]
神保元二著『生産は環境と調和できるか』日刊工業新聞社，1973年5月
兵藤友博・雀部　晶著『技術のあゆみ』ムイスリ出版，2001年4月
　　　　（1976年第23回科教協全国（愛知・犬山）大会　化学分科会報告）

【2】有機化学の授業
中学校における有機化学の授業の記録

　昨年の5月,「有機化学の指導計画」の骨子について,大竹氏から提案(この記録のあとに資料として再録させていただいた)を受けた。有機化学の学習についてはかねてから実践することを計画していたので,早速大竹提案を実践的に検討することとした。
　そこで早急に指導計画の細案を作ろうとしたが,細案を作ろうとして考えれば考える程,提案の骨子を理解し,それを細案に具体化することの難しさを思い知らされる羽目になった。指導細案が何も具体化しないまま9月も終り,10月に入ってしまった。そこでやむなくそれまでに私が理解したことを具体化して実践することとし,作ったのが次の指導計画である。
　したがって,この指導計画に,大竹提案を充分具体化し,それを実践によって検討するという当初の意図がここでは十分に達成されないことになってしまった。

1　指導計画

[1] 高分子と低分子 7時間

(1) デンプン,ゴム,ビニールの性質
　水にとけない,油にもとけない。あたためるとネバリ気のある液体になる。三態変化しない。

(2) デンプン
　a デンプン分子とさとう分子の大きさのちがい。高分子,低分子,デンプンは高分子である。高分子物質の構造と性質の対応。
　b 消化とブドウ糖。
　高分子のデンプンが消化されて,低分子のブドウ糖に変化した。

$$\text{デンプン} \xrightarrow[\text{消　化}]{\text{ジアスターゼ}} \text{ブドウ糖}$$

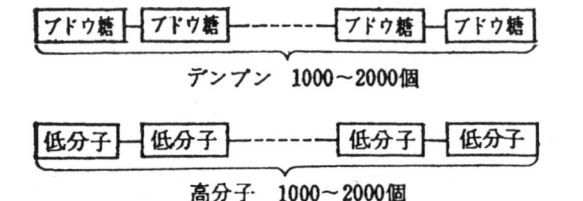

(3) 高分子物質
　高分子物質の構造
　いろいろな高分子物質，ポリエチレン，ゴム，ナイロンなどの性質

ブドウ糖─ブドウ糖─……─ブドウ糖─ブドウ糖
　　　　デンプン　1000〜2000個

低分子─低分子─……─低分子─低分子
　　　高分子　1000〜2000個

(4) 低分子を作る──熱分解

a　パラフィン ──熱分解──→ 気体（低分子）

　分子の熱運動によって鎖が切れる。分子の大きさと沸点，成分の炭素の確認（油煙）

　b 石油の熱分解　aと同じ

(5) 高分子と炭素
　a　自然界の高分子

高分子 ─分解(消化)→ 低分子 ─(吸収)(合成(同化))→ 高分子

　タンパク質，セルロースなどの高分子物質としての性質の確認

消化，同化と分子の大きさの変化
　b　高分子と素炭
　成分に炭素がある。炭素が高分子の鎖をつくる。炭素の化合物を有機化合物という。

[2] 主な低分子10時間
(1) 炭化水素
　メタンとその仲間，成分の確認，分子と沸点，融点，分子の構造と構造式，存在。
　エチレン，アセチレン，ベンゼン，構造，臭素水との反応，成分。
(2) メチルアルコール，エチルアルコール
　沸点，融点，構造と構造式，存在，成分の確認，水酸基，金属ナトリウムとの反応。
　エチレングリコール．グリセリン．OH基の数とネバリ気。水溶性との関係
(3) カルボン酸

さく酸の沸点，融点，構造と構造式，存在，性質，カルボキシル基，炭化水素，アルコールとの関連

[3] 合成 4時間
(1) エステルの合成
　　基と基で分子をつなげる
(2) エチレンの重合
　　二重結合を開いて結合する
(3) 高分子の合成
　　有機ガラス，ホルマリン樹脂の合成

2　実践をどう進めたか

[1] 高分子と低分子
(1) デンプン，ゴム，ビニールの性質
　デンプンを加熱すると三態変化しないで炭化してしまう。ゴムやポリエチレンを加熱するとネバリ気のある液体ができる。さらに加熱してできる気体を，冷却しても再びポリエチレンにはならない。この気体はよく燃える。デンプンなどの物質は水にとけない。デンプンに水を加え加熱すると，ネバリ気のあるデンプンのりができる。
　デンプン，ゴム，ポリエチレンなどは，これまで学習してきた物質と性質がかなり異っている。
(2) デンプン．
a　分子の大きさ
　デンプンのりとさとう水溶液を比較させ，さとうはさとうの分子にまでバラバラになっているが，デンプンのりは透明でないから，デンプン分子が集まってできた大きな粒が中にちらばっているはずであるという推論をさせ，そのことをチンダル現象を利用して確認した。
　さらにさとう分子とデンプンの粒の大きさのちがいを利用して，さとうとデンプンのりの混合物をさとうとデンプンに分離することができないかと問い，ふるい分けることに気づかせ，ろ紙としてセロファン紙が使えることを教えた。（セロファン紙に微小な穴が開いていることは，セロファン紙に約80℃以上の

湯を入れ，持ちあげると，セロファン紙の底から大量のゆげが出ることで容易に示すことができる）

シャーレに湯を半分ほど入れ，その上に約10cm角に切ったセロファン紙をのせる。このセロファン紙にさとうデンプンのり混合物を入れ数分間放置し，セロファン紙でさとうとデンプンが分離できるかどうかしらべる。

この間，デンプンはヨウ素デンプン反応で検出し，さとうは水酸化ナトリウムの濃水溶液に少量の硝酸銀を溶かした溶液の少量を加え加熱すると黄色になる反応で検出できることを教える。

さとうとデンプンの検出方法を使って，シャーレの中の水に，さとうとデンプンがろ過されたかどうかしらべる。

さとうはセロファン紙を通りぬけ，デンプンはセロファン紙を通りぬけられないことと，デンプンのりはチンダル現象をおこすこととを合せて，デンプンのりにはかなり大きなデンプンの粒が入っていることを理解させる。

この大きなデンプンの粒は1個のデンプン分子であることを説明し，分子量は数万，あるいは10万以上であることを教えた。さらにこのように大きな分子を高分子といい，さとう分子のように分子量が約1000以下の小さな分子を低分子ということを教えた。

高分子からできている物質を高分子物質といい，ゴム，ポリエチレンは高分子物質であることを説明する。

b 消化とブドウ糖

2年のとき，デンプンはジアスターゼによって消化されてブドウ糖になることを学習している。この消化を高分子→低分子という変化として理解させる。

テンプンのりを2本の試験管（50ccのビーカーの方がよい）に入れ，1方にジアスターゼを加え，約50℃の温水の中に入れて変化をしらべる。5分程でジアスターゼを加えた方のデンプンのりはネバリ気がなくなり，透明度がましてくる。

この結果から，生徒はデンプンが高分子でなくなったことに容易に気づく。この推論を確認する方法として，デンプンのりとさとう混合物を分離したときの方法が使えるのではないかということに生徒はすぐ気づき，ブドウ糖がセロファン紙を通過することを確認して，（ろ液中のブドウ糖の確認には，フェーリング溶液を利用する）デンプン→ブドウ糖という変化が高分子→低分子という変化であることを結論する。

ここで，高分子物質がネバリ気を持つことを次のように説明した。径が0.8mm程度の針金で 〰〰〰〰 のようなもの（長さ30cm程）約100本と，波の１つを切りはなしたもの200本ほど作る。長いものを高分子に例え，波型１つを低分子に例える。これらをそれぞれあつめて，どこか１箇所をつまみ上げると，高分子に例えた方は互いにからまり合って数多くの針金がひきあげられてくるが，低分子に例えた方は１つしかひき上げられない。このように高分子は大きいのでからまり合いネバリ気が出てくる。低分子はからまり合うようなことがないのでネバリ気がない。

(3) 高分子物質

　高分子から低分子への変化をどう考えているのか生徒に各人の考えを説明させた。そのあと高分子は，低分子が単位となってできていることを説明した。高分子物質の構造から，高分子物質が，水に溶けにくいこと，三態変化しにくいことを説明した。

(4) 低分子を作る——熱分解

a　パラフィンの熱分解

大きな分子を小さな分子に分解する方法として，熱分解を利用できることを教え，パラフィンの熱分解を行う。

　この実験は，右図のような装置を作り，始めにパラフィンをガスで加熱し完全に溶けたところでガスでの加熱をやめ，ニクロム線を電源につなぐと容易に行える。

　発生する分解ガスが燃えること，炭素をふくんでいることなどを調べ，さらに燃え方のちがいから発生するガスは空気より比重の大きい気体と小さい気体の混合物であることを推論させる。

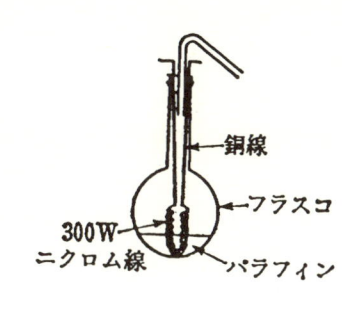

　このあと，熱分解という反応は物質が高温に加熱されると，分子運動が激しくなって，大きな分子の全体が同一の運動をすることができなくなり，分子の各部分が無秩序な運動をするため，大きな分子のところどころが切れて小さな分子が生成することを，次のような図を書いて説明した。

この図と，発生するガスがいろいろな重さの気体の混合物であったこととを対応させた。

固体のパラフィンから同温で気体の物質が生成したことに関連し，パラフィンより分子の大きさが小さくなるにしたがって，沸点，融点が低くなることを説明した。（パラフィンの仲間は分子の大きさが小さくなるにしたがって室温での状態が固体→液体→気体と変化する）これは，熱分解によって気体が生成するが，室温で気体であることは，その物質の沸点が低下したこと，つまり分子の大きさ（分子量）が小さくなったことを理解させるためである。

b 石油の分解

灯油（室温で液体であるから，パラフィンより分子が小さい）を熱分解すると，さらに小さな分子に分解されるから，気体の物質が生成するだろうということを，パラフィンの熱分解から類推させ，次のような装置を使って燈油の熱分解を行った。

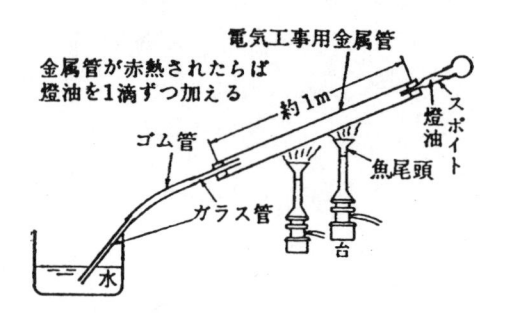

パラフィンの熱分解のときと同様に，生成した気体を調べたあと，この分解反応を分子の考えで説明させた。

(5) 高分子と炭素

これまでに扱ってきた高分子以外に，自然界にはタンパク質，セルロースなどの高分子があること，生物体は高分子からできているので，水に溶けたりせず自然界に安定に存在していられることを説明した。

さらに，中2での生物の栄養についての学習を次のようにまとめた。

高分子（食物）　分解　　低分子（水にとけ体内
（水に溶けない）　消化　　　　　に吸収される）

　合成
　――→高分子（生物体）
　同化

ついで，高分子の成分には炭素がふくまれていること，この炭素が鎖のように連続して高分子を作ることを説明し，これまで扱ってきたような炭素の化合物を特に有機物といい，これを研究する学問を有機化学ということを教えた。

[2] 主な低分子
(1) 炭化水素

　メタンを作り，成分に炭素と水素があることをしらべ，メタンの分子式，構造式を与え，次いでエタン，プロパンの分子式を与え構造式を考えさせる。炭素数の増加とともに，融点，沸点が高くなること，これらの物質が天然ガス，石油の中に含まれていることを説明する。

　ブタンの分子式を与え，構造式を考えさせ，異性体の存在に気づかせた。分子式（組成）は同一であっても構造（分子間の結合の順序）が異なると，性質がことなることを説明し，物質を研究するとき，構造に注目することの重要性を説明した。

　分子模型を使って，メタンからブタンまでを作らせ，ノートに書かれた構造式と分子の模型とを対応させた。また，分子模型をある方向から見ると，〰〰〰 形に見えることにも注意させ，高分子の模型の意味を明らかにした。

　これらの物質は，炭素と水素の化合物であるから，有機化合物の中で特に炭化水素ということを教えた。

　エチレン，アセチレンの分子式を与え，構造式を考えさせ，二重，三重結合という結合があることを説明し，二重結合は，臭素水の脱色で検出できることをしめした。

　ベンゼンについては，鎖状だけでなく，環状の炭化水素があることを説明し，その1つの例として説明した。

(2) アルコール

　メタンの仲間に酸素原子が1個結合するとメチルアルコールなどのアルコールができることを説明し，アルコールにはOH基がかならずあるがアルカリ性ではないことを教えた。

　アルコールの構造式から，アルコール分子には炭素原子に結合している酸素原子に結合している水素があることを教え，—O—H，—C—H でちがいがあるかどうかを次の実験でしらべた。

　水（—O—Hがある）メチルアルコール（ —C—H，—O—H がある）ヘキサン（ベンジンでもよい，—C—H がある）の3つの物質を試験管に取り，各々に金属ナトリウムを加え，水素ガスが発生するかどうかをしらべた。

この実験を設定する前に，酸の水素を追い出すために金属を加えたことを復習し，金属ナトリウムは，他の多くの金属に比べて非常に金属としての働きがはげしいことを教えた。

　金属ナトリウムとの反応で水の—O—HのHと，アルコールの—O—HのHが水素ガスとなってでることを確認したあと，次の実験を設定した。

　グリセリンを提示し，この物質がどういう種類の物質かしらべてみよという課題を出した。

　粘性が大きいことから，高分子物質ではないかという意見が出され，水の溶解性をしらべた。次にグリセリン，ベンジン，水，メチルアルコールの4種の物質と金属ナトリウムの反応，ヨウ素の溶解性と生成する溶液の色，水への溶解性をしらべ，どの物質とグリセリンが一番よく似ているかをしらべた。

　グリセリンはアルコールの一種であることを説明し，構造式でメチル，エチルアルコールなどとのちがいを説明した。

　OH基が2個ついたものにはエチレングリコールがあることを教えた。

　このあと，グリセリン，エチレングリコールの3種の物質を提示し，粘性が何に原因しているかを推測させた。

　OH基があると，分子間の引力が増大し粘性が生ずることを有刺鉄線を波形にした分子模型を利用して（OHを刺にたとえて）粘性が大きくなることを説明した。例えばメチルアルコールは一見粘性が小さいように見えるが，分子量がほとんど等しいエタンに比べ，沸点が非常に高く，ヘキサンと同程度の沸点を持っているということは，分子間引力——粘性が非常に大きいと考えることができることなどについても説明した。

　アルコールの水への溶解性については，水のOHとの分子間引力が大きく働き，メチル，エチル，プロピルアルコールが無限に溶解することを説明し，ブチルアルコール以上になると一定の溶解度が生じてくるわけを次のように図示した。

メチルアルコール

水にとけにくい部分 — CH₃ OH — 水にとけやすい部分

ブチルアルコール

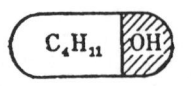

C₄H₁₁ OH

　さらに分子中の水にとけにくい部分が大きくなってくると，分子全体としてまったく水に不溶になること，つまり水に溶けないアルコールが存在することを説明した。

　このように物質の性質が，分子

中にある基とその数によって支配されること，さらに分子内の基と残りの部分との相互作用によって分子全体の性質が決まってくることを説明した。

(3) カルボン酸

エチルアルコールに酸素原子が1個付加するとさく酸という酸になる。

$$-COOH, \begin{pmatrix} O \\ \| \\ -C-O-H \end{pmatrix}$$

をカルボキシル基という。カルボキシル基の中にも—O—Hがあるが，この水素原子はアルコール分子のOHの水素よりさらに取れやすく，金属ナトリウムだけでなく，金属マグネシウムなどでも容易に追い出せる。

酸素原子が付加するにしたがって，水素原子が取れやすくなる。

カルボキシル基があると，水酸基と同じように分子間引力が大きくなり，メタンの仲間の炭化水素にくらべてそれぞれ融点，沸点がたかくなっている。さく酸は水に無限に溶けるが，水にとけにくい部分（アルキル基）が大きくなるとアルコールのときと同様に溶解度を生じ，遂には水に不溶になる。ステアリン酸はアルキル基の形が大きく水に溶けない固体の酸である。

これまでにOHを持つ物質をNaOH，H_2O，CH_3OH，CH_3COOHと学習してきた。これらの物質の性質はOH以外の部分（組成と構造）のちがいによって，アルカリ性から中性，酸性と異っている。物質の性質は部分と全体の兼ね合いによって決まってくる。

[3] 合成

低分子をつなげて、高分子を合成する方法を大別すると、基と基を結合する方法と、二重結合、三重結合を切って結合を作っていく方法の2つになる。

(1) エステルの合成

アルコールの水酸基とさく酸のカルボキシル基のOH基とが反応してH_2Oがとれて2つの分子の結合が生まれエステルができる。

アルコールもさく酸も分子内の原子の原子価は全て飽和されているので、そのままでは結合が形成されない。

$$\underset{\text{水がとれる}}{\text{H-C-C-O}[\text{H}+\text{HO}]\text{C-C-H}} \rightarrow \text{H-C-C-O-C-C-H}$$
$+H_2O$

結合を容易におこさせるために、濃硫酸を少量加える。氷さく酸とエチルアルコールを体積比で約1:5試験管に取り、濃硫酸を一滴加え加熱して臭いの変化をしらべ、さく酸エチルエステルの生成をしらべた。

水酸基とカルボキシル基を分子内に1個しか持たない分子は、2個結合するとそれ以上結合することはできない。エチレングリコールなどのように1つの分子内に基が2個以上あるものHO—□—OH HOOC—□—COOHは、次々に分子が結合して高分子を作る。例えばナイロンは、このような方法によって合成された高分子である。ホルマリン樹脂の合成、塩酸アニリンとホルマリンを同量とり100mlのビーカーに入れはげしく攪拌して、反応をしらべる。このあと、この変化を分子の考えで説明させた。

(2) エチレンの重合

エチレンのように二重結合を持つ分子は、二重結合のうちの1つの結合を切ってそれを使って次々に結合を形成していくことができる。

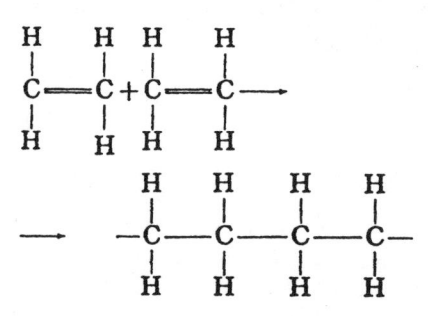

結合の成長は、エチレン以外の分子が結合するととまる。不純物などがこの働きをすることがある。

結合する低分子の数が一定ではないから、高分子には、一定の分子量がない。かなり小さい高分子から非常に大きい高分子までまざったものになる。

ポリエチレン，ポリ塩化ビニール，合成ゴムなどは，このような方法によって合成された高分子である。

有機ガラスの合成，メタクリル酸メチルエステルを5mlほど試験管に取り，触媒として耳かきに一杯ほど過酸化ベンゾイルを加えて，約80℃の温湯で湯煎にし，その変化をしらべる。

このあと，この変化を分子の考えで説明させた。

人類は当初天然に存在する絹，木綿，ゴムなどの高分子の組成，構造をしらべることからはじめたが，現在では天然に存在しない，すぐれた性質を持った合成高分子を数多く作り出している。生物の体も高分子でできている。生物を理解するためには，高分子についての研究がかかせない。有機化学がいろいろな面で重要な役割りをはたしていることを説明した。

3 実践の中から

[1] 分解をどうとらえたか

テンプンのりにジヤスターゼを加え約50℃に保つと，間もなくネバリ気がなくなり，透明度が増してくる。この変化を分子の考えで説明せよという問に対して，次のような考えが提出された。

デンプンはたら子のようなものではないか。ジヤスターゼによってこの皮が溶かされて，中から低分子が出てきたのではないか。(a)

デンプンにジヤスターゼが衝突すると，デンプンがくだけ，ブドウ糖というかけらがとれるのではないか。(b)

単位の低分子を結合させている結合手をジヤスターゼがとかして，個々の低分子にバラバラにする。(c)

このような分解についての考えを話し合っている中で明らかにされてきたことは，

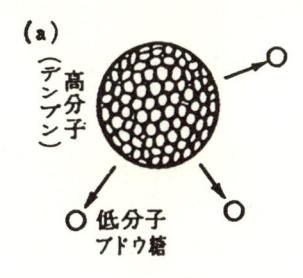

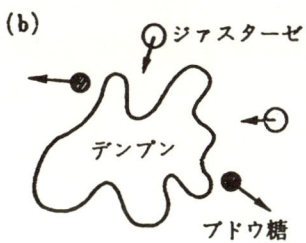

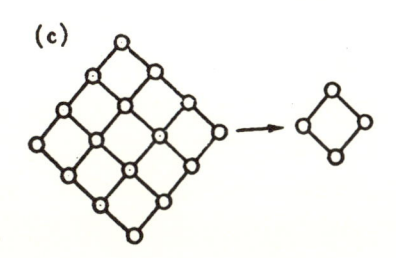

こうした高分子が分解して低分子に変化するという反応を，ゴムふうせんに穴が開いてふうせんがしぼむような現象としてとらえていた者がいたことである。このような生徒は，高分子，低分子の分子数が変わらないはずだから，先きにあげた考え方はまちがいではないかと主張したり，またある生徒は，分解の前後で体積に変化がないから，高分子が分解して低分子になったということは考えられないといっていた。

分解反応を教えるとき，セロファン紙をろ紙として使い，大きさの変化をとらえさせるだけでは不充分で，分解反応では分子数が変化するということを明確にしなければならないと思う。

このあと，高分子を次のように書き表し，

|低分子|┆|低分子|………|低分子|――|低分子|

これを低分子に分解するときを次のように書き表した。

………―|低分子|――|低分子|┆|低分子|┆|低分子|

このように単位の低分子を結びつけている結合が切れるという説明をしたところ，それでは低分子には原子価が余っているのか，という質問が出された。それで，水との反応について説明した。またこの図を見た者のうちの数人が，高分子物質の中に低分子の性質が残っていないのはなぜかという質問を提出した。価標でつなげられていることは化学変化がおきて性質が変化し，低分子の性質が保存されていないことを意味しているということの理解のむずかしさをあらためて，考えさせられ，模型化したものが，何をあらわしているのか明らかにしておくことの重要性を指摘されたとも考えられる。

[2] 構造について

高分子物質の性質の1つとしてネバリ気があることを示し，針金の模型を利用してその理由を説明したり，構造について説明したあと，生徒数人から，高分子が線状ではなく，球状であったとしたら，からまり合わないから，ネバリ気はないのではないかという指摘がされた。このような質問が出されてくることは，構造と物質の性質との対応がかなり理解されたと考えることができるし，基の作用について指導するときの重要な手がかりとしても役立つ質問である。ブタンについて，ノートに構造式を書かせると（次図），

をブタンの異性体として書く生徒がいる。
このような生徒に，図の上でそのまちがいを説明するのは大変にむずかしいが，分子模型を与え，各々の構造式に対応する分子模型を作ることをさせると，間もなく，そのまちがいに気づかせることができた。

[3] 化学変化をとらえる
この有機化学の学習の中では，物質の性質——におい，色，融点，沸点など——の変化をとらえ，それを手がかりとして反応を理解するということが数多く行われたが，実験の中で，全ての生徒にその手がかりとなる性質の変化をとらえさせることのむずかしさを教えられた。

例えば，燈油を熱分解すると気体が生成するが，この気体が熱分解で生成したものか三態変化で生成したものかは，一見しただけではわからない。この授業の中では生成した気体を元の温度にまでひやしても，再び液体にならないという沸点の変化をとらえさせたが，沸点の変化を性質の変化としてとらえるためには，論理的操作を加えなければならないという困難をともなう。

エステルの合成のところで問題になったことであるが，さく酸とエチルアルコールを取り，濃硫酸を一滴加えて加熱し，臭いの変化でエステルの生成をたしかめようとしたとき，臭いが変化しているにもかかわらず，さく酸のにおいが一部残っていることに注目して，さく酸のにおいが残っているから，反応は進んでいないと主張する生徒が出てきた。

これは，化学変化を把えるときに，化学変化の量的把握，一部は反応して変化したが，一部は未反応で残っているという，化学変化についての量的理解が欠かせないことを示していよう。この学習以前に中和反応を教えるとき，$Cu(OH)_2$とHClの反応のように，その量的関係が目でとらえられる反応を扱うことの重要性が，このような経験からも指摘できよう。

[4] 合成をどうとらえたが
第1部の「高分子，低分子」が終ったところで，生徒から提出された質問に，「高分子から低分子を作ることはわかったが，低分子から高分子を作ることは

できないのか」というのがかなりあった。

　第3部の「合成」の中で，エステルの合成とホルマリン樹脂の合成実験を行い，そのあとこの変化をどう把えたか話し合わせたところ，主なものとして次のような考えが出された。

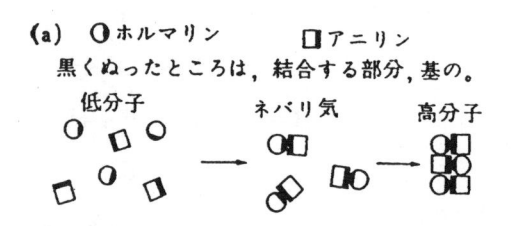

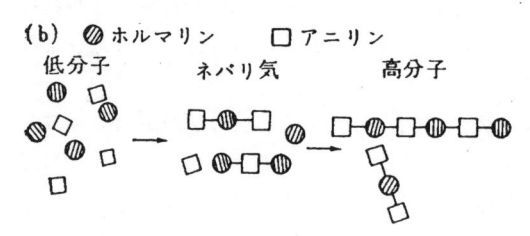

(a) ●ホルマリン　　□アニリン
　黒くぬったところは，結合する部分，基の。
　低分子　　　ネバリ気　　　高分子

(b) ◉ホルマリン　　□アニリン
　低分子　　ネバリ気　　　高分子

　ここで，低分子のときのホルマリンやアニリンと，高分子中のホルマリンとアニリンでは同じなのか，ちがうのかという質問が生徒から出され，高分子中のホルマリンやアニリンは，低分子のホルマリンとアニリンからHやOHがとれたものであるという提案者からの説明があった。

　高分子の構造のところで先きにのべた生徒からの疑問，つまり低分子の性質が高分子に残っていないのはなぜかということについても一応の理解が得られたように考えられる。

　ホルマリン樹脂の合成については，液の色の変化と発熱とネバリ気がでてくるのが同時に観察され，低分子から高分子への変化を確実にとらえさせることができたように思う。

b 有機ガラスの合成について，あるクラスでは，次のように考えがまとめられていった。

　低分子から高分子への変化についての考えが，次のように提案された。

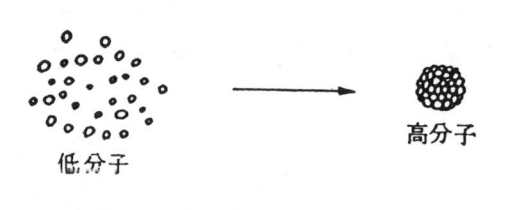

　低分子　　　　　　　　　　高分子

　図の説明として低分子が結びついて高分子になったという補足説明があった。
　これに対して他の生徒から，この図にはネバリ気が出てきたときのことがぬけているという指摘があり，先の図の中間に次の図が書き加えられた。

これに対して「このネバリ気がでてきたときの図にかかれている分子の大きさがみな同じになっているのはおかしい。いろいろな大きさの分子があるはずだ」という疑問が提出された。これによって，さらにいろいろな大きさの分子が書き加えられた。

この図に対してさらに，「ネバリ気が出たとき一番においがはげしかった。においがはげしく出るということは，気体になりやすい分子があることで，小さな分子がなければならない。したがって小さな分子が書かれていないのはおかしい」という指摘がされた，この指摘に対して，最終的に次のように図が訂正された。

この図に対して私から，触媒として加えた過酸化ベンゾイルが見あたらないことを指摘した。

そこで生徒から出された疑問は，「触媒は最後にどこにいっているのか」ということであった。

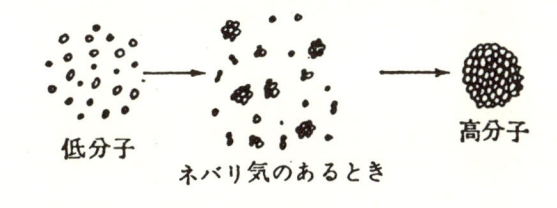

過酸化水素を二酸化マンガンで分解する反応などとことなり，最終的に触媒が高分子の間にうずもれて消費されてしまうことが1つの抵抗になっているのであろう。

[5] 有機物と無機物

炭素の化合物を有機物と定める有機物についての最初の定式化から出発し，炭化水素とその誘導体という定式化へ発展させることを意図したが，今回の実践においては充分にこのことを実現することができなかったように思われる。これは，有機物に対比すべき無機物についての知識が極めてとぼしい（指導要領通り）という対象とした生徒の状態にも影響されたと思うが，炭化水素，アルコール，カルボン酸の授業の中で，例えばエチルアルコールからエチレンへの変化などを充分に時間をかけて扱わなかったことに起因しているように思う。

4 実践を終って

　この実践を終ったあとの生徒の感想をしらべてみたら，理科がたいへんおもしろくなったというものがかなりあった。分子の大きさや，基の種類，基以外の部分の性質などによって物質の性質が規定されてくることに多くの者が強い関心を示したことのあらわれと考えられる。

　さらに，この実践の途中で，2回公開授業を行い具体的に指導計画や授業の組織のしかた生徒の反応などについて検討してもらった。これらの結果から大竹提案が中学校の有機化学の学習の骨子として相当有効なものといえるだろうと私は考えている。

　今回は高分子物質の性質についてネバリ気という表現を使ったが，例えばこのように表現を規定しないと，ドロドロ，ネバネバ，ベタベタなどいろいろな表現が勝手に使われてしまい混乱してしまうからである。といって，このネバリ気ということばは，あまり内容をよく表現しているようには思われないので，今後さらに検討したいと思っている。

[有機化学を理解するための参考文献]
化学ライブラリー『有機化学の基礎』大日本図書
化学ライブラリー『でん粉，脂肪，たんぱく質』大日本図書
初等化学5『合成物質と有機化学』東京図書
『物質の化学構造』アガフォーシン　大竹訳東京図書
『有機電子論解説』上・下井本稔共立全書
『物性論12講』崎川範行共立出版

　　　　　　　　　　　　　　　　（『理科教室』1967年4月号）

【資料・授業研究】中学校における有機化学の研究

大竹三郎

1 はじめに

　現在の中学校の理科で有機化学に関する研究は，まったく不毛のままに放置されてきたといってよい。いわゆる，一般化学とか無機化学と呼ばれる化学の領域については，問題をもっているにせよ一応の手がかりとなる素材が含まれているので，教授法上の実験授業，考察も可能で，たくさんの報告もある。

　ところが有機化学と呼ばれる領域の素材は，理科第2分野に，栄養とか消化・吸収といった観点から殿粉，脂肪，たんぱく質がとりあげられているだけで，この内容も，有機化学といえるようなものになっていない。このほか，第3学年の気体の発生の反応の中にアセチレンの発生と燃焼があるが，これも一体どんな理由から選択され，ここに位置づけられたのか甚だ理解しがたい。こんな状態であるから，きびしい環境に置かれている教師が，有機化学について研究し，実践しようとしてもなかなか手がかりが得られなかったにちがいない。それに有機化学の場合，一般化学や無機化学とちがって，なにか1つの基礎概念や法則だけをとりあげ，それを意義づけるといった授業が，学問の形態からいっても出来難いこともある。たしかに有機化学は，中学校で研究とよべる程度のことをするならば，ある程度，深みにはまることを覚悟しなければならず，それを嫌うならば，なにもしないことになりかねない性格をもっている。

　しかし，中学校において，有機化学の研究がずっと不毛につづいた本質的な原因は，むしろわれわれの側にあると考える。われわれ教師が，有機化学について知っていないことにつきるのではなかろうか。もう少し，われわれが有機化学についての知識を蓄積させていたなら，またその知識体系がきちんと整理されていたならば，現行の指導要領や教科書の枠内にあっても，かなりの実践がなされた筈だと思う。指導要領が改訂されようとしているとき，有機化学に対するわれわれの研究と実践を報告し，今後の発展に役立てたいと考え，つぎに若干の考察をしてみたい。

2 これまでの有機化学課程について

たとえば,『現代の自然科学教育〈化学の教育〉』（大竹，若林編）の有機化学課程を見るとつぎのようになっている。
1. 炭素化合物の特徴
2. 炭素・水素化合物（メタン．石油）
3. エチレンとアセチレン
4. アルコール
5. アルデヒド
6. カルボン酸
7. 天然有機化合物
8. 有機合成化学

このような課程と内容は，多少の相異はあっても，高校化学課程をはじめ大学の教科書にあっても同一である。有機化学をすこしでも研究しようとするかぎり，どうしても炭素化合物の物理的，化学的特性を最初に概観することは必須であり，さらにメタンからカルボン酸，エステル，天然物，有機合成へと発展させる過程をとることも，論理的な構成といえる。しかし，これだけの内容となると，駆け足の授業をしても，優に数10時間を必要とする。

われわれが先の《化学教育》を編さんしたときも，このことが最大の難点であった。限ぎられた短時間に有機化学の何たるかが明確にできるプランはつくれないものなのであろうか。

実は，このような要求は，学校における有機化学研究の課題からくるものである。われわれの上述の課程は，有機化学の体系の最初の一部分を研究し，それによって膨大な有機化学の全体を伺わせようとしているといえよう。いわば，有機化学の森の入口を案内したにすぎない。だから，上述の課程の有機化学を研究し終ったときでも（現在の高校化学の課程も同じとみてよいが）生徒たちの観念の中で，一般化学・無機化学における物質群と有機物（天然物を含め）との間に，物理的，化学的特性がはっきり区別され，指摘することができるまでになっているかどうかは疑問である。この課程では，無機物と有機物との間の生命力の垣根を取り払ったとわれわれが力んでみても，形式的な理解に止まり，有機物の中にあって生物体に対する神秘性は，依然として消されていない。

そうしたことを懸念しながらも，止むを得ないままにあった。

有機物の研究を，一般化学・無機化学における物質の研究の発展の過程に位置づけるとき，炭素化合物の構造とそれに相応する性質の研究がとくに重要となってくる。炭素化合物が分子性物質であること，分子内の原子間結合が共有結合性であること，融点の低いこと，熱分解，燃焼し炭化すること（あるいは，CO_2とH_2Oの生成），水に溶けにくく，有機溶媒に溶けやすいことなどが，強調されてくるのも当然である。

有機化合物の分子の構造特性（炭素鎖，基）や族の観念を得させるためには，最小限，メタンないしパラフィン系からカルボン酸まで各物質族について調べることも必要である。時間さえ許せば，ベンゼンのような芳香族化合物，重要なたんぱく質のためには，アミン，酸アミド，アミノ酸についても知らせたいし，生体物質である殿粉，糖，脂肪についてもいろいろと調べてもみたい。

しかし，これだけでは，現代の有機化学を語っていないだけでなく，この重要な学問の将来の展望を示していない。どうしても有機合成化学について相当の時間を配当せねばならないだろう。有機合成に関する知識も，単に新物質の合成の紹介だけでなく，重合，縮合のような反応の機構に関すること，モノマーと関連する原料について説明せねばなるまい。これらの素材をすこしでも論理的に組立てようとすれば，やはり，相当の時間を必要とする課程となることはまちがいない。

たくさんの素材が学校の有機化学研究の対象として選択されてくるに比し，有機反応の機構と有機化合物の構造特性を解明する上に主導的となる理論を導入し，理解させることは，非常に難かしい。無機反応における水溶液中のイオンの反応のような単純化できる扱いはとてもできそうにない。そこにまた無機化学のときの授業とくらべて，教授学習の上にいろいろの問題をひき起こすこととなる。

このように学校の有機化学の研究は，徹底させるか不徹底に終らさせて可とするか，いずれかの選択を迫られているといってよい。この二者選択を解決するには，われわれ自身が有機化学への理解を深め，中学校を終えるまでに，生徒たちに有機化学の《何を》《どれだけ》獲得させたらよいかを，有機化学の《森》を鳥瞰することによって，引き出してこねばならない。それは，先述した，いわゆる有機化学課程を簡略化したり，短縮することでは解決されない問題であることは確かである。

ここまで書いてきたとき，『理科教室』3月号が届き，その中の高橋金三郎氏の《有機化学》に関する見解を読む機会を得た。

結論からいえば，高橋氏の見解も，有機化学に関するこれまでの，われわれが指摘する欠陥を克服していない。高橋氏はアルコールという1つの有機化学の《森》の中の《木》を詳細にすることによって，《森》を伺わせようとしておられる。たしかに，アルコールの反応特性は，有機化合物の分子の特性を理解する上に，1つの代表としてよいものだが，この論文を読まれた読者は，ここから有機化学に対するどんな印象をもつことができたであろうか。わたしは，高橋氏自身が正しく指摘している《炭素だけで有機化合物を規定することは不可能だし，生物 organism の研究になくてはならぬ》（下線は筆者）ものだという点が，やはり解決されていないことに注意したい。

もう1つ，高橋氏の論文は，有機化学という巨大な《森》を理解させるにしては，余りにもアルコールという《木》に引きずられた感を覚える。いわば一般・無機化学につづく《分子特性》のための化学であってこのとき《有機》化学が1つの素材になっているに過ぎないといえる。いかにアルコールが高橋氏のいう代表的，有機化合物分子の物質であっても，これから《森》を伺わせることは，不可能であろう。それにアルコールの分子特性から，生物体分子の観念に接近するのには，恐らくこの段階の生徒たちにとっては無理であろう。もちろん，高橋氏の論文は，学校の化学課程とか教科書として書かれたものでないから，これ以上，この論文について述べるわけにはいかないが，わたしの感想としては，これまでの有機化学教科書を読むのと同じ程度であった。むしろ現場の教師がこれから，どんな有機化学研究の課程を作成できるかに注目したい。アルコールを研究したことが有機物とその化学を研究したというような結果になってはならないと思う。

3　有機化学の研究の対象

以下に述べることは，断わるまでもなく，中学校のための有機化学研究が対象である。したがって，ここでの考察は，中学校という条件が，非常に大きい比重を占める。一般・無機化学においては，その全体系を通して基礎となるもの，主要となるものは，一応選択でき研究の対象とすることができるが，これと同じ程度の尺度で，有機化学から素材を選択するとなると，教材の膨脹を防

ぐことはできない。ここで結局，中学校の生徒にとって，有機化学の——というより有機物世界の〈何が〉わかればよいかが課題となってこよう。当然，有機物世界の何かは，無機物のそれと対比されるが，この場合，物質としての同一性と有機物としての特性とが，明確にされなくてはならない。

有機物 organic substance の特性は，この場合，有機体 organism であることに置きたい。しかし，この課題の特性を化学から描くことは，中学校の条件においては至難である。それ故 organism が organic substance であるという organism 概念の最初の概念の形成を果すことまでに止めねばなるまい。

有機物の無機物に対する特性にて，とくにorganismにおいては，高分子化合物であることを認めねばならない。もちろん，高分子の観念は，無機物においても形成させることは可能であるが，無機高分子物質は，原子配置が三次元の網状構造をとり，力学的にも熱的にも丈夫である点で有機高分子物質とはっきり区別できる。高分子性は，単に分子量の巨大であることだけでなく，それによる物理的性質と化学的性質との変化に低分子物質との相異を見出すことができる。高分子性を問題とするとき，分子量以上に注意しなくてはならないのは，分子の形状である。無機物における化学的粒子の挙動の考察にあっては，粒子の形に注目することはまず必要ないことであった。それ故，ここでは，粒子の形の image を教師は強いて問題にしなかったし，生徒たちも思い思いのままにあった。有機物では，低分子においても，高分子においても分子の形状は，その持性を考察する上に非常に重要な因子となる。

分子の形状は，構造式と分子模型によって表現されるが，分子内の原子配置と共に立体的な全体の形について充分な関心を払わねばならない。たとえば，ペンタンの異性体は1—メチルブタン，2，2—ジメチルプロパンと枝分れが進むほど，分子間引力は小さくなり，沸点は低下する。これらは分子の外形が球形に近づくため分子間の接触面を減じ，分子間に接近する結合数が少なくなって，分子間引力を減じるためと説明される。

分子の形の中，炭素原子のジグザグの直鎖状にとくに注意する。これが高分子性の因をなすものであり，分子の形の変形を可能にし，それが物質に弾性と粘性を与えている。

高分子の形状と構造にて，その複雑さに生徒の注意を向けさせねばならない。《たんぱく質》について詳細に触れる必要はなくても，既製の分子模型の展示は望ましいことである。高分子性と構造の複雑さが，たんぱく質に生命活動を

もたらしていることを注意したい。

かくてわれわれは，中学校における有機化学研究の第一の対象を有機化合物の高分子性に求めたいと考える。自然界に，日常すぐ目につく物質は，有機物である動・植物体のorganism（有機体）である。この有機体の共通の特性は，まさに有機高分子物質にある。この観念は，低分子アルコールやカルボン酸をいじりまわしていたのでは形成されない。ただし，立体化学理論については，とくに立入らなくてもよいのではないかと思う。

高分子性は，炭素原子相互の化学結合についても，大切な示唆を与えてくれる。なぜ，炭素原子だけが，このような長い原子鎖状を形成できるのか？このような考察のし方をとると，従来のC—C結合は共有結合をつくるが，とくに炭素原子の電子配置の特性のため，2原子以上の長い結合を順次形成することが可能であるとするやり方にくらべ，現実に長い炭素鎖（高分子性）の確認とそれに相応する物質の諸性質の観察に基づいているだけに，ずっと強力なものとなろう。

殿粉，たんぱく質などの天然物，あるいは，各種人造の合成樹脂の高分子性が，実は，ある単位の低分子の連結したものであるということもこれらの高分子を理解する上に重要である。高分子の分解と低分子の生成が確認されなくてはならない。無機物と有機物との一般的な性質が，周期律表をしらべながら化合物の特性を考察する研究の所で扱うことも一方法である。たくさんの有機物がみな炭素の化合物であるという定義も，他に多くの元素種で構成される無機物の存在を知って，はじめて特徴となるので，これとの対比がなくては無意味である。そしてこのことがもっとも明確に強調できる場所は，周期律表を利用しながら物質の分類や特性について考察するところである。ただし，この周期律表の研究と有機化学の研究との間に長い期間を置かないことが教授＝学習上望ましい。有機高分子物質の中，合成樹脂，合成繊維，合成ゴムなどの人工物については，簡単な有機化合物のいくつかについて必要な知識を得たあとに主として合成の立場から研究したい。

中学校における有機化学の研究の，第二の対象は，分子の官能基（機能原子団ともいう）の概念を獲得することにある。分子の特性と官能基との関係がほんとうに明確にできるのもやはり有機化学の研究の特色であろう。官能基の研究ではつぎのことが明らかにされればよい。

　a　有機化合物の分子の構造には，分子の炭素骨格に，その特性を支配する

活性な原子団が結合していること。
　b　官能基の種類による化合物族の観念。
　c　分子の特性における炭素骨格と官能基との相互関係
　d　分子内原子の相互作用の観念
　官能基の中，中学校の条件で研究可能なのは，水酸基をもつアルコールであろう。しかし，アルコールの前に，すくなくとも，直鎖系炭化水素のメタン，エタン，プロパン，ブタン，ペンタン……などCnH2n+2族について知られてなくてはならない。立体の分子構造を構造式に書きあらわすこと，異性体に関する観念も必要である。先の高橋氏の論文では，鎖状飽和炭化水素が，《特殊》なものとして強調されているが，これがアルコールの研究よりも重要視されない結果となると困ることになると思う。第一，官能基が《官能》たる理由は，この安定な直鎖状炭素骨格に対比されてこそ認識されるからである。親和力において，まさにParaffinであるからこそ，その構造の一部に，活性部分をつくった分子の挙動はその有機物分子としての特性となって認識され，利用されるのである。この限り，炭素骨格は，有機物の同一性の基礎となっている。アルコールの研究を印象深く成功させる鍵が，すでにここにあるといってよい。
　さて，アルコールの研究は，従来のように飽和一価アルコール（主として，エタノール）の化学的性質について深めることより，官能基が分子の特性に示す影響を考慮し，エタノール，エチレングリコール，グリセリンの三者の比較をやってみたらどうかと考えている。この場合，三者の比較が化学的性質よりも，粘性といった物理的性質にあるのが弱点となろう。もっともOH基の数と溶媒和（水素結合）については，有効な知見を得ることができよう。セチルアルコールCH3(CH2)14CH2OH（融点49℃）は，天然の高級アルコールであるが，このようなアルコールの性質も，低級アルコールと対比させなければならない。これは高分子性の特性と分子内における官能基の作用の分子の大きさ（形状）に対する相対性の観念（先述のcに該当）の形成に役立つ。
　アルコールにおける以上の考察は，カルボン酸（酢酸）の研究でさらに徹底させる。カルボン酸では ＞C＝O の形成によって，HO＞C＝Oの水酸基のHの結合がいっそう切れやすくなったことに注意させねばならない（分子内原子の相互作用）。アルコールの水酸基でも．酸素原子の電子親和力によって，そのHは，金属ナトリウムによって置換されるほどになっているが，カルボキシル基では，さらに＞C＝Ö:のO原子への電子変移によって，これはすでに水

に溶けて一部解離するほどになっている（酢酸の酸性）。

　直鎖状の飽和炭化水素，アルコール，カルボン酸の各化合物族の系統的な研究から，有機化合物の族と同族列の観念，ならびになぜ有機化合物の性質が無限の多様さを示し，その種類は莫大な数にのぼるのかに解答することができる。これが有機化学研究の第三の対象である。つけ加えれば，カルボン酸においても，天然の高級カルボン酸が示され，高分子性の観念の強化に心懸けるべきであろう。

　中学校における有機化学研究の第四の対象は，モノマーからポリマーの形成の過程の考察と有機高分子材料の生産への展望である。

　この研究では，最初の高分子物質——天然物の観念に対し，人造の合成高分子物質をどのように意義づけるかは，1つの大きな課題である。そして，これが中学校の有機化学研究の結論となるものである。

　簡単な分子（モノマー）から，より複雑な分子が形成される過程は，たとえば酢酸とエタノールのエステル化反応の考察からはじまる。これは実験も手軽るであるし，反応過程の説明も構造式の上では容易にさせることができる。

　エステル化反応の機構は，縮重合を理解する直接の基礎となるので重視したい。参考までに，現在の高校化学の教科書でのエステル化の扱い方について批評すると，これが，より大きい分子をつくるための基本的な1つの過程となることについては，まず注意が払われていない。縮合の過程は，再び合成高分子物質の所で注意されるが，この間には，何らつながりがみられない。エステル化反応の考察にみるように化学課程での生徒たちの将来の研究に指向していない例は，このほかにも多数指摘できる。この頃は，エネルギーの論議がやかましくなってきたので，反応熱が熱化学方程式の所だけで考察されるといったことがなくなってきたが，すこし前までは，二つは関係なく別々の所に記述されていたのである。これは化学の教授法研究の不十分さというより，教科書執筆者の化学に対する理解のし方の問題であると思う。

　われわれは，酢酸・エタノールのエステル化反応において，すでに，高分子合成への道を歩みはじめねばならないと考える。これはまた自然における物質発展の過程を示すものでもあって，エステル化の可逆性だとか平衡といった細かい審議に優先する観念だと考える。

　縮重合および付加重合の実験例は，つぎの2つの実験が可能で，これらはいずれも50〜60分の授業中に実施され，ひと頃流行したフェノール・ホルムアル

デヒド樹脂（ベークライト）の合成にくらべて結果もよい。ただし，メタクリル酸メチル分子の構造が単純さに欠けるうらみはある。

a 付加重合　メタクリル酸メチルの重合

$$n\left\{CH_2=\underset{CO_2CH_3}{\underset{|}{\overset{CH_3}{\overset{|}{C}}}}\right\} \longrightarrow \left[-CH_2-\underset{CO_2CH_3}{\underset{|}{\overset{CH_3}{\overset{|}{C}}}}-\right]_n$$

b 縮重合　アニリン・ホルムアルデヒド樹脂
（フェノール代わりにアニリンを利用したもので，機構はフェノールの場合と同じ）

　aの重合による生成物は，普通，有機ガラスと呼ばれるもので，重合物を加熱すると再びモノマーに分解する（解重合）。

　これらの実験の際，モノマーからポリマー生成の確認の手がかりは，有機化学研究の最初に使った粘性の増加である。粘性の増加は，必ずしも分子の形状が大きくなって，分子内の近接部分の数が増し，分子間引力が増加したことだけに期せられないが（他に，官能基についても知らねばならない），分子構造に注意するならば，上記の場合，重合化の進行を指摘できる。

　ポリエチレンの重合は，理論的な考察によるほかはない。

　　　　　　　　　＊　　　　＊　　　　＊

以上述べたことから，つぎのような課程の粗案を提案することができる。

　高分子と炭素の化合物

1. 高分子
   ①高分子物質の持徴
   ②高分子物質の分解
   ③高分子物質の構造
   ④パラフィン・灯油の分解
   ⑤自然界の高分子物質
2. 簡単な炭素化合物
   ①炭化水素（メタン，エチレンなど）
   ②構造式と異性体
   ⑧アルコール（メタノール，エタノール，エチレングリコール，グリセリン

など）
　④カルボン酸（酢酸など）
3. 複雑な炭素化合物の合成
　①酢酸エチルの合成（縮合）
　②ポリエチレンの重合
　③合成高分子物質
　〈実験〉有機ガラス，アニリン・ホルムアルデヒド樹脂の合成

　中学校における有機化学課程の研究は，われわれのより大きい仕事である初等教育から後期中等教育までの《化学教育の体系と方法》の1部分をなすものである。それ故，この有機化学課程は，前後に相応，発展している化学課程をもっている。有機物の一般的な特徴をしらべるテーマなどは，別のテーマに含まれているので，ここに略されている。詳しくは，近刊の《化学教育の体系と方法，──小学校から高校まで──》（明治図書刊）を参考にして載きたい。なお，この仕事は先の《化学の教育》（明治図書刊）の継続であって，これにもとづく実際の授業が同僚の松井によって実施された。授業の内容は，必ずしも上述してきた提案と一致していない。『理科教室』読者諸氏の活発なご批判を願う次第である。

（『理科教室』1967年4月号）

第6章　実践をとおして学んだこと

[コメント]

　授業によって教えるということは，具体的に考えるとどのようなことなのであろうか。また，授業・教育の効果を検討するということは，世の識者といわれる人たちが客観的に信頼できるものとして直ぐに口にするような，例えば，IEA（国際教育到達度評価学会）の問題による調査の結果の比較などによらなければ判断できないことなのであろうか。

　筆者は，そのような話を聞くと，その人たちが考えている授業，これまでにその人たちが理解，経験してきた授業の質の低さが，その人たちの考えの観念的な原因の一つになっていると考えざるをえない。

　授業そのものが創造的になれば，つまり，教育内容が自然科学の基本的な事実・法則，概念であり，それらが系統的，体系的に組織され，授業が認識の順次性を踏まえて構成，運営されれば，子どもたちは，教師の授業前の予想を大きく乗り越えて，発展的に思考し，その結果をいろいろな形で表現するものであるという事実を多くの人たちに理解してほしいと願っている。

　そして，もう一つ，大事なことは，そのすばらしい思考の発展をしめす子どもたちは，決していわゆる偏差値が高い子どもたちだけではなく，普通の子どもたちこそ，その主人公であるという事実である。

　さらに，最近は総合学習や総合的な学習でこそ子どもたちが発達するという主張を聞くが，ここに紹介した子どもたちの発達の事実と，総合学習で発達した子どもたちの発達の事実との質の違いを検討してほしいと願っている。発展的な思考にも，質の違いがあること，本質にかかわるものであるか，どうかを関係者にぜひ検討してほしいと思っている。

　筆者の授業記録を見た人から，「これは松井さんの創作でしょ」と問われたことがある。また，玉田さんの『理科授業の創造』を読んだ理科教育関係者が，「これは創作だ」と言ったという話も伝え聞いている。私は，自分の能力の低さに泣いたことはあるが，生徒たちの多様な発達の姿を示している授業記録を創作できるほどの才能はもっていない。子どもたちは，働きかけ次第で大きく羽ばたくものであることにぜひ注目してほしい。

【1】私の授業

1 はじめに

　最近，以前に書いた自分の実践記録を見ると，冷汗を感じるようになってきた。それは，だれでも当然のことであり，そうでなければならないはずであると思うのだが，はずかしさを消しさることはできない。

　筆者は，20年近い間教師が考えたことを生徒に話してやり，生徒がそれに対して，わかった，とか，そうです，こうなります。わかりません，などと断片的な発言をすることが授業であるというように考えていた。

　このように思いこんでいたので，サークルの仲間で小学校に勤める玉田，山下，中村さんたちから主に指摘されたことであるが，授業の中で，それまでに教えた知識を正しく使えるようにすること，つまり評価ができること，また，子どもたちの学習内容についての考えが明らかにされることなどが大切であるということの意味が理解できなかった。

　このような状態であったから，授業を受けた生徒の到達点が，教師である私の教材についての理解を乗り越えることなど決して期待できなかった。またそれが，大変に不十分な結果であるということに気づくことすらなかった。

　このような授業の枠から，一歩踏み出すことができたのは1966年10月から行った「有機化学」の授業①であったと思う。

　この授業の中で筆者は，生徒たちのすばらしい能力の一端を知ることができた。例えば，高分子——低分子という分解反応についての理解，低分子——高分子という合成反応についての理解など，私の理解をはるかに越えるものであった。

　そして，さらに驚いたことは，そのようなすばらしい能力を発揮する生徒たちに，いわゆる優等生ではなくむしろテストの結果，これまでの通信簿に1や2をつけられていた生徒たちが数多く含まれていたことであった。

　筆者は，この授業の経験から多くのことを学んだが，現在考えてみると一番基本的なこととして，教師と生徒が一緒になって自然に問いかけること，つま

り自然を研究することが授業であることを学んだように思う。教師と生徒が一緒になって自然へ問いかけることが理科の授業だといっても，それだけで万事が解決するわけはない。

では，どうすればかならずしも自然の研究に関心を持っていない生徒たちを，自然の研究へ組織することができるのか，という疑問が当然指摘されよう。

ここでは，生徒たちを自然の研究へ組織していくために与えた課題と，課題の研究（学習）は，生徒集団によってこそ可能になることについて述べたい。

2　自然の研究へ，生徒を組織するための課題

これまでに生徒たちに与えた課題で，授業を組織する上で効果があったと思われるものを検討してみると，次のようないくつかに分けることができるように思う。しかし，1つの課題がいくつかの側面を持っているから，絶対的な分け方でないことは当然のことである。

　自然がもつ矛盾を明確に示すもの
　"植物の根は，硬くて柔らかいか"
教師　植物の根の働きは，何だろうか。
生徒　水や養分を吸収する。
生徒　土にしがみつく。
教師　根が土にしがみつくためには，根はどのような性質を持っていなければならないだろうか。根がやわらかくてすぐちぎれてしまうようにできていてよいだろうか。
生徒　硬くなければいけない。
教師　硬いだけじゃなく，すぐおれたりしないように丈夫でもなければいけない。つまり，植物の根は，硬くで丈夫でなければいけないはずだ。
教師　つぎに，水や養分を吸収しやすいためには，根はどんな性質を持っていなければいけないだろうか。水や養分が細胞膜を通りぬけやすくなければいけないから，細胞膜はうすいはずだ。細胞膜がうすければ，根は硬いだろうか。柔らかいだろうか。
生徒　やわらかい。
教師　すると，根は働きから考えて硬くて丈夫でやわらかくなければいけない

ことになるね。ほんとに根は，硬くて丈夫で柔らかくできているだろうか。

　ここで生徒たちはざわめき，2，3分間席の近くの者同志で討論すると，次のような意見が出てくる。
　根を見ると，太いのとかみの毛のように細いのとあるけれど，太いのが硬くて丈夫で，かみの毛のように細いのがやわらかいのではないか。太いので土にしがみつき，かみの毛のように細いので水や養分を吸収するのではないだろうか。
　このような意見が提出されたところで，シャベルを使って丈の高い雑草をいくつか掘り起して調べてみる。そして，主根・根毛などという用語や働きも説明する。

"腸は，小さくて大きいはずだ"
教師　動物の特徴は，何であったか。
生徒　動きまわってえさをたべる。
教師　動きまわるということは，えさを追いかけたり，逆に追いかけられたりすることだね。この動きまわるとき腸や肺などという内臓は，小さければ小さいほど動きやすいだろうか，それとも大きい方が動きやいだろうか。
生徒　小さい方が動きやすい。
教師　つまり，小さければ小さいほど動きまわりやすいということだね。つぎに腸の働きは何だろうか。
生徒　消化・吸収。
教師　やっとつかまえたえさは，少しの無駄もなく利用しつくしてしまわなければいけない腸の働きを考えると，腸は大きい方が都合がよいだろうか，小さい方が都合がよいだろうか。
生徒　大きい方がいい。
教師　すると，腸は，小さくて大きくなければいけないということになるね。さあ，大きくて小さくなければいけないという腸は，どういう構造を持っているはずだろうか。
生徒　細長いくだにすればいい。
生徒　しわをつくればいい。

クラスによっては太い管にするという意見も出された。ここで，豚の腸を見せ，細くて長く，内部にしわがあることを確認させる。そして，さらに柔突起というものがあり，腸は全体として小さいが表面積が非常に大きくなっていることを説明する。

"鉄・イオウはあるけれどもない"
　化学変化の導入を，筆者は次のように行っている。
　鉄とイオウの混合物から，成分である鉄とイオウを取り出したい。どうすればよいか。成分である鉄とイオウは，それぞれの性質を利用して取り出すことができる。鉄とイオウの混合物を加熱したらどのような変化がおきるだろうか。イオウが溶けて，鉄が下に沈む。
　石英の試験管で加熱すれば，鉄も気体になるかもしれない。イオウが気体になって出ていって，鉄だけ残る。各自の考えをたしかめたい。どのような実験をすればよいか。
　加熱前の鉄とイオウの重量と，加熱後の重量をしらべる。変化がなければ鉄とイオウが残っている。重量（質量）がへっていればそのへり方から鉄かイオウか判断できる。
（実験）　鉄・イオウの混合物の加熱
　実験の結果から，鉄もイオウも試験管の中に残っていることがわかった。では，この中から鉄とイオウを取り出しなさい。鉄とイオウの混合物から，鉄とイオウを分離する方法では，鉄もイオウも取り出せないことを実験的に確認する。
　加熱してできた物質は，重量が変化していないから，鉄もイオウもある。しかし鉄とイオウの性質が残っていないから，鉄とイオウはない。つまり，鉄とイオウはあるけれどもない，いまここでどんな変化がおきたのだろうか。性質が変わったのではないか。
　新しい物質の生成する変化を，化学変化という。ここまで生徒を追いつめて，化学変化を導入することにも意味がある。
　このあと，化学変化には熱の出入がともなうことをたしかめ，次の課題を与える。
　物質はつぶ（原子・分子）からできているが，化学変化——あるけれどもなくなるという変化——がもし目に見えたとしたら，どのように見えるはずか図に書きあらわしなさい。

この課題は，三態変化と化学変化のちがいを明確にすることをもねらっている。ここでの生徒の反応は非常に興味深いものであるが，紙数の関係で後日改めて発表することにしたい。

"導体の温度があがればあがるほど，電流は流れやすくなるはずだ"
　研究対象がもつ予盾を，生徒が見事に指摘し，みんなの理解を深めることもある。例えば，導体の抵抗をしらべる授業の中で，次のようなことがあった。
　ある導体の温度を上げていったら，抵抗は変化するだろうか，どうだろうかという問題を討論させたところ，全員が簡単に温度が上ると抵抗は大きくなるはずだ。それは，原子の運動がはげしくなって，電子の流れがさまたげられるからだと一致したように見え，私も予期した答えであったので，先へ進もうとした。そのとき，一人の生徒が手をあげ，次のように発言した。
　「導体の温度があがればあがるほど，電流は流れやすくなると思います。それは，原子の運動がはげしくなればなるほどすき間が大きくなるはずで，すき間が増えれば電子は流れやすくなるから」
　教室の中は，一瞬シーンとした。しかし，ただちに反論の手があがった。
　「温度があがると原子の運動がはげしくなって，体積が増えるけれども，体積は原子の縄張りだから，すき間が増えたのじゃない。縄張りの中へ入ることができないのだから，電子が流れにくくなって，抵抗が大きくなるといえると思う」
　ここで，生徒から指摘されて，筆者はあらためて縄張りについての理解を深めた。縄張りはすき間であってすき間ではない。生物の縄張りでもまったく同じで，すき間は大きくあいていても同じ種類の動物は入りこむことができないことを。

　筆者は，生徒たちのこの討論を聞いていて，集団で研究している生徒たちが，ほんとうに自然のもつ矛盾をとらえ，それを集団で研究することによって，その本質を明らかにしていくことができるのだ，ということを痛感した。

　新しい知識（概念）を獲得しなければ解決できない場面に生徒を追いこむもの，"これは，物質であるが，何という物質か""物質とは何か"という問いかけによって，全ての物質は重量（質量）と体積を持つ，という物質の基本的属

性を明らかにしたあと，これをどのように発展させるべきなのかという問題について，いくつかの課題が考えられる。

例えば"全ての物質は，重量（質量）と体積をもつということで同じであるが，それでは全て同じでちがいはないのか""これは物質であるが，何という物質か，物質の種類をあてたい。何をしらべればわかるか"など。

後者の例は，密度という概念を獲得させる——使い方，つまり密度という概念が役立つ場面を設定していると思う。

よく知識に対する不信のことばがきかれるが，これは，その知識を使わなければ解決できない場面を設定しないで，ただ単に教科書や辞典に書いてあるような内容を説明し，それで教えたとしているためではないだろうか。

これでは，学習する知識の必要性＝有効性，使い方や使える範囲＝適用限界などをも理解させることができず，結局教えたことにはならなくなる。知識が生徒の身について，生徒が自由に使えるようにするためには，その知識を使わなければ解決することのできない場面を設定し，そこへ生徒を追いこむことであると思う。

この種の課題として，次のようなものもある。溶解における物質の不滅性をしらべるために。

"食塩は溶けて姿・形が見えなくなってしまったが，みんなの意見では，食塩はなくなったのではなく，できた食塩水の中に残っているという。では，食塩が食塩水の中に全部残っていることをたしかめたい。どうすればよいか"

これまで生徒は，物質の存在を肉眼や手ざわりなどでたしかめてきている。物質の存在の問いかけは貴重な意味をもっている。全ての物質は，重量と体積をもつということを研究してきた生徒たちは「姿・形の見えなくなった物質の存在を証明せよ」という課題に対して，かならず溶解の前後の溶媒＋溶質と溶液の重量を測定しても，重量が変化していないはずだという仮説を提出する。

つまり，全ての物質は重量を持つことを改めて「姿・形は見えなくても重量を手がかりにすれば，きわめて正確に物質の存在を確認することができる」という形にして学習することになる。ここにはその知識の使い方，使える範囲も意識しなければならないようになっている。

同じ課題は，化学変化における物質の不滅性をしらべるさいにも与えることができる。

さらにつけ加えたいことは，このような課題は，人類がその知識を獲得せざ

るを得なかった必然性，人類が自然に働きかけていくときどうしてもその知識を必要とした場面を反映したものではないかということである。

　人類がその知識を明らかにせざるを得なかった状況を，生徒に与える課題が反映したものであることは，生徒にその知識を獲得するための創造的活動を要求し，そのことによって，生徒にその知識を使えるものにすることを保障するのではないだろうか。

　新しい知識（概念）を獲得しなければ解決できない場面に生徒を追いこむということは，その知識を学ぶ必然性を生徒に理解させることでもある。
教師　みんなは，生物を知っているか。
生徒　知っています。
教師　そうか。それでは生物とは，何だろうか。
生徒　……。

　ここで，いくつかの意見が出ることもあるが，極めて部分的なことしか指摘できない。

教師　生物とはこれこれこういうものであるといえないようだから，それなら，これは生物だといえるものをみんなであげてごらん。

　イヌ，ネコ，クマ，チューリップ，などという生物の他，トマト，キウリ，スイカなどというものも各組で提出される。提出されたものの中に，生物ではないというものがあるかどうか意見をいわせると，トマト，スイカなどは八百屋の店先きにならんでいるものか，それとも畑にうえられているものかという疑問が各組で出される。それは，畑にあって根，くき，葉も揃っているものなら生物だが，八百屋の店頭にあるものは，あとはくさる一方だから生物ではないというのである。
　すると他の生徒から，八百屋にあるトマトやスイカでもたねをとってまけば，来年また芽が出るから生物であるという反論が提出される。決め手を持たないため，ここでお互いに相手を納得させられないことが明らかになる。ここまで来て，次の課題を与える。
　「八百屋の店頭にあるトマトやスイカが生物であるか，生物でないか判断す

るための証拠，つまり，生物の特徴をさがそうではないか」
　この課題は，これまでの教師と生徒，生徒と生徒とのやりとりで，生徒たちが，生物の特徴を研究せざるを得ないところへ追いこまれたことを，最終的に確認するものである。
　これと同じことは，物質の特徴（質量と体積）を研究するときにも利用できる。生徒をこれまでの知識・経験では解決できない場面においこんでいき，そこで新しい概念を獲得させるための課題は，非常に数多く考えられる。例えば，溶解現象においても溶質が保存されていることがたしかめられたあと，与える課題に次のようなものがある。
　「食塩はとけて姿・形は見えなくなっているが，この溶液の中にある。では食塩はこの溶液の中でどのようになっているのだろうか。もし，そのようすが目に見えたとしたらどのように見えるはずか，各自の考えを図にかきなさい」

　生徒の思考の発展上に位置づけられるもの「気体は，非常に小さなつぶ（分子）が勝手にとびまわっていて，すき間が大きいというならば，気体を圧縮したら液体にできないだろうか」「液体状態にあるつぶ（分子）も運動しているのではないかというならば，液体の中に非常に小さな物体を入れたらその物体はどのようなふるまいをするはずか」
などという課題は，生徒の考えを発展させ，生徒たちに自分たちの意見をさらに明確に意識させるときに有効な働きをする。
　このような課題は，生徒たちの間での討論や，教師に対しての質問などを手がかりにすると容易につくることができる。

3　授業＝生徒集団による研究

　生徒たちに与える課題について述べたが，どのようにすぐれた課題でも孤立させられている生徒たち，あるいは個人に与え単独で考えさせたのでは，多くの場合それが効果的に働くことはない。というのは，すぐれた課題は多面的に検討されなければ，豊かな内容を持っているということだけではそれを解明できないからである。
　先に述べた体積＝なわばりについての討論，生物の特徴をしらべるときのトマト・スイカに対する意見など，一見，何の変哲もないように見える課題でも，

生徒集団によって研究されると、非常に豊かな内容を持っていることが明らかにされる。

集団による研究（学習）によって、課題がもつ豊かな内容を明らかにできるのは、研究集団の成員（生徒）の多様性にその研究の基礎を置いているためである。

学級集団のそれぞれの成員（生徒）をみると、実に多様である。論理的に考える者、直観的に受け取る者、1つの実験を見ても受け取る事実は生徒によってかなりことなる。また、それぞれが持っている関心・興味・経験・知識も性格や習性もことなる。早のみこみの者もいるし、多くの生徒には気にならないことが、妙に気になる生徒もいるなど。

課題は、多様な生徒によって多面的に検討されることによって、はじめてその豊かな内容を示すことになる。したがって、授業は、研究集団（学級）の多様性を、課題を通して集団の前に明らかに引き出すことであるともいえるのではないだろうか。

4　おわりに

最近、この研究集団のもつ多様性の重要性を無視して、学校制度をかえようとする権力側の働きが顕著になってきている。このことが実施されたならば、俗によくできないといわれる生徒はもちろん、よくできるといわれる生徒たちも極めて形式的一面的な理解におしとどめられてしまい、課題のもつ豊かな内容を理解する機会を失ってしまうことになる。結局全ての日本人が権力によって自然の本質をわからなくさせられてしまう危険性をもっているといわなければならない。

共に授業とよべる内容をもつ授業を組織していくことは、国民のための学校教育は如何になければいけないかという根本問題を考えるためにも、欠くことのできない研究の1つであるといえるだろう。

［参考資料］
① 『理科教室』67年5月号
② 『教育』「現代化でない現代化の実態をさぐる」72年2月

（『理科教室』72年7月号）

第6章　実践をとおして学んだこと　　181

【2】生徒から学ぶ私の授業づくり

1　性質とは何か

　『新しい理科教室』（田中實編，昭和31年4月5日）によって，化学教材をとり扱うとき「物質の化学変化に習熟させる」ことの重要性を教えられた私は，鉄と硫黄の化合・燃焼などによって化学変化を教えていた。そして，化学変化の特徴は，新しい物質ができる変化，つまり物質の性質が変化する変化である，とまとめた。
　このようにしていたあるとき，一人の生徒から，次のような質問が出された。「物質の性質が変化するのが化学変化の特徴であるというけれども，物質の三態変化でも物質の性質は変化しているのではないか。だから，物質の性質の変化することが化学変化の特徴とはいえないのではないか」と。
　これに対して私が，「物質の三態変化では物質の種類は変化しておらず，したがって性質は変化していないではないか」と以前の授業での説明を繰り返したところ，生徒は「固体・液体・気体と変化したとき，固体と液体では性質が大変にちがうから，やはり性質が変化している」と主張した。
　この生徒の発言によって，私はいろいろなことを教えられ，考えさせられた。例えば，化学変化では，物質の性質が変化する，つまり新しい物質ができると教えても，生徒たちが変化する性質について既に理解できていなければ，化学変化そのものを認めることができない。つまり，いくら変化を眼前にしていても，そこに化学変化が起きていると認めることができないこと。したがって，化学変化の学習の前に，化学変化で変化する性質，例えば，融点や沸点，密度，金属光沢などについて理解させておかなければならないということ。さらに，どのような変化でも，変化にさいして変化するものとしないものがあり，その変化するものとしないものとを，何時も具体的に明確にしてやらなければならないこと。
　また，教師（一度理解してしまった者）にとっては自明のことのように考えられることでも，それを初めて学ぶ者にとっては理解が極めて困難で，それを

理解するために前提となる知識も必要であることなどを改めて教えられた。いろいろなことを改めて教えられたと述べたが，それまでの私の教材研究と授業が，この生徒の発言によって質的な転換を迫られたといった方が適切であったと，私は考えている。

2　積み上げの総体が理解を保障する

先に述べた生徒からの問いかけを手がかりに，化学変化とは何か，また，新しい物質の生成を理解できるための前提は何かを，私は改めて考えた。

そこで，化学変化は，それまでに学習した変化と，まったく異なる変化であることが，具体的に明確にされるように，それまでの指導内容を積み上げなければならないこと，また，新しい物質ができるという定式化の理解を，さらに深め，強化する指導内容が，その後に準備されていなければならないことを，強く意識させられた。

このことを，化学変化の学習の前に準備されていなければならない学習の一つである物質の状態変化の指導内容についてみると，例えば，状態変化は「A⇄A'⇄A"」と書きあらわせること。このことは，一種類の物質しかできないことをあらわしていること（この段階では，このように把えさせる）。また，性質は変っているが，物質の種類は変化していないので，A，A'，A"などと書きあらわせること。さらにまた，物質の状態変化は，温度だけをかえるという簡単な操作によって変化を可逆的に何回でも行わせることができること。状態変化は分子のあつまり方が変化する変化で，分子は変化しないこと。温度が高いほど分子の速さが速くなること──などがまず必要な内容になる。

化学変化は，新しい物質ができる変化である，という定式化の理解を深め，発展させる指導内容は，例えば，化学変化は「A→B＋C」あるいは「A＋B→C」などと書きあらわせること，このことから，化学変化は反応の前か後にかならず複数の物質が存在するということ，つまり化学変化は，物質と物質の働きかけ合いによって起きる変化であること。

また化学変化は，物質の種類が変化する，つまり新しい分子ができる変化である。さらに，化学変化は，原子がたがいに結びつく相手を変える変化であること。さらに，化学変化にともなう顕著な熱の出入りについて理解させることなどが必要な内容として考えられる。

これらの化学変化の指導内容が，状態変化における指導内容を直接・間接に受けて発展していることに，ここでは注意したい。
　化学変化は新しい物質の生成する変化であるということを，深く確実に生徒に理解させるには，例えば以上に述べてきたような指導内容の積み上げの総体が意味をもっていること，いいかえると，化学変化は新しい物質ができる変化であるという定式化も，ただそれだけで意味をもつのではなく，指導内容の全体系の中に適切に位置づけられたとき，初めてその機能を十分に発揮するものであること，つまり概念は形成されるものであり，たえず深められ発展させられるものであることを，私はここで改めて具体的に学んだのである。
　概念形成はこのようなものであるから，自然科学の基本的事実・法則，概念などを教える自然科学教育は必然的に体系的なものにならざるを得ないことになる。私はこの自然科学教育の基本的な性格を，教材研究のときに常に意識するようにしている。

3　分解も加熱，化合も加熱

　これまでに述べた指導内容によって実践を続けたところ，ある日，3人ほどの生徒から次のような疑問が提出された。
　「物質を分解させるには加熱すればよい。がしかし，化合をさせるのにも加熱するのはなぜか。物質の温度を高くすれば，分子や原子の運動は速くなって分解するのはわかるが，原子と原子を結びつける化合でも加熱するのはなぜか，おかしいではないか」と。
　私は，この生徒からの疑問を受けるまで，加熱して起きる化合反応によって，化合を導入することの矛盾に，まったく気づいていなかった。そこで，指摘されたこの矛盾に対して，まったく立ち往生してしまった。サークルでも検討してもらったが，克服の手がかりは得られなかった。そこで，機会ある毎に，多くの人たちにこの矛盾の克服の手がかりをもとめた。そうこうして1年ほどたったとき，大竹三郎さん（相模工大）から，もう一度原点にたちかえって化学変化をとらえなおさないと，この矛盾の克服はできないのではないか。そして，化学変化は，2種類以上の物質が接触しなければならないこと，加熱の働きは反応の速度を高めるものであることの重要性の指摘を受けた。
　この指摘を手がかりにして考え出した化合の実験が，加熱しないで，銅と硫

黄を接触させて硫化銅をつくる実験である。この実験は，まず銅板の表面をスチールウールでよく磨き，十分に金属光沢を出す。次に，この銅板に硫黄粉を指でかるく数分こすりつけるだけである。これで，銅と硫黄が接触したところ——2種類の分子が衝突したところ——に新しい物質（硫化銅）の生成が容易に認められる。また，銅板上に耳かきで2杯ほどの硫黄粉を置き，銅板の下から加熱すると数秒でより多くの硫化銅の生成を認められ，温度を高くすると短い時間でより多くの物質ができること，つまり化学変化がはげしく起きることを示すこともできる。

　この実験を授業の中にどのように位置づけるかということについては，ここでふれる余裕がない。そこで東京化学サークルが作製した『授業ノート・化学の基礎I』を参照していただきたい。

　化合反応——化学変化——をおこさせるには，2種類の物質をまぜなければならない——2種類の分子を衝突させなければならないという化合の条件を扱うことは，それ以後の化学の指導内容を大きく変革することになる。例えば，空気中での炭素の燃焼を扱えば，生徒たちがかならず窒素との化合物の生成を予測する。また，常温で金属が徐々にさびることなどについても当然のこととして理解する。これらのことは，これまで扱うことのできなかった反応の速さや反応の起きやすさや反応相手の選択性についての理解を保障することになる。

　また，加熱の働きを反応速度を速くするととらえることは，中学校でも触媒を正面から教えることを可能にし，化合の条件と同じようにそれ以後の内容を大きく変革するものになる。

　ここまでに述べてきたことは，教材研究と授業の間に次の関係があることを示している。一つの教材研究が生徒たちの到達レベルを引き上げ，それによってそれまで気づかれずに見すごされていた指導内容の不十分さが，生徒たちの手によってあばき出される。

　そのことを手がかりにして，また教材研究が一段と前進する。前進した内容によって学習した生徒たちの到達レベルはさらに引き上げられ，そのより高いレベルから再び指導内容の不十分さが実践を通して点検される。このように，教材研究とそれにもとづいての授業は，たえず相互に働きかけあって発展していく関係にあるのである。

　科学教育研究の中で，実験の開発は大きな位置を占めている。しかし，ここに述べたような，生徒たちのつまずきから出発して，実験を開発し，その有効

性を実践を通して検討し，さらに改善していくこと，つまり，その実験を行う必然性が授業の中にあり，一連の授業の中に適切に位置づけられている実験というものは，意外にすくないようである。しかし，教材研究と授業の関連を考えたら，このような研究というものが数多く出てきてよいように，私は考えている。

4 聞き取る耳，さぐりだす方法

　加熱してはげしく起きる反応によって，化学変化——化合——を導入することの矛盾を生徒たちに明確に指摘されたあと，これまでの実践の中に一つ思いあたることがあった。それは，化合から分解という順で化学変化を導入していた時代であったが，分解の方法を生徒たちに考えさせると，各クラスとも数人の生徒たちが，すぐ「冷やせばいい」といったことである。
　化合を加熱して導入したのであるから，その逆の分解で，冷やせばよいと主張するのは当然のことであると，私はあまり気にしないでいた。しかし，このことは，化合を加熱して導入することの矛盾を間接的に指摘していたといえよう。ところが，この生徒たちの指摘を，私は何回もまったく気にせず聞きのがし，極めて明確な形で矛盾を指摘されるまで，そのことの重大性に気づかなかったのである。そして，何年もその矛盾の克服をおくらせてしまったのである。
　指導内容の不十分さや，その非体系性などを，生徒たちが指摘するやり方は，実にさまざまな型をとる。したがって，それがどんな形で示されても，教師である私は，そのことをたえず確実にキャッチし，教材研究に反映していかなければならないのである。そこで，私は，この化合の導入にかかわる一つの経験から，特に生徒たちの予想外の反応に注意するようにつとめている。このため，生徒たちが何を言っているのか，よくわからないときなど，特に詳しくそのことを主張させるし，他の者にも関連して補足させるようにしている。生徒たちのつまずきを確実につかみ出す目，聞き出す耳などの感覚をとぎすましておくことの大切さを教えられたのである。
　実際に授業を進めているとき，生徒たちの反応をすべて冷静に受けとめ，適確に対処することは，大変むずかしい。そして，多くの重要な生徒たちの動きを見落してしまうことにもなる。この危険を防ぐために，私は，たえず授業記録をとることにしている。そして，この記録を自分個人で検討することはもち

ろん，サークルや研究会などで多くの人たちに検討してもらい，生徒たちのつまずきの原因と対策を考えてもらっている。このような実践記録の集団的な検討が，またより多くの成果を生み出すのである。

5　イオンから原子へ

　簡単に原子の構造を指導したあと，2種類の原子が衝突したりすると一方の原子から電子が奪い取られ，電子が不足して陽イオンができ，逆に他方の原子に余分な電子がついて陰イオンになると説明をして，イオンを導入したあと，ナトリウム原子と塩素原子が衝突したらどのような変化が起きるはずか，生徒たちに考えさせた。このとき，多くの生徒たちは，陽イオンと陰イオンができ，それが十一の電気をもつので引き合い，化合物ができると考えた。がしかし，ある生徒から次の疑問が提出された。

　「陽イオンと陰イオンが結びついたら，再び元の原子にもどってしまうのではないか。なぜならば，原子より電子が不足したり，余分な電子がついたりして陰陽のイオンができたのだから，陰陽のイオンが結びついたら電子が余分にあるイオンから不足するイオンへ移動して，元の原子にもどってしまうのではないか」と。

　この疑問を生徒から出されたときも，私は，自分が教えている指導内容の不十分さにまったく気づかなかった。したがって，もちろん解決の糸口すら見つけ出せなかった。そこで早速このことをサークルで提案し，検討してもらった。そこで，三井澄雄さんから次のことが指摘された。

　「原子があって，それからイオンができるという順序で学習すれば，原子が安定な状態であって，それから電子がとれるか，くっつくかしてできるイオンは不安定な状態のもの，つまり機会があればもとの原子にもどろうとしているのだと考えるのは当然だろう。生徒から上のような質問が出るのは，論理的な帰結だ。"まず，イオンありき"でイオンの学習をはじめるべきである」

　この指摘を受けたとき，私は，直ちにはその意味を十分に理解することができなかった。つまり，それだけ自分の考えた指導内容とその構成にとらわれていて，その不十分さを理解することができなかったのである。しかし，その後イオンの導入とその発展のさせ方について検討を加えているうちに，原子からイオンへという導入の仕方が基本的な欠陥をもっていること，「イオンは原子

にくらべて電子が余分にある，電子が不足する」などという説明の仕方の不適切さ，原子は電気的に中性であるということを，そのまま安定性と思い違いをしていたことなどを，具体的に理解することができた。そして，検討の過程で三井さんから次のような提案があった。

「イオンと原子のちがいのかきあらわし方も，これまで基本的に不適切であったのではないか。それは，これまで原子を円でかき，イオンをその円に欠けたところや出っぱりをつけてあらわしている。しかし本来は，逆にイオンを円でかきあらわし，原子をこそ円の一部が欠けたものや，出っぱりのあるものでかきあらわさなければいけないのではないか」

これらの検討の成果は，最近『授業ノート・イオンとイオン性化合物』（須藤昭参他）としてまとめられている。ここでは，イオンから原子という順で授業を組織するように構成している。そして，イオンこそが安定に存在することを理解させるようにしてある。

イオンとその導入についての検討を加えていく過程で，私は，実にさまざまなことを学んだ。例えば大学生向きなどの化学の本を見ると，その多くが原子からイオンへと説明を進めており，イオンには電子が余分についたり不足したりしているとしているのである。

教材研究を進めるとき，自然科学の本を手がかりにすることが多いが，自然科学の本そのものを批判的に調べないと，真に意味のある教材研究に，かならずしもならないのである。

また，教材研究のとき，概念の形成史—科学史—を調べると多くの手がかりを得ることができる。例えば，私は，『教師のための自然科学概論』（田中實著，新生出版）から多くのことを学んだ。その1つに，物質不滅の法則についてのとらえ方がある（『物質の学習』大竹・松井著，明治図書）。これは，物質不滅の法則を動的にとらえるもので，使える知識にするものである。

編集部から私に与えられたテーマは，「教材研究と授業」であった。最近の多くの記事を見ていると，教材研究ということばの意味を，私は正当に理解していないのではないかと考えさせられる。がしかし，ここでは極めて自己流に解釈して，かかせていただいた。

[参考文献]
『イオンとイオン性化合物』須藤昭参ほか

『授業ノート・化学の基礎』1・2・3　松井吉之助ほか
『科学教育の原則と方法』田中實著，新生出版
『教師のための自然科学概論』田中實著，新生出版

(『理科教室』1982年8月号)

第7章 授業づくりの視点で

[コメント]

　学校でのいじめが原因で，子どもが自殺したのではないか，という疑いがもたれる子どもたちの自殺がテレビで問題にされるたびに，その学校の校長，あるいは，教頭の会見が放映される。この弁解を聞いていると，この人たちの五感は働いているのだろうか。あるいは，この人たちは教師としてこれまで何をやってきたのかと，問いかけたくなるような気持になるのは，筆者だけではないだろう。

　筆者は，子どもを主体にしてきた教師であれば，いつの間にか，教師として本質をつく考え方，見方が身につくものだと考えている。そのような教師であれば理解できる，見通せるできごとというものが多々あるはずである，と考えている。このような教師の資質は，教師くささなどと言われて否定されがちであるが，実は非常に大切な能力であると私は考えている。

　筆者は大変に幸運なことに，現職のとき，国立教育研究所・科学教育研究センターの共同研究員という制度を2年間にわたって利用する機会を恵まれた。この間に，玉田さんの授業を一カ月以上にわたって連続して参観でき，そのときの成果を活用して自分自身の授業を改革でき，『授業ノート』を作成できた。また，ここに再録した研究などをすることもできた。

　この研究は，教師として生活してきた筆者の視点を前提にしたもので，授業での生徒たちの発達の事実を知らなかったら，生徒たちに学ぶことがなかったら，決して，できることがなかったと考えている。そして，このような教師の実践的な視点での研究が，わが国では制度的にも軽視，あるいは否定されていることに，大きな憤りと深い悲しみを感じている。

　文部省と協力している教育関係の研究者と称する人たちの研究成果と言われるもので，どれだけ実践的な意味をもつ研究が，これまでにあったろうか。日本の今日の困難を克服するためには，現場の教師に時間と予算を与えて，多様かつ自由に研究，実践させ，その成果を誠実に活用することが欠かせないことを声を大にして指摘したい。

【1】理科実験と環境汚染
小・中学校の理科実験による環境汚染にかかわる諸問題の調査的研究

昭和30年代の後半から，環境汚染が特にいろいろな側面で，深刻な問題として取り上げられてきた。小中学校の理科教育にも，このことが影響を与えている。このことは，例えば，取り扱われる物質の種類や量の減少などからもわかる。そして，この変化が，子どもたちの物質概念の内容を貧弱にしている。教育上必要な実験は行い，なお環境を汚染しない方策を確立する必要がある。

1

環境汚染の歴史は長いけれども，近年このことが，広く問題とされるようになってきた。

小中の理科教科書の内容と方法は，この10数年間に大きく変化してきた。教科書のこの変化に，環境汚染の問題がどのように影響してきたのだろうか。小中の理科実験も1つの汚染源であるから，当然何らかの反応がみられるはずである。そこで，教科書の内容と方法に，環境汚染の問題が与えた影響を，物理・化学的内容（第一分野）を中心に明らかにする。この影響は，設定される実験だけでなく，子どもたちが獲得するいろいろな概念の内容の豊かさや，その定式化などに広くかかわりを持っている。ここでは，これらの問題を含めて検討する。

2—ア

実験で取扱われている物質の種類をしらべると，同じ53年版中学校用理科教科書①②でも，出版社によってちがいがある。例えば，①では，黒インク，水，硫酸銅，硝酸カリウム，エタノール，硫酸，食塩，さとう，ナフタレン，ピロガロール，水酸化ナトリウム，アンモニア，フェノールフタレイン，鉄，硫黄，硫化鉄，二酸化炭素，石灰石，塩酸，アルミニューム，酸化銀，水素，亜鉛，酸素，マグネシウム，白ぼく，貝がら，重曹，過酸化水素，二酸化マンガン，二酸化硫黄，炭酸水素化銅，塩化銅，硝酸銅，酢酸銅，酸化銅，さらし粉，塩素，銅，臭化銅，メタノール，硝酸カリウム，塩化マクネシウム，硝酸銀，酢酸，水酸化銅，水酸化バリウム，BTB，塩化鉄，塩化バリウム，硫酸ナトリウ

ム，硝酸ナトリウム，塩化カルシウム，炭酸ナトリウム，でんぷんの55種類である。②は，51種類を使っている。①で使用されていて，②で使われていない物質は，ブタン，硝酸カリウム，ピロガロール，アンモニア，フェノールフタレイン，貝がら，白ぼく，過酸化水素，二酸化マンガン，二酸化硫黄，炭酸水素化銅，硝酸銅，酢酸銅，さらし粉，臭化鉛，メタノール，硝酸カリウム，酢酸，水酸化カルシウム，炭酸ナトリウムの20種類である。逆に，②で使用されていて，①に使われていない物質は，塩化カリウム，パラジクロールベンゼン，ホウ酸，鉛，空気，酢酸鉛，ヨウ化カリウム，炭素，ストロンチーム，食用色素，エーテル，硫酸亜鉛，塩化亜鉛の13種類である。

①と②が，使っている物質の種類の総数の差は，4種類で大きくはない。しかし，その中身をみると，銅塩3種と二酸化硫黄を使うか使わないかのちがいとなっている。

物質の量的使われ方を対比すると，このちがいは一層大きい。②は，「イオンの反応」において，沈澱反応を扱っている。そこでは，沈澱の生成の有無を，スライドガラスの上に，細いガラス管で溶液を1，2滴落してしらべるようにしている。この実験が，沈澱生成を確認する反応の最初で最後である。①は，同じ内容のところで，沈澱反応を生徒実験として2回，教師実験として1回設定している。

もちろん試験管，ビーカーを使用する。この他イオン関係のところにかぎってみても，いろいろなちがいがある。①では，教師実験で，さらし粉から塩素をつくり，銅と反応させて塩化銅をつくることと，臭化鉛の電気分解を設定している。また，生徒実験で銅と塩酸・硫酸との反応をしらべている。これに反して，②だけしかないという実験は，みあたらない。

このようなちがいは，小学校用理科教科書③④にもあらわれている。③の5年の「いろいろな水よう液」のところで，硫酸銅を使っている。そして，6年の「金属とさび」で酸化銅を「水よう液の性質」で銅，亜鉛を扱っている。④にはこれらの物質は使われていない。④が6年間に使用することにしている物質の種類は，25種類である。

教科書ではないが，小学校で物質についての基礎的概念の形成をねらいとする実践的試みが報告⑤されている。5年で溶解と溶液を扱い，溶液の透明性，均一性，物質の保存性，溶解度を扱う。使用する物質は，白ぼく，重クロム酸カリウム，ベンガラ，硫酸銅，食塩，水酸化ナトリウム，さとう，デンプン，

水酸化カルシウム，アルコール，ヨウ素，フクシン，パラフィン，灯油，ベンジン，葉緑素の16種類である。ここで扱われている物質のちがいは，子どもの認識の実態，物質の多様性，斉一性についての配慮などと強く結びついている。

2—イ

　中学校用教科書で，分解反応の導入に長く使われてきた酸化水銀が，53年度版ではまったく姿を消している。そのかわりに，炭酸水素ナトリウム（3社），酸化銀（2社）が使われている。この両物質は，分解反応を導入するのに使って，まったく不適当ではない。しかしこの両物質にくらべて酸化水銀は，生成物が気体と液体で，始めに酸化水銀を置いた位置とまったくちがう場所にたまる。酸化水銀が，完全に消滅することが肉眼的に確認できる。生成物の性質の確認が容易であり，その性質が生徒たちによく知られているなどというすぐれた特徴をもっている。

　酸化水銀の熱分解反応を，教師実験として行ったとき，大気中に放出される水銀蒸気量を試算すると，次のようになる。

　酸化水銀（純度100％とする）の使用量（1回分）2.0g発生する酸素ガスの体積（20℃）110mリットル酸素ガス中の飽和水銀蒸気の質量1.4ミクロンg体温計には，1本あたり0.8g～1.1gの水銀が使われていて，平均1gという（メカーの話）。体温計の家庭での破損延本数を，中学2年生を対象にしらべたところ，2組62本（43人），3組51本（43人）であった。水銀は集めて捨てられている。

　体温計1本の破損によって，大気中に放出される水銀量は，教師実験による酸化水銀の熱分解反応によって，放出される水銀量の70万回分にあたる。現在，中学校の各学年の学級数は，41,000ほどである。

2—ウ

　中学校用教科書⑥⑦で，注目すべき変化がある。⑥が「有害なイオンと沈澱……水の浄化」で「カドミウムや鉛，水銀などの金属や化合物は，いずれも有用な物質であるが，その有用な面だけを安易に利用し，有害な性質にじゅうぶん気をつけないと大きな災害をもたらす。理科の実験でも，このことは考えなくてはならない。」とのべ，⑦が，「実験後の廃水のとり扱い」の中で，中学校で行う実験でできる廃水も，水質基準の規制に基づいて，処置することがのぞ

ましいとし，その具体的処置を指示している。
　この他，この例のように，直接的，部分的な配慮はみられるが，教科書全体を通して，あるいは個々の概念の定式化などにまでわたって，十分な配慮がされているものは，みつけ出せない。

3
　教科書によって，扱われる物質の種類が減ってきている。これは，環境汚染を考慮してのことと一概にいえない。
　しかし，使用量の減少，有害なイオンを含む物質などが特に減ってきていることと合せ考えると，環境汚染に関連した変化であるといえよう。
　環境汚染に対して使用物質の種類をへらすことは，あらたな課題を生み出している。例えば，イオンや物質の溶解，溶液について，物質の多様性と斉一性，認識の法則性などをふまえて，子どもたちに概念の獲得を保障できるのか。また，イオン反応における沈殿の生成を，スライドガラスの上で行わせたとき，生徒たちが沈殿の生成を理解できるのか。使用量を減す工夫が，現象そのものをわからなくさせていくことはないのかなど，教授法的検討をも加える必要がある。
　酸化水銀の使用をやめたことは，実験方法，量的あるいは教授法的に十分な検討を加えてのことなのかどうか，大きな疑問が残る，水銀という名前に対しての感情的な判断が行われた可能性がある。
　イオン反応を利用して，水溶液中の有害物質をとりのぞかなければならないという，2つの教科書の記述は汚染に対しての数すくない積極的な工夫といえよう。
　今後は，系，物質の不滅性，化学変化などの初歩的定式化⑧⑨について，環境汚染をも理解できるように考慮することが必要である。
　環境汚染に対して，使用する物質の種類を減す，使用量を減すことを主にするという考え方には疑問が残る。理科教育の発展にとって有効な対策を考え出すためには，科学技術の社会的機能という側面からの検討も加えることが，特に重要であると思う。
　小中の理科実験によって生ずる排液の処理については，今後積極的な対策が必要である。再利用ということが，小中の場合特に有効であろう。再利用できないものについては，行政単位などによる組織的効果的な対策が必要である。

小中学校の理科実験においても，必要な物質は使用する。そして汚染を防ぐ対策を十分に行うことを原則と考える。この研究は，昭和52年度，国立教育研究所，科学教育研究センターの共同研究員として研究したことの一部である。大橋秀堆センター長をはじめとするみなさんに，いろいろとご教示いただいたことを，厚く感謝する。

[引用文献]
① 『新版中学校新理科1分野』上下，大日本図書
② 『新編新しい科学1分野』上下，東京書籍
③ 『新版小学校新理科』大日本図書
④ 『新編新しい理科』東京書籍
⑤ 『教科の到達目標と指導方法の研究．理科編』到達目標研究委員会編昭和51年4月日本標準
⑥ 『中学校理科1分野』上下学校図書
⑦ 『新訂理科1』上下啓林舘
⑧ 『物質の学習』大竹，松井著昭和45年明治図書
⑨ 「化学と社会」の授業松井吉之助『理科教室』229号76年11月臨増新生出版（1977年度日本科学教育学会年会研究発表会 p 89-90）

【2】「理科示教」の研究

1　はじめに

　文部省は，明治19年4月より，34年まで，中学校令（第7条）に基づく学科及其程度 [1] によって，尋常中学校に，次の規定を設けた。4年に化学（週2時間），5年に物理（週3時間），これ以前の2年（現在の中学校2年に相当）に，物理と化学をいっしょにした週1時間（年間40時間）の授業を設ける。この2年の科目は，一般に「理化示教」とよばれている。
　「理化示教」という名称は，法的な名称ではないが，当時から広く使われていた。このことは，当時用いられていた多くの教科書の書名からも明らかである。「示教」という名称は，上述の「学科及其程度」の博物の項に「通常の動植鉱物の示教」[2] という規定があり，一般に「博物示教」とよばれた時間がおかれていたのに対応して，名づけられたものであろう。
　筆者はこれまで，中学校の特に化学教育の内容と方法に関心をもち，研究を進めてきたので，その歴史的背景についても興味をもつようになった。そこで，「理化示教」は，筆者の研究に深いかかわりのあるものと考え，全面的な研究を意図した。
　これまでの，「理化示教」についての研究には，岡邦雄の「理科教科書発達史」[3] と中川逢吉の「教育思潮の変遷と理科教育」[4] の二つがあるにすぎないようである。
　彼らがその中でとりあげた「理化示教」の教科書は，岡が3種類，中川が9種類である。これらは，「理化示教」の教科書全体の一部のものでしかない。そこで，筆者は，「理化示教」の教科書の悉（しっ）皆調査を意図し，国立国会図書館，東書文庫，国立教育研究所附属教育図書館および主な研究者所蔵のものを調査した。そこで，22種類の教科書（表1）を確認し，その総てをコピーすることができた。
　この22種類の教科書のうち，15種類は，検定済教科書で，7種類が未検定教科書である。『検定済教科用図書表』[5] と照合したところ，この15種類が，検

定合格書の総てであることがわかった。教科書検定は，明治19年の中学校令に基づいているが，実質的に機能したのは，ずっと後日である。このことは，文部省が明治28年4月，省令第2号[6]で，未検定教科用図書の採用手続を定めていることからも明らかである。「理化示教」の検定済教科書で，検定年月の最も早いのは，明治29年12月，最も遅いのは，明治33年8月である。7種類の未検定教科書のうち，4種類は，明治29年1月以前のものである。残りの3種類は，明治34年3月の中学校令改正[7]に伴なう「理化示教」廃止により，検定を受けることなく終ったものと考えられる。

「理化示教」がはじまってから，最初の検定済教科書が出るまでに，約10年あった。この間の未検定教科書が4種類しか確認できないのは，「理化示教」が発足当初から長く，口授とされていたり，他の物理・化学の教科書を「理化示教」用に流用していた[8, 9]からであろう。

このような状況と，調査した範囲から考えて，7種類以外に，未検定教科書の存在する可能性は，ほとんどないと思われる。したがって，22種類の教科書を検討すれば，当時の「理化示教」の教科書，ひいては，その当時の普通の「理化示教」の授業の実態について全般的な状況を明らかにすることができるであろう。

2 岡，中川の「理化示教」の研究について

岡は，前記論文の中で，「当時理科の基本的知識の極めて不揃であった生徒に，一足飛びに物理と化学を系統的に教授することは無理であり，その為に中学初年級に於て，理科の基本的な知識を一度整理する為としては，極めて適切なやり方であった」[10]とのべている。中川は，前記論文で，「示教の価値は，示教そのものの内容よりも，寧ろ当時示教をおいた精神に貴い価値があると見るべきである」[11]としている。したがって，両著とも「理化示教」を設置した意義を高く評価しているといえよう。

尋常中学校教科書　理化示教一覧（1977. 1. 6　作製松井）
書名／著編者／初版発行年月／検定合格年月／発行所　の順による。

1　理化示教／敬業社編纂／25.12.15／――／敬業社

第 7 章 授業づくりの視点で

2 　理化学示教／（石川弥太郎）沢吹忠平／28.2.25／──／岡鳥書店
3 　尋常物理示教中学全／神戸要次郎／28.10.18／──／渡辺書房
4 　中学理化概要／興文社／29.1.17／──／典文社
5 　新編理化示教全／伊達道太郎／29.3.23／30.3.17訂正三版／春陽堂
6 　中学理化示教／池田菊苗／29.3.30／29.12.16訂正四版／金港堂
7 　新撰理化示教／三根正亮／29.5.26／30.4.26訂正再版／富山房
8 　新編理化示教／宮本久太郎／29.10.29／31.10.27三版／春陽堂
9 　中学理科示教　生徒用全／池田菊苗／29.10.30／31.10.13三版／金港堂
10　中学実験理化示教／小川正孝／30.3.3／30.7.19訂正三版／同文館
11　新編理化学示教／（木村　駿吉）山下安太郎／30.3.9／30.12.24訂正再版／33.6.16（五版）／内田老鶴圃
12　中等教科理化示教／山元　敬太郎／30.9.16／31.7.16訂正再版／文学社
13　新案実験理化示教／安田又一／31.2.10／──／教育舎
14　理科示教　全理化に係る事柄／吉田彦六郎・足立震太郎・八田三郎／31.2.20／31.11.22再版／金港堂
15　新編理化学示教／牧野清利／実吉益美／31.3.10／32.3.1訂正再版／六盟館
16　理化示教／後藤牧太・根岸福弥／32.1.28／32.2.24初版／集英堂
17　中学理化示教／白壁傑次郎／32.5.29／32.9.14／9.12訂正／大日本図書
18　新旧体理化示教／菊池熊太郎／32.8.28／33.5.4訂正増補／敬業社
19　中等教育理化示教／大石保吉／32.9.5／32.12.16訂正再版／三河屋
20　理化示教全／池田菊苗・桜井寅之助・原田長松／33.3.6／33.8.22訂正再版／金港堂
21　近世理化示教／校閲大幸勇吉・中村清二・和田猪三郎／33.3.25／──／富山房
22　中等教育理化示教／真島利行・岡田　武松／33.7.8／──／博文館

　物理・化学と分科して教授する以前に，物理と化学を統合して教授することは，例えば，温度，熱とかかわって物質の基礎的概念を形成するとき，特に重要である[12]。
　したがって，岡，中川の指摘は，もっともなことと思われる。
　また，岡は，同論文で，白壁傑次郎の『中学理化示教』の緒言，「勉めて行ふに便なる実験のみを掲げ，梢々複雑に渉るものは総て之を省けり，之れ理化

示教を全然実験教授にし，幼年の学生をして斯学に関する正確にして，健全なる知識を得せしめ併せて此等の学生に斯学の興味を覚えしめんが為めなり」という文章を引用し，これこそが，「理化示教乃至現代に於ける一般理科の実際授業に於て，吾々が遭遇している問題の重要な一対策なのである」[13]と高く評価している。

　しかし，総括では「(1) 教科書に適切にして優れたものがなかったこと，(その理由── a. 編纂は綜合的でなければならないが，それが相当困難なこと。b，当時の教科書の著者が，理化示教編纂に対する正しい認識と興味とを有たなかったこと。) (2) 担任教師に理科の綜合的教授の意義に就ての自覚，理解，方法がなかったこと，に帰し得ると思う。上のような理由によって当時の理化示教に大して特色あるものを見出し得ない」としている[14]。

　しかし，筆者は，22種類の教科書を比較検討したところ，いろいろな特徴のあるものを見い出した。その中には，白壁と意図を同じにし，今日の中学校の理科の第一分野の内容と方法に対して，豊かな示唆を与えるものもある。そこで，そのいくつかを，池田菊苗著の『中学理化示教』を中心にしてのべたい。

3　「理化示教」の内容と方法について

3─1　科学の方法
　池田菊苗著『中学理化示教』の第六課の水の成分を追求する過程[15]は，次のようになっている。
　有機物が燃焼すると，水と二酸化炭素ができる。二酸化炭素は，有機物の一成分の炭素が空気中の酸素と結合してできている。これから考えると，水も有機物の未知の成分が酸素と結合してできた物質ではないか。もしそうならば，水から酸素を奪い取れば未知の物質を分離できるのではないか。二酸化炭素からカリウムの働きによって酸素を奪い取り，炭素を取り出したように。
　水にカリウムの小片を入れる。炎をあげて燃焼し，水面を走りまわる。この事実は，水とカリウムが反応することを示しているが，まわりの空気も作用しているので，変化がわかりにくい。それでカリウムを水中に沈めなければならない。カリウムと同じ働きをするナトリウムの方が使いやすいので，ナトリウムを使う。
　ナトリウムの小片を，水中に沈める。つぎつぎと気体が発生する。この気体

を集める。外見は，空気，二酸化炭素と同じである。しかし，この気体に炎を近づけるとよく燃焼するから，空気や二酸化炭素の気体ではない。

この新しい気体は，水の一成分なので，水素とよばれる。

これにつづいて，水素の製法と性質が扱われている。そこでは，図のような装置をつかい，酸素ガス中で水素ガスを燃焼させる。しばらくして水がフラスコの内側につき，底にたまる事実を示す。窒素中では，水素が燃焼しないこともたしかめる。このあと，これで，水が水素と酸素とからできていることにうたがいがなくなったであろうとのべている。

以上が，水素が水の一成分であることを明らかにする過程である。ここでは，例えば，物質の不滅性，空気は酸素と窒素の混合物である。いろいろな物質が，空気中の酸素と結合（燃焼）するが，窒素とは結合しにくい。

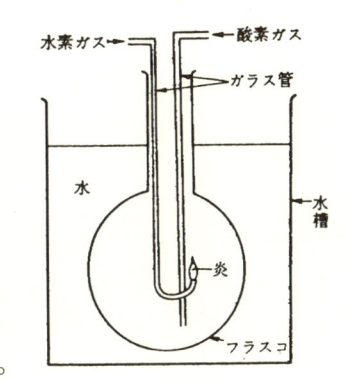

燃焼生成物の二酸化炭素の性質と成分を手がかりにして，同時に生成する水の性質，成分を類推できる。カリウムは，化合物の成分の酸素をも奪い取る。物質に同じ働きかけをしたとき，異なる反応をしたら，それらは異なる物質であるといえることなど，これまでに生徒たちが獲得してきた物質と化学変化についての知識と方法を活用している。そして生徒たちがそれらを活用しながら物質とその変化の本質を洞察し，結果を予測して，そこでまだ明らかにされていない事実や法則性を明らかにしていかれるように，組織されている。この研究の全過程こそが，科学の方法(16)といわれるものであろう。

大石保吉（明治16年7月東大化学科卒）は，『理化学教授法』の中で，「理化学を教授するに当りては，此学科は，既知の知識を以て未知の知識を探究せんとする学なりとの観念を終始記銘して生徒に臨むべし」(17)とのべている。また，田中実は，『明治図書講座・学校教育・5，理科』の中で，「子どもの自然についての認識を形づくる心的過程は，科学の一般的方法とその対象をとり扱う特殊の諸科学の基本的方法とにしたがう」(18)と指摘している。池田の水の成分を明らかにする全過程は，この大石，田中の指摘とも一致するものといえよう。

最近，科学の方法を，自然科学の成果と切りはなして教える試みが広くみられる。[19, 20] 化学の方法を，化学の学習（生徒による研究）の中で，中学生（初学者）にふさわしく駆使させようとしている池田の，化学とその研究方法，および教授法についての見識と，それにしたがっての具体化のための努力は，注目に値しよう。

3―2　元素と単体

池田は，『中学理化示教』で，元素と単体について次のようにのべている [21]。「炭酸（二酸化炭素，筆者註）と石油は，全く別種の物なれども共に同一の成分を含めり，炭素是なり。此の如く数物質共同の成分となる所の物質を名つけて元素という。炭素，酸素，水素，窒素の如きは皆元素なり。一元素のみより成れる物質を単体という。木炭，酸素気，水素気，窒素気の如きは，単体の例なり。之に反して数元素より成る物質を化合物という。水，炭酸の如き是なり。化合物は分解することを得れども，単体は分解することを得ざるものなり」

池田は，この定式化や説明の前に，例えば次のようなこれらを支える具体的事実を丹念に積み上げている。第四課の砂糖の溶解で，固体の砂糖の姿，形は消えてみえなくなってしまったが，味があるからなくなってはいない。第五課の木片の乾留で木炭ができた事実をもとにして，「木が炭素を含有する事にして」とのべ，成分概念を導入している。そして，有機物を空気中で燃焼させると，全く消失してしまうか，微量の灰を残すだけであるが，「可燃体を組成せし物質は，如何に成り行くか」と問い，水と二酸化炭素の生成を確認して，「故に其の実質は，決して滅尽するに非ざること明なり」とのべている。また，酸化水銀が分解したことをたしかめたあと，「酸化水銀は，別れて水銀と酸素とを化成したり」とのべ，成分として存在する水銀，酸素と，単体の水銀，酸素とが異なることに配慮している。このあと，酸素が空気中にあることを確認して，「故に空気は酸素を含めり」といって，化合物中に成分として含有されていることと区別している。このような緻密な配慮に加えてさらに，「炭酸は，炭素と酸素とが相合して生じたるものなれば，其の炭素を含み居ること勿論なりと雖も，炭酸の性質は，炭素にも亦酸素にも類せざれば，炭素が其の中に存在することを認むべからず」とのべ，二酸化炭素からカリウムによって炭素を取り出し，その炭素を燃焼させて再び二酸化炭素になることをたしかめる実験を設定している。

そしてこのあとに，3－1でのべた水の成分の追求を位置づけている。

和田猪三郎（明治31年3月，高等師範理科卒業，後に東京文理科大学化学教授）は，『近世理化示教』の中で，「酸素，水素，水銀，ナトリウム等の如く，最早二種類以上の物質に分解せざるものを単体という。金，銀，銅，鉄，鉛，錫，亜鉛，炭素，窒素，硫黄，燐等は，単体なり」「酸化水銀は，単体なる酸素と，単体なる水銀とに分解し，又単体なる酸素と単体なる水銀との化合に由りて生すれども，既に酸化水銀と成れば，単体なる酸素，単体なる水銀として存するにあらず，唯分解すれば，単体なる酸素，単体なる水銀と為り得るものとして存在するのみ。

此の如く種々の物質中に含まれ，単体を生じ得可きものを元素と称す。我等は，単体なる水銀，単体なる酸素を見ることを得べし，然れども元素なる水銀，元素なる酸素を見ることを得ず。単体酸素は，元素なる酸素より成れり」[22]とのべている。この定式化に至るまでの内容と方法をみると，池田ほど丹念ではないが，具体的に化学変化を追求し，定式化をささえる具体的事実や法則性に注目させている。これは，池田と同じ意図をもつものといえよう。

現在の中学校の教科書では，元素と単体が同義につかわれている。元素を厳密に定式化することが目的ではないが，化学変化を具体的事実に基づいて学習するとき，池田や和田が意図した程度の元素や単体についての理解が必要になるだろう。また，池田や和田が示した定式化や説明とそれを支える豊かな具体的事実と，池田や和田の教科書の中で欠落している分子・原子の初歩的概念を統一して生徒たちに理解させなければ，生徒たちが確信をもって，例えば水の化学式をH_2O，二酸化炭素のそれをCO_2と書き，それらを使ってさらに学習（生徒たちによる化学研究）を進めることなど，でぎるはずがないだろう[23]。

今日，化学教育からの落ちこぼれが，しばしば指摘されている。この元素，単体の例にみるような，教育内容とその方法の不十分さが，この現象の一つの原因になっていることはないのか，検討の必要があるだろう。

3－3 授業の方法―生徒への学習課題の提示―

池田は，『中学理化示教』の中で，「予輩は，今空気は甚だ軽き物体なりと言へり。然れども軽く重しという語は，両様の意味ありて甚だ誤り易し。児童の問答に，大なる木と小さき石とイズレが重きやということあり。木の方重しと答ふれば，二物を水に投ぜよ。石は沈み木は浮ぶ。故に石は小なりと雖も重

きにあらずやと語る。又小なる石却て重しと答ふれば，小石は隻手にて拾ひ得べきも，大木は雙手にても挙くること能はざれば，木の方重きにあらずやと難ず。是れ此の両様の意味を混乱して敵手を惑さんとするなり。」(24)とのべ，このあと密度の説明をしている。

　これは，生徒たちに密度を学習しなければ解決できない場面を設定——課題を提示——し，生徒たちに密度を学習する必然性，意義，必要性，あるいは，密度の有効性（機能）を理解させるための，重要な授業の方法(25)である。この授業の方法は，他の教科書(26)にもその例がみられるので，池田の独創であるとはいえない。しかし，後日，『中学理化示教』を，池田の他の2冊の著書(27, 28)に対して，両著序文によって今日的にいえば，教師用書として位置づけたことを合わせ考えると，池田が，授業の方法についても深い見識をもっていたといえよう。

　この報告は，昭和51年4月から52年3月までの1年間，国立教育研究所，科学教育研究センターの共同研究員として研究した成果の一部である。

　最後ではあるが，いろいろとご教示くださった大橋秀雄センター長をはじめとする研究所のみなさん。またさらに貴重な資料まで提供していただいた板倉聖宣氏，同じ共同研究員の三井澄雄氏に深く感謝する。

[引用文献および註]
（1）教育史編築会編修，『明治以降教有制度発達史』，第三巻，龍吟社（昭13年9月），p.155
（註，ここでは，博物示教と理化示教が共に1年に位置づけられているが，これは明らかに誤植である．
（2）同上，p.158.
（3）岡邦雄著，『理科教料書発達史』，『唯物論と自然科学』付録（昭10年3月）叢文閣.
（4）中州逢吉著，『教有思潮の変遷と理科教育』，（昭28年12月）『理科教育講座』基礎篇，第一巻，文化書籍社
（5）文部省編，『検定済教科用図書表』（師範学校，尋常中学校・高等女学校用），明19年5月〜同33年12月.
（6）教育史編纂会編修，前掲書 p.741.
（7）教育史編纂会編修，『明治以降教有制度発達史』第四巻，昭13年11月，龍

吟社，p.178.
(8) 国立教育研究所，『日本近代教育百年史』，4学校教育（2），昭49年11月，教育研究振興会，p.299.
(9) 神戸要次郎著，『尋常中学物理示教全』，明28年10月，渡辺千代治序文・
(10) 岡邦雄著，前掲書p.325.
(11) 中川逢吉著，前掲書p.82,
(12) 大竹，松井著，『物質の学習』，昭45年8月，明治図書
(13) 岡邦雄著，前掲書p.331.
(14) 岡邦雄著，前掲書p.326.
(15) 池田菊苗著，『中学理化示教』，明29年11月，金港堂書籍，p.101.
(16) 田中実著，『科学と歴史と人間』，昭46年1月，国土社，p.122.
(17) 大石保吉著，『理化学教授法』，明22年3月，敬業社，p.11.
(18) 田中実著，『研究方法・教授法研究の原則』，昭32年6月，田中実編，『明治図書講座・学校教育・5，理科』，p.222.
(19) 森川久雄編著，『中学校理科教育の現代化』，昭44年9月，明治図書，p.10.
(20) 尾科実著，新しい物理の実験形態について』，雑誌『教室の窓・中学科学』No.102，東京書籍．
(21 池田菊苗著，前掲書P.113.
(22) 和田猪三郎著，『近世理化示教全』，明33年3月，富山房，p.50.
(23) 松井吉之助，『化学変化を生徒たちはどのように理解したか』，昭48年7・8月，雑誌『理科教室』新生出版．
(24) 池田菊苗著，前掲書p.23.
(25) 松井吉之助著，『私の授業』，昭47年7月，雑誌『理科教室』，新生出版・
(26) 敬業社編纂，『理化示教』，明25年12月，敬業社，p.22.
(27) 池田菊苗著，『中学理化示教生徒用全』，明29年10月，金港堂書籍
(28) 池田菊苗，桜井寅之助，原田長松共編，『理化示教全』，明33年3月，金港堂書籍．

（池田菊苗著『中学理科示教』から何を学ぶか［昭和52年2月28日受理］）

第8章　理論に導かれ，実践できたえて

[コメント]

　この章の文章は，第7章までとことなり，新たに書き下ろしたものである。つまり，今日，やっと筆者がたどり着いた到達点である。

　これまで筆者は，現代科学に強い人たちから，現代的でない化学教育という批判を長く受けてきた。ところで"科学教育の現代化"という課題は，一時の課題ではなく，自然科学教育が続くかぎり，永遠に解決しつづけなければならない課題のはずである。なぜならば，科学研究は日々発展し続け，成果を積み上げている。そこで理科教育の内容は日々陳腐化する可能性をもっているからである。文部省「学習指導要領」のように大体，10年間も固定するなどということができるはずがそもそもあり得ないのである。

　この現代化への対応を単純化して大別すると，一つは，現代科学の到達点をやさしいお話にして，生徒に伝える。他の一つは，現代科学の基礎として働いている近代科学の成果をもふくめて，低次の認識からより高次の認識へ発展する教育課程を創り，生徒たちの集団的科学研究によって，それぞれの生徒に統一的な自然観が形成できるようにする，という2つであろう。

　筆者は後者の立場にたって，研究・実践してきた。そして，多くの人たちと討論する機会にめぐまれ，多くのことを学ぶことができた。その討論の過程で，筆者が学んだこと，気づいたこと，指摘したことなどを改めてまとめたものである。

　読者の皆さんに，ぜひ，この教育内容の現代化問題を実践的に検討してほしいと思っている。この研究が，現在，生徒たちの荒廃した姿・授業崩壊として表現されている，教育内容の荒廃にもとづく学校教育の機能不全を回復させる根本的な対応であると筆者は考えている。

　この理科・自然科学教育の内容とその構成について科学的な根拠をもとにした研究・実践を創りだすのに欠かせないのが，玉田さんの「到達目標論」である，と筆者は確信している。広く多くの方々の実践的な検討で，ぜひ，より豊かな内容に発展させてほしい。そして，筆者の理解の不十分さをも実践的に克服してほしいと願っている。

【1】自然科学教育における内容の選択とその構成

　筆者は，退職後も玉田泰太郎さんを中心に，玉田さんの授業を理論化して，より多くの人たちが自然科学の授業と呼べる授業を創ることができるようにするために，「理科授業の理論化研究会」を提案し，同じ考えの友人たちと毎月研究会を開いてきた。そして，そこで実に多くのことを学ぶことができた。次には，そこで学んだことを含めて，主に中学校の科学・化学教育についての教育内容の選択とその構成・教育課程に関わる問題についてのべる。したがって，私自身の実践で確かめたことだけでなく，共同研究者たちの実践の結果に基づいていることも多々あることを初めに明らかにしておきたい。

1　理科教育の理念と教育内容

　義務教育における科学・化学教育の指導内容として，何を選び出すのか。その根本的な手がかり，視点は何であろうか。

教科のねらいと教育内容
　その第一の視点は，理科という教科の理念，つまり，義務教育全体の目的をふまえての教科の目的である。義務教育は，すべての日本人，日本で生活する人なら誰でも必ず身につけておいてほしい基本的な知識を獲得させることがその役割であろう。民主的社会を構成する全ての者に必要な基本的な知識を身につけさせることである。このことは，食品，各種の人工物質，医薬，医療，原子力発電，環境保全などなどの無責任な情報にだまされることなく，意味のある重要な事実をふまえて，科学の概念，法則にもとづき，適切に判断し，その判断にしたがって行動できる子どもたちを育てることであろう。このことは，子どもたちが一生を人間にふさわしく生活できるようにするのに必要な自然科学の基礎知識を提供することともいえよう。
　このように理科教育の理念をとらえると，"理科は自然科学を教える教科である"といわなければならないはずである。そこで，自然科学の基本的な事実・法則，概念こそが，指導内容となる。

〔補　説〕
　教育内容を選択する際の視点として，自然科学の基本的な事実・法則，概念を選ぶということだけでは必ずしも，充分な説明ではない。例えば，「自然科学を体系的に学んだ人間がオームで殺人をやったではないか」などと，体系的，系統的な自然科学教育に疑念を提起する人もいる。そこで，教育内容選択の視点について最小限の説明をつけ加えたい。それは自然科学教育の目的とその機能に関わる視点と価値観の形成についてである。

①教育内容の選択に関連する社会的要請
　今日では，遺伝子操作，人工物質や原子力の私的利用問題など，多くの科学や技術が社会問題となっている。これらの問題にかかわる科学や技術の基本的な知識を提供することも，理科・自然科学教育の責務の一つである。この問題を考えるとき，特に注意したいことは，情緒的な視点で自然科学教育の内容を考えないことである。問題が深刻であればあるほど，冷静に状況を分析し，その深刻な問題を引き起こしている原因を理解できるための知識や，その困難を克服するのに必要な基本的な知識を検討し，教育内容として位置づけることである。これらの問題に関わる教育内容は，自然科学教育の内容の必然的関連性をふまえて，教育できるようにすることが特に重要である。さらに，災害から身を守る，つまり，安全性の確保などについての知識は，必ずしも学習内容の発展性と関わらないで教えざるを得ないこともあることに留意したい。

②価値観形成の基礎知識
　自然科学の知識を教えることに対して，多くの人達が疑念をもっている。例えば，自然科学の知識をもっている人達が，原爆をつくり，毒ガス，生物兵器を研究しているではないか。だから，自然科学の知識を教えることは，重要なことではない，という主張である。ところで，この主張は，価値観の教育と価値観の形成には自然科学の基本的な知識を欠くことができないという事実とを混同していると言わざるを得ない。
　現代的な人権概念，人種概念，戦争責任問題にしろ，臓器移植問題でも，さらにこれらの問題に関わる法律問題でも，どの問題をとってみても，その具体的な処理，対応に自然科学や技術についての基本的な知識を欠くことはできないであろう。もし，科学や技術についての理解を欠いていたら，決して適切な対応はで

きない。それは，原子力発電所の安全性問題の裁判で，裁判官の知識不足とそれに基づく無責任さによる政治権力へのすり寄りなどの例で明らかなことであろう。

ただし，科学的な知識を持っていれば，それで充分である，ということではない。知識の教育の全ての場面を通して，獲得した知識は常にだれのためにこそ，活用すべきなのか，自分は何を大切にして生きるのか，問い続けることが重要である。これは価値観を生徒各自の判断・責任で形成させることで，特定の価値観の形成を強要することではない。価値観の形成は，それぞれの生徒が自分の責任で一生問い続け，発展的に形成し続けるべきものだからである。自分の価値観に自分で責任をもつことを教えることこそが重要なことであろう。

すべての生徒たちが，自分で自分の価値観を形成するのに，自然科学の知識が必要なのである。このことにぜひ注目してほしいものである。

③自分を活かすための活動の基礎知識

筆者は敗戦後間もないころ受けた授業で，次のようなことを記憶している。人夫・肉体労働者が日常使用している単語の数，つまり，語彙は調査によると凡そ80語程度である。だから，学校教育が一生活用することもないいろいろな知識などを教えることは考えものである，という米国の「生活単元・問題解決学習」流の教育学や教育心理学の講義である。現在の生活に即した教育，低俗な生活と学習との統一をめざす，今日の総合的学習や総合学習と基本的に同一といえる教育観であろう。

しかし，次代を生きる子どもたちに，現状から教育内容を規定する授業を受けさせることの恐ろしさ，傲慢さが許されるであろうか。このことは，筆者が教えられた今日流にいえば総合学習を主張した人たちが描いていた日本人の生活の程度の予想が，現在のどの日本人の生活と一致しているだろうか。まったく予想が外れていることは明らかなことである。このような主張は現状を固定させたい，ごく一部の権力者たちの意図と同一であろう。

最近は，生産過程の自動化が進み，労働者を排除するリストラと称する資本のための合理化がマスコミの支援のもとに進められている。本来なら，すべての働く人々の労働時間が短縮され，すべての人々が自分の自由にできるより多くの時間をもてるようにする合理化を進めるべきなのに，逆に多くの人々を排除して，ごく一部の人たちには長時間労働を強いるという反人間的な科学や技術の悪用が押し進められている。

このような反人間的な施策によって非人間的な状況に置かれていることを理解でき，簡単に騙され排除されないだけの学力を，すべての子どもたちに獲得させることは，義務教育の当然の役割であろう。

このように考えると，これからますます増加させなければならない，庶民が自分の自由な時間を人間的に活用できるようにする，自由な知的生産活動のための基礎知識としても勿論，また，現状の束縛された労働に安全に従事するためにも，自然科学の基本的な事実・法則，概念を身につけておかなければならないことは明らかなことであろう。

ほんとうに自分がやりたいことを自由にできるようにするためにも，また，他人の人間としての自由を保障できるようになるためにも，ますます自然科学の知識を欠くことができない時代になっていると云えよう。

2　教育内容の選択と構成の前提知識

(1) 教育内容と教材

ここで，よく誤解されている教育内容と教材の違いを明らかにしたい。教材という用語は，多くの場合，教育内容にも使われている。しかし，科学的な教育研究を前進させるためには，教育内容と教材の違いを明確に意識することが重要である。

例えば，「化学変化」という概念を教えることを考えたとき，教育内容は「化学変化」である。この教育内容をどのような事象，実験で導入するか，理解できるようにするか考え，選択するのが，教材である。化学変化の導入に広く利用されているのが，燃焼である。ファラデーの『ろうそくの科学』の影響か，燃焼で化学変化を導入する試みは広く行われてきた。これに対して，鉄と硫黄の化合，銅と塩素ガスとの化合で教えるとか，また，酸化水銀の分解反応を利用するという実践があった。

このように「化学変化」という概念を導入することは同じでも，それに利用する，取り上げる事象にはいろいろな違いを生じている。このような概念や法則を理解させるのに，活用する事実，現象，モデル，例え話，模型，写真，調査資料などを教材とよぶのである。

ある概念や法則を教えるための教材の選択に，その概念や法則をどのように定式化・定義するか，という問題が深くかかわっている。教材の選択は教師の

教育内容の把握・理解と深く関わっている。文部省「学習指導要領」の概念，法則の規定は，観念的，形式的，皮相的であり，それにもとづく教材選択なので，それで教えられた知識が活用できる知識にならないのである。

最近，盛んに行われている「おもしろ実験」の開発などは，多少，この教材開発に関わることである。

(2) 法則，概念（の内容）の発展性

自然科学の基本的な概念，例えば，「化学変化」という概念は，燃焼で導入しても，分解で導入しても，それだけで初歩的にしろ，化学変化概念として必要な主な内容を獲得させることは決してできない。その概念の内容は第一歩・導入段階にしかすぎないことは明らかである。必ず，その後の学習で，新しい物質の生成，その表現の仕方，熱の出入り，反応の速さ，激しさ，触媒の働きなど，どれをとっても多くの具体的事例を踏まえて，発展的に深化させなければならない。

このことは，例えば，一見，簡単に思える1つの概念にしても，その概念は，種々の学習内容を通して，したがって長い時間的経過をへて，一歩一歩内容が深められ，より豊で正確な内容の概念に発展することがわかる。学校教育で取り上げる概念や法則は基本的であるからこそ，どれ一つをとっても，決して，一回の学習で形成できるものではなく，発展的な学習の積み上げの上に，始めて，形成できるものである。だから，それぞれの概念や法則を理解できるように教育内容を適切に選択し，系統的，体系的に組織して，教育していくことがどうしても必要になるのである。

3　教育内容の把握・到達目標から教材

(1) 到達目標

"理科は自然科学を教える教科である"という理念にもとづくと，化学の教育内容として，まず，現代化学の基礎をなす基本的な概念，法則・事実を拾い上げることになる。この作業の前提として，大まかであっても，どうしても一つの見通しが必要になる。

中学校であれば，その卒業時に全ての生徒たちに獲得させておきたい化学の知識を大まかでも想定する必要がある。今日の状況でも，ここまでは教えたい

第8章 理論に導かれ，実践できたえて　211

という化学教育内容を明らかにすることである。教育内容であるから，概念や法則をどのようにとらえさせるか，つまり，概念や法則のとらえ方，質，レベル（発展段階）も表現される。例えば〈物質は，分子，原子，イオンの3種類の基本的粒子でできている〉などが考えられる。これを到達目標と呼ぶ。

　この卒業時の到達目標に到達させるために，それ以前の各学年の指導内容・学習単位（単元）毎に獲得させたい到達点，到達目標・最も基本的な概念や法則の定式化，も当然創らなければならない。例えば中1の「物質と分子」であるならば〈物質は極めて微小な粒子である分子が非常に多数集まってできている〉などが考えられる。ところで，それぞれの到達目標は独立して存在しない。内容が低次のものから，より高次のものへ必然的，発展的に関連して構造化されるものでなければならない。例えば，中学1学年で扱う指導内容の到達目標は必然的に2学年に予定する指導内容の到達目標の前提知識となり，次の到達目標へ生徒たちを到達させ，そこでさらに豊かな内容に発展して，さらに次の学習へ発展する基礎知識となるものである。到達目標がつくる構造は，低次の法則，概念から，より高次の法則，概念へと必然的，発展的な構造を創らなければならないのである。この到達目標の創る構造が体系性を表わすことになる。木に竹をついだような構造，本質的，発展的な関連性を持たない構造は教育的な意味がとぼしい。文部省「学習指導要領」のように，瑣末で皮相的な知識を断片化して寄せ集めただけの教育内容がつくる構造は，教育的な意味が大変にとぼしい体系なのである。

(2) 具体的内容

　この到達目標による大まかな見通しをつけたらば，次には，それぞれの到達目標の下で教える概念や事実・法則を考える。ここに挙げられる概念や法則を具体的内容とよぶ。具体的内容は一つの到達目標の下で扱わなければならない事実・法則，概念というより，到達目標を子どもたちに確実に獲得させるのに必要ないくつかの事実・法則，概念である。

　例えば，"物質は極めて微小な粒子である分子が非常に多数集まってできている"という到達目標であれば，具体的内容として，溶液の中に溶質の分子は一様に散らばっている。／分子は電子顕微鏡でも見えないほど非常に小さい粒である。／結晶は非常に多数の分子が集まり，規則正しく並んでできている。／物質の種類が異なるとその物質をつくる分子の種類もことなる。などな

どという教育内容が必要になる。

このような物質や分子についての定式化を見ると、現代科学が明らかにした成果に反するものだ、などという批判を必ず受ける。しかし、ここで留意したいことは、先に述べたように、概念は形成されるものであるという事実である。学習の過程では、当然のことながら常に不十分さが付きまとうものである。逆に、分子、原子を現代科学に忠実に定義したとき、その定義をそのまま中1年生に教えることが可能か、また、適切であるか、検討してほしいものである。但し、将来の学習の障害となるような概念や法則の定式化は許されることではない。なお、この分子概念については、別に説明する。

ここに、述べたように、到達目標を獲得させるために必要な事実・法則、概念を、どのように定式化するか、つまり、教師がその概念や法則をどのように発展的に把握し、教育課程全体に位置づけるか、という教師の概念形成や科学の理解の仕方が深く関わってくる。何かの科学の辞書・辞典にかかれている説明を寄せ集めればできるというようなものではない。このことは、化合の条件、物質不滅の法則の定式化の例などを考えると明らかなことであろう。科学を知っているということは必要条件であるが、充分条件ではない。この概念形成の研究の専門家である現場教師の多様で創造的な研究・実践の成果によってこそ、検討できるものであることを特に強調したい。

教育内容の系統性は、一つの到達目標下の教育内容の選択、構成に関わる概念とすると理解しやすい。この到達目標を獲得させるのに必要な具体的内容が創る構造は、教育内容の系統性を大まかに表現する。個々の具体的内容は、かなり豊富な内容を含むものなので、必ずしも具体的内容の直線的な構造が系統性を充分に表わすものではない。が、具体的内容が創る構造に必然的・論理的な発展性を読み取ることができる。系統性のより詳しい道筋は、次の教材の選択とその構成とも関わって表現されることである。

(3) 教材

前項の個々の具体的内容を教えるために、理解できるようにするために取り挙げる基本的な事象や観察などを、特に教材とよぶ。先に、化学変化という概念を例にして教材を説明したが、一つの概念や法則を教えるとき、いくつかの教材を必要とする。もちろん、導入の際に活用する教材、発展的内容として、あるいは適用限界ぎりぎりの事象として選択する教材、さらに生徒間の討論で

誤解されていることが明らかになった事象の提示など，いくつかの例を取り挙げなければならない。

また，導入の際に活用する教材は，その概念や法則を理解するのに極めて適切な，つまり，その概念や法則の典型的な事例ともいえる事象，直感的に本質を理解しやすい事象を選択する必要がある。しかし，典型的な事象だけをとり挙げた授業では生徒たちが概念や法則を活用できるようにならない。必ず，適用限界に近い教材，あるいは多様性を示す教材など，多様な教材の選択が必要になる。例えば，酸化，還元の授業の中で，酸化水銀の分解反応を，還元の例の一つとして意識化することなどはこの例といえる。また，少なくとも一つの概念や法則について教材を最低3種類あつかわないと，生徒たちがその概念や法則を活用できるようにならないという経験法則がある。

教えた概念や法則が活用できるようにするためには，教材をできるだけ多様にしたい。付け足しの教材として，簡単に提示するだけでも，効果が大きいことに留意したい。

教材の開発は，すべての生徒たちに自然科学の概念や法則を理解できるようにするために重要な仕事である。しかし，何かの事象・教材が先にあって，それで何かの概念や法則を教えられるのではないか，と発想していくことは逆転していることに留意したい。教材の開発は，教育内容，つまり，この概念や法則をこのように教えるのに適切な教材は何か，ということで検討し，開発していくものである。内容があって方法が決まることに注意したい。この点は自然科学の研究などと異なる点であろう。科学研究では，利用できる設備，手段から研究対象を選択することが当然ありうる。

教育課程を創ること，つまり，教育内容を選択，組織するには，まず，教育内容の分析，把握を到達目標から具体的内容，さらに教材という3段階で進めることが有効である。これは教育内容を3段階でより具体的に把握することともいえよう。この3段階で把握すると，それぞれの内容が具体的で明確であるから，実践結果によって成果を検証することもこれまでより容易になる。

4 教育課程・カリキュラムの編成

(1) 教育課程

到達目標がつくる構造として，表現されたものを筆者は教育課程・カリキュ

ラムと考える。したがって，カリキュラムの表現には大綱を示すだけのものと，各到達目標毎の教育内容をさらに詳しく表示したものなど，精粗の差のあるものがいろいろと考えられる。

　教育課程には中1での到達目標だけを考えても，多様性が生じる。物質の基礎概念，溶解，溶液，分子，状態変化，温度と熱，金属などをそれぞれ独立の到達目標として，教育課程を構成することも可能である。がしかし，その幾つかをまとめて，例えば，"物質と分子"とし，物質の重さ，体積，物質不滅の法則，密度，温度変化にともなう体積変化，溶解，溶液，分子，物質の三態とその変化などをまとめて扱うことも有効である。

　未だ，研究や実践の蓄積が少ないときは，あまり大きな単位にまとめないで，やや細かく到達目標を創って，授業を行うことも研究・実践の有効な一つの手段である。ただし，この際も，過去の成果を調べておくことは欠かせない。

　さらに検討しておかなければならないことは，他分野との必然的な関連である。例えば，電気分解，イオンを導入しようとすれば，それ以前に，分子，原子は勿論，"物質と電気"とでも呼ぶべき学習単位を設定すること。そこで物質にこそ電気的な性質があること，原子が構造をもち，＋電荷をもつ原子核と－電荷をもつ電子からできていること，電流は金属中を流れる電子の流れであること，などを理解させて置かなければならないだろう。到達目標が創る構造について考慮する重要性がある。

　教育課程はそれぞれの学習単位毎の到達目標間の必然的，発展的な関連を考えて，体系づけ，構造化したものである。もちろん，この体系化・構造化に迷うこともある。そのときはそれぞれの可能性を実践的に検討して優劣を明らかにする必要がある。

(2) 認識発展の道筋の多様性と教育課程

　これまでにも，生徒たちの認識の道筋が複数存在することを述べてきた。ところで，ここで検討することは，個々の生徒の認識発展の道筋の違いと多くの生徒を対象とした教育課程の関係である。そもそも認識発展の道筋に大きな違いはありえないと考えている。例えば，温度概念より熱概念が先になるなどということは不可能なことである。したがって狭い範囲での道筋の違いが問題になる。では，この個々の生徒の個性に関わる違いと，一律の教育課程との矛盾の克服は，どうしたらよいのであろうか。

それは授業の構成，運営が担うことになる。授業の中に設定される学習課題についての生徒間の討論がそれを解決する。一つの教材の検討，学習課題の解決にあたっても，決して一筋の説明でクラスの全員が容易に理解できるものではない。例えば，平らな水面を見て，液体状態の分子は運動していないと考える者もあれば，逆に分子は顕微鏡でも見えない非常に小さい粒であるから，顕微鏡でも見えないほど小さいが激しく波立っているはずである，と予測するなどである。あるいは，アルコールを詰めて閉じたビニール袋に98℃の水をかけると，袋が大きく膨らむことを見て，分子が衝突していると考える者もあれば，非常に小さい，非常に軽い粒がぶつかっても，極めて重たい袋が持ち上げられるはずはない，と主張する者もでる。

このように一つの教材を見ても，それから考えられることは決して一様ではない。したがって，そこに現われる多様性は授業での多様な生徒たちによる討論でこそ明らかにされ，つまずきも克服できるものである。討論の場へ，すべての生徒の認識の発展の道筋が明らかにされ，それが集団的に検討されて，初めてつまずきが克服され，全ての生徒の認識が一層広められ，深められるのである。このことは，教師の単純，簡単な説明などで生徒たちに理解を保障することなどできない相談であることをも示しているのである。

認識の発展の道筋の違いを共有化する授業を行うことが，実は，真の意味で個性を尊重することと考えている。認識の道筋の多様性を活用する，授業の構成とその運営で，すべての生徒たちの認識の発展が保障されることに是非注目してほしい。ただし，これらはそれまでの教育内容が系統的，かつ体系的に組織された授業の積み上げの上に現われることも忘れないでほしいことである。

5 教育課程から授業へ

(1) 教材構成と内容の系統性，認識の順次性

到達目標から教材までを一応明確にできたらば，教材を扱う順序，学習順序を考える。これは導入段階に必要な典型的な事象から，続けて扱う多様性や適用限界を示す事象などへの発展的な順序を検討することで，これを教材構成という。

教材構成には，例えば，分解反応と化合反応のどちらを先に位置づけるか，などということも関わっている。しかし，それはそれ以前にどのような指導内

容を如何に扱ってきたか，あるいは，分解，化合を如何に理解させようとしているか，によって決まってくることである。

化合の概念について考えれば，化合反応で最初にその条件を明らかにさせたらば，次に，化合の条件を活用させること，また，温度の影響などを合わせて検討できる化合反応・鉄＋硫黄反応を選択する。次に，化合したら，反応生成物である化合物の重さは，反応物質のそれとどのような関係にあるはずか，検討させるための教材を位置づけることなどが教材構成になる。これは主な教材を扱う順序をまず明らかにすることで，認識発展の大筋を教材で明らかにすることでもある。

したがって，この教材構成は，注目する概念や法則の内容と，さらに，それらの間の本質的，必然的な発展的関連を教師自身がどのように理解しているかを表現することともいえよう。教育内容の系統性がここにより詳しく表現される。

この教材構成は，まず主にする教材の構成を考える。認識発展の大筋を予想する。次にその主たる教材を補強する，あるいはさらなる発展を期待しての付け足しの教材などをつけ加えることにする。初めに大筋を明確にし，その大筋をより多様で豊かな内容にするためや，認識のつまずきを克服するための教材を補足するのである。ここには，系統性よりさらに短い範囲の生徒たちの認識発展の道筋・法則性，個性・多様性，多様性に関わるつまずきの克服などが考慮されて表現される。内容の系統性をふまえて，確実に生徒の認識の発展を保障する思考の多様性も反映される。この教材構成の大筋が系統性を表現し，それをより豊に発展性させたり，つまずきを克服する教材のつけ加えで，認識の順次性が明確に表現されるといえる。

この教材構成も，実践の過程で変更されることが当然ありうる。予想外の生徒の反応によって修正したり，また，後から気づいた教材をくけ加えることなどもあり得る。また，クラスによって異なることもある。したがって，教材構成は，教育内容の系統性と認識の順次性の両方を統一して表現するものといえよう。教材構成は教師がどのような教材をどう配列し，何を如何に検討させていけば，生徒たちが概念や法則をどのように獲得し，それを発展させていくはずか，生徒たちの思考の発展を予想することでもある。ここでは教師が教育内容がもつ論理的な構成・発展的で必然的な関連を具体的にどのように把握しているか，つまり系統性を，また，生徒たちの思考の発展の筋道・法則性，即ち

認識の順次性をどれほど具体的に把握しているか、教師の思想を総体として具体的に表明することともいえよう。

具体的内容から教材構成までを検討するとき、科学史上の事実、概念や法則の具体的な発展史を知っていると、役立つことがままある。また、授業中の生徒の発言が歴史的な意味をもっていること、したがって極めて創造的な発言であることなどを理解できることにもなる。

(2) 学習課題

理科は自然科学の基本的事実・法則、概念を教える教科である、と規定すると、理科の授業は生徒たちがつくる学習集団による自然科学の研究である、となるだろう。ここで、学習集団としているのは、授業記録でも明らかなように、多様な生徒がつくる学習集団だからこそ学習内容が多面的に検討でき、その学習内容の豊さが明らかにされるからである。また、だれかのつまずきが集団が出し合う知恵によって克服されたり、そのつまずきによって多くの生徒たちがより深く本質へ迫ることができたことなどが理解されるであろう。そこで、学習は学習集団の働きによって、成立することにまず留意してほしい。授業の個別化は授業の否定である。

自然科学の研究であるから、研究課題が必要である。この学習集団に提起する研究課題を学習課題という。この学習課題は、主にした教材をどのような視点で、あるいはその教材によって何を明らかにするのかなどを生徒たちに明確にしめすものである。学習課題を解決すれば、教育内容が明らかにされるのである。

この学習課題と教材構成とは深く結びついている。教材構成を検討するとき、大まかでも学習課題を想定したい。学習課題はそれぞれが独立して存在するものではない。教材構成ということでも明らかなように、学習課題が創る構造も意味をもっているのである。もちろん、さらに広くそれまでに積み上げてきた教育内容の全体も関わっている。

したがって、学習課題は、一連の指導計画のなかに位置づけて、発展的で必然的な意味をもっているか、検討しなければならない。その学習課題を解決したら、指導内容が引き出されるか、あるいは、指導内容についての教師の説明をきく必然性が明らかになるか、などを検討して創るものである。さらに次の学習課題への発展性を備えているか、検討する必要がある。教育内容に系統性、

体系性が備わってくると，生徒たちからの質問，疑問が，あとに続く学習課題になっていることがままある。学習課題がつくる構造は，生徒たちの思考の発展の筋道を表現することにも留意したい。

学習課題は疑問形の文章なら，それでよいなどというものではない。また，だれでもが直ぐに回答できてしまうような単純なものでは意味をもたない。逆に，それまでに獲得している知識ではまったく歯が立たないような内容のものでも意味がない。生徒たちが"あれっ"と考えさせられ，考えることによって，いくつかの可能性・考えが引き出され，集団で検討することで解決可能なものでなければならない。

学習課題を出す前に，一言，二言，学習課題の前提知識を意識化させたり，焦点を明確にするためなどに問いかけなどが必要な場合もある。例えば，分解反応に活用する酸化水銀の状態を問うたり，それが純粋な物質であることを指摘したりするのはその例である。あるいは化合の導入で，まず銅板と硫黄を提示して，それらが何という物質であるか，確認すること，さらに酸化水銀のように銅と硫黄が結びつくことを明確にすることなどもその例といえる。

学習課題の質は授業の成否を大きく左右する。そこで，最初は実践の成果が明らかな一連の学習課題をいろいろと実践・検討して，その成果をもとに自分の授業の学習課題を検討するようにすると効果的であろう。課題の中の一言の違いが生徒たちの反応を大きく左右することにも留意してほしい。筆者は教師として自分が話し，書いている文章の不十分さを意識しにくいことを常に忘れないようにしている。

学習課題は大体一つの教材と一体としたものであるが，多様性や付け足しの教材，補足的な教材などによって，学習課題に活用した教材をより豊に理解できるようにする，学習課題の内容をより豊にすることも考慮したい。

学習課題がつくる構造を元にして指導計画を検討する。もちろん，一連の学習課題を創るとき，その授業に割り当てる授業時数を前提にすることは当然である。普通は1時限1学習課題であるが，時には，2つの学習課題を扱うこともあり得るだろう。

6　おわりに

教育内容についてここまで縷々のべてきたので，次には授業の組織や運営に

ついて述べなければならない。また、筆者は「理科授業の理論化研究会」で授業の組織、運営についても多くのことを学んだ結果、本書にも明らかにした自分の実践に、多くの不十分さを改めて観ることができるようになった。そこで、できることなら、それらについても詳しく明らかにしたいと考えている。が、本書にそのことを具体的に述べるだけの余裕がない。そこで止むなく割愛することにした。

しかし、筆者はこれまでに「Ⅱ 自然科学の授業」(浅岡清範編『(たのしくわかる)中学理科の授業1 第一分野上』(あゆみ出版 1983.6) や「Ⅰ 化学の授業を求めて」松井・三井編『化学変化の教え方』(教育文庫18 むぎ書房 1991.9) を書いているので、ぜひ、それらをご検討いただきたい。

科学・化学の授業を創るさい第一に大きな意味をもっているのは、教育内容である。どれほど授業の組織や運営を考えても、教育内容が瑣末な概念や法則であれば、決して、授業が豊かな内容を創りだすことはできない。つまり、授業の質を左右するものは、まず教育内容である。このことを筆者は特に声を大にして繰り返していいたい。

教育内容である自然科学・化学の基本的な事実・法則、概念が系統的に、さらに体系的に組織化されており、それを認識の順次性に基づいて授業を構成すれば、かなり高いレベルの授業がなりたつと考えている。　教育課程の有効性の評価は、生徒たちの発達の事実でこそ行うものではないだろうか。テスト問題を考えるより、生徒たちが学習した結果提起する。基本的、本質的な疑問の質を筆者は重視することの重要性を指摘したい。というのは、授業の後の教師たちが作成するテスト問題は、所詮、教師たちの思考の枠の中のものであり、決して、教師の予想をはるかに越えて発達する生徒たちの真の姿を把握するには、必ずしも適切とは言い切れないからである。学力論争には、このような評価の問題があることにも注目してほしいものである。

科学教育の全国的規模での科学的研究は、敗戦後、科教協や教研活動を中心として緒についたといえる。したがって、本書に指摘した分子概念のように、極めて基本的な概念や法則でありながら、如何にとらえ、どう教えていったら、すべての生徒たちに現代的なレベルで確実に理解させられるのか、という研究の成果は決して多くはない。ぜひ、基本的な事実・法則、概念の実践的な教育研究に多くの人たちが取り組まれることを期待している。

【2】 化学教育と分子・原子概念

1 問題の所在

　中学校における物質とその変化・化学の教育では，原子，分子，イオンという物質を構成する3種類の基本的粒子について教えたい，と考える人は多いことであろう。ところが，これらの構成粒子をどのように把握し，定式化し，どのような順序で教えるかということになると，大きな違いが生じてくる。

　例えば，まず，原子を導入して，「物質は原子でできている」とし，以後それで一貫して教えるべきである，という主張が広く聞かれる。こうすれば，食塩が分子でできている，などという現代化学の成果に反するウソを教えなくてすむ，という。あるいは，文部省「学習指導要領」のように同時に原子，分子を導入して，はじめから原子でできているもの，分子でできているものがあるとすればよい，という主張もある。

　筆者は，このような主張とはことなり，分子→原子→イオンという順序の発展段階をふんで，つまり，それぞれの概念を活用できるようにしたあと，次の概念を導入する系統的，かつ体系的な教育課程の重要性を指摘している。

　ところで，この分子，原子，イオンなどの導入とその概念の定式化の違いには，概念形成についての理解の違いが大きく関わっていると考えている。筆者は，概念形成を次のように考えている。

　どのような概念でも，その教育を考えたら，次のことを意識化する必要がまずあるのではないだろうか。概念形成には必ず時間的経過をともない，形成されるものである。そこで，その途中の過程をみれば，如何なる教育課程であっても，不十分さを必ず伴うはずである。不十分さをともなわない概念形成は，あり得ないと考えている。したがって，途中の不十分さが問題なのではなく，例えば分子概念なら，それが次への発展を阻害しない，発展の障害にならないで，生産的に活用できるものであれば，一つの有効な方法として充分な存在理由がある，ということである。

　この概念形成についての理解の違いは，実は，教育研究の実践性を左右する

ことでもあり，極めて重要な意味をもっていると筆者は考えている。

2 粒子的概念獲得の実態

　生徒たちが中学校に入学してきたとき持っている物質概念は，連続的物質概念である。決して，物質は分子，原子，イオンという粒子の大集団であるなどと考えてはいない。そして，連続的物質観から，粒子的物質観，物質の不連続性を生徒たちが理解することが容易でない事実を指摘したい。したがって，まず，物質が粒子的構造をもっている事実を確信できるようにすることが教育の第一段階として欠くことがてきないのである。

　そして，生徒たちがこの物質の粒子的構造を理解するとき，構成粒子の質はほとんど問題にならないのである。物質の不連続性を理解する過程での生徒たちのつまずきの実態を検討すると，物質の不連続性を理解することは，実は粒子と粒子との間のすき間が正真正銘の真空であることを納得することであることがわかる。生徒たちは粒子と粒子との間が常に何かで満されていると考えたがる，連続的物質観にもどるのである。粒子が真空中に存在していることを容易に確信することはない。このことは，考えてみれば大人でも，その不思議さに驚くことではないだろうか。粒子がまったくの真空中に浮かんでいるなどということを容易に納得できるだろうか。真空を隔てて粒子が規則正しくならび，結晶を作るなどと容易に考えられるであろうか。

　したがって，生徒たちが物質の粒子的構成に納得して，その知識を活用できるようになるためには，粒子的構成を前提しなければ理解できない多様な事象を確認させることが必要になるのである。文部省「学習指導要領」が規定するような言葉の上だけの安易な方法で，分子，原子概念を生徒たちが活用できるようになることはあり得ないのである。

3 分子概念の有効性・知識の実践性

　この物質の粒子的構造を理解する段階では，粒子の質はほとんど問題にならない。粒子の質の違いは主要な学習対象ではないのである。このことを軽視してしまうと分子概念で物質の粒子的構成を教えるということの優位性を見ることができなくなる。

また，活用できる知識の質を検討してほしい。文部省式に，原子でできている物質もあります。分子でできている物質もあります，と教えたとき，生徒はその原子，分子概念を活用できるであろうか。どの物質が原子でできているのか，分子で構成されているのか，個々の物質について知らなければ原子，分子概念を活用できないことに注意してほしい。文部省式の知識は活用できない，つまり，実践性の非常に乏しい知識なのである。よく，知識偏重などという学校教育に対する非難を聞くが，これは文部省が活用できない形の知識を教えることを強要していることに，その第一の原因があるのである。

　これに対して，物質は分子でできている，という"第一次近似の定式化"を生徒に理解させると，生徒たちは物質について何時でも安心して，その獲得した知識を適用するのである。迷わず知識を活用できるのである。そして，次々と発展的な学習課題を解決し，物質の粒子的構造を確信するのである。このとき，知識の重要性，活用方法なども理解するのである。勿論，知識には必ず適用限界があるから，一通り分子概念が活用できるようになった段階で，分子概念だけでは解決できない事象，例えば，分解反応を提起して，原子概念を導入し，〈物質は分子・原子でできている〉という"第二次近似"の物質概念へ発展させていく教育課程が教育にとって有効，適切で，体系性を備えた教育課程となるのである。

　また，物質は原子でできている，という定式化で物質世界をみたとき，どれだけの意味があるだろうか。この定式化で，1千万種類をこえる多様な物質種があることなどを生徒たちが理解できるであろうか。90種類の原子でできているとして，生物をつくる物質の多様性などを極めて初歩的であっても納得できるであろうか。さらに，原子でできているとしたとき，原子の混合物と化合物の区別をどのようにイメージできるのであろうか。初等的にしろ原子，分子・原子記号，分子式（化学式）を扱う，つまり，化学反応式，分子式などを使えるほどの具体的なイメージをどのようにして獲得させるのであろうか。

　筆者は，これまで原子で一貫して教育すればよいと主張する人たちが教えた生徒たちが，原子，分子概念を使いこなし，充分に発達しているという具体的事実を知らない。教師がするお話は聞いているが。

　それに反して，筆者が教えた生徒たちは，分子概念を駆使し，さらに原子概念を獲得したあと，イオン概念を導入すると，イオン性物質の水溶液は，何種類の物質の混合物と言えるのか，などを問題にする。また，原子に余分の電子

を押しつけたり，原子から電子を無理に取り除いて生ずる，電子の過不足で原子がイオンになるのではなく，イオンこそ安定な状態で，イオンから原子をつくることをわれわれに教えてくれた。このような事実は，分子概念から原子，イオン概念へ発展させていく教育課程が有効，適切なものであることを生徒の発達の事実で明らかにしているといえないだろうか。また，イオンの生成は，溶質が水に溶けたときなのか，その溶液に電圧がかけられたときなのか，なども問題にする。この疑問がイオン性物質の溶融電解実験を設定する必然性をもたらし，イオン性物質が存在する事実を明らかにしていることに，ぜひ，注目してほしいものである。

4 化学変化・粒子の質の変化

　原子の導入までは，質が主な学習対象にならないことに留意したい。しかし，化学変化を扱うときには，質の変化が主な教育対象になる。物理学では粒子の質はほとんどの場合問題にしないで課題の初等的な解決ができる。粒子の個別性が主ではなく共通的な粒子の振る舞いが中心になる。例えば，物質の三態とその変化，結晶・固体，液体，気体の構造，分子運動，物体の弾性などの理解もそうである。ところが化学教育では粒子の質の変化が主たる学習対象になるのである。学習対象が主に何であるか，ということを明確に意識化することが教育効果を挙げるのに特に重要であることを指摘したい。

　分子式（化学式），化学反応式を生徒たちが活用できない，大変に困難の多い教育内容である。だから削減するという主張が一般に通用している。しかし，この主張は，書けないように教えている結果ではないか，という反省に欠けていないだろうか。筆者たちの実践結果では，このような事実がないからである。分子概念を前提にして，化学変化を分子式で書き表す式が化学反応式である，とすれば，いつでも容易に書けるようになるのである。もちろん，分子概念に確信をもっている生徒たちを対象としていることは当然である。粒子概念が明確であれば，その個数もたえず問題になる。このことが化学反応式の係数の理解を容易にする。さらに，化合物の成分として，初めの物質が保存されていることを確信できていなければ，分子式を確信を持って書き，それで化学反応式を書くことなど決してできない。物質は分子でできている，という第一次近似が生きてくるのである。文部省「学習指導要領」にしたがう授業を受けてきた

人たちが，第四章で紹介したように「黒い粒は食塩のこげたものなので心配ない」などというまったくのデタラメに，全国民ともいえる多くの人たちが簡単にごまかされてしまうような知識では，分子式，化学反応式を書けないことも当然のことである。

　生徒たちが容易に教育内容を獲得できないときは，まず，教育内容とその構成，つまり，「学習指導要領」の検討が第一歩でなければならないのである。分子式，化学反応式などは，物質の構成粒子とその変化，それにともなう質の変化など，原子の種類，その量的関係だけではなく，多くの事実を表現していること，したがって，極めて多くの前提知識が必要なことにも留意したい。

5　おわりに

　筆者たちは，分子から，原子，イオンという順序で物質の構成粒子を導入することの有効性を実践結果を示して主張してきた。しかし，これ以外の可能性がないということではあり得ない。ただし，異なる教育課程，つまり，有効な概念形成過程を主張するときには，その課程によって教育された生徒たちの発達した事実をも示すようにしてほしいものである。そうでないと，筆者が長く苦労したような科学的な知識は豊富であるが，概念形成を意識していない人たちに見られる非生産的な主張に，実践的な多くの教師が惑わされることにもなる。

　筆者はある人から，"今時，物質は分子でできている，などという科学者がいますか"という批判をうけたことがある。しかし，現在，思い返してみると，その後間もなく，学会誌・科学雑誌，単行本などに分子概念の重要性がいろいろと指摘され始めたことが明らかである。現代科学の発展の方向性を常に意識することは重要性である。が，一時のゆれに惑わされてしまわないようにすることの重要性もまた口が酸っぱくなるほど繰り返しても，決して，十分ではないように考えている。

　さらに，現代化学の基礎として，近代化学の成果の一部が生きて働いているという事実がある。それらが教育的に大きな意味を持っていることを明らかにしていくことは教師の創造的な教育研究でもあることを指摘したい。

松井吉之助・主要著作目録

掲載誌名のないものは,雑誌『理科教室』である。『季刊・科学教育研究』東京科学教育研究所は『季刊・』○号とした。西暦発行年(昭和・平成)発行月、掲載論文等の順。

1957 (33) 3		上原中学校理科室施設,及び設備設計にあたって『昭和32年度渋谷区教職員研究紀要 No.1』
1959 (34) 1		金属の学習(中3)
1959 (34) 6		座談会「理科教育を進めるための諸条件」
1959 (34) 7		「実験器具の扱い方」[目で見る実技講座]『中学コース』学研
1959 (34) 8		「標本の作り方」[目で見る実技講座]『中学コース』学研
1959 (34)12		「重要な実験」[目で見る実技講座]『中学コース』学研
1959 (34)11		理科教育をめぐる物質的諸条件(その1)
1960 (35) 5		中学校35年度年間指導計画にあたって
1960 (35)10		共同研究「義務教育では理科をどこまで教えればよいか(化学)
1961 (36) 1		座談会「新しい時代のための新しい教授法」
1961 (36) 4		座談会「やさしくたのしい理科の探求」
1961 (36) 6		座談会「36年度用中学理科教科書をめぐって」
1961 (36) 7		座談会「低学年理科の問題」
1961 (36) 8		溶液と溶解の学習(中1)
1961 (36) 9		座談会「一せい学力調査をめぐる諸問題」
1961 (36)10		一せい学力調査の意図は何か
1961 (36)10		「全国一せい学力調査の問題点―理科を中心として―」『理科準備室特集号』(八王子市・真弓氏)
1961 (36)11		「分子論を如何に教えるか」第11次 教育研究東京集会で報告 岩城穆子と共同
1962 (37)		「理科教育の現代化」『都教研レポートNo.1』都教祖
1962 (37) 4		新しい内容を教えられるようにするために「高分子」
1962 (37) 5		座談会「小学校理科の体系」
1962 (37) 5		座談会「今次教研の特色と今後の課題」
1962 (37) 6		「§7 金属」「第3章 化学教育の施設・設備―好ましい実験室―」田中實編『化学の指導計画』国土社
1962 (37) 6		「理科学力の問題点」『都教研レポートNo.2』都教祖『花ひらくちから―都教研30年のあゆみ―』に再録
1962 (37) 8		三井澄雄と共著「物質不滅の法則を教える」[授業の焦点]
1962 (37)12		原子・分子の重さ(中1)
1963 (38) 1		還元を教える[授業の焦点]
1963 (38) 1		「§1 化学の体系と化学教育の体系」「§2 溶液と溶解」「§4 酸化物,塩基,酸,塩」田中實編『(中学)理科の系統学習』国土社
1963 (38) 7		「私の授業研究II」[第13次教研活動推進のために]『教育評論』臨増

1963 (38) 9		座談会「理科授業の現状と改善の一視点」
1963 (38)11		「第6章(4) 中学校の化学教材」「第10章 1) 設備,備品について」(国民のための)教育の研究実践(日教組教研10年のあゆみの上に)理科編』日教組
1964 (39) 6		溶解・溶液
1964 (39) 6		憂うべき教科書採択
1964 (39) 8		座談会「自然科学教育の当面する課題」
1964 (39) 9		塩基の学習(中2)
1964 (39) 9		座談会「授業とは何か」
1964 (39)11		第11回全国研究大会に参加して
1964 (39)11		分子の大きさをはかる[実験の工夫]
1965 (40) 1		化合(中1)
1965 (40) 1		「第五分科会 理科教育はどうあるべきか」都教連編『東京の教育—第14次教育研究東京集会報告書—』都教連
1965 (40) 3		「Ⅳ章 物質とその性質・変化(2)[第7学年]」大竹三郎・若林覚編著『化学の教育』[講座 現代の自然科学教育2]明治図書
1965 (40) 6		玉田さんの授業(化合)を参観して(小6)
1965 (40)12		化学変化をどう教えたか(中1)
1966 (41) 6		実践をより充実させるために
1966 (41) 9		さとうはあまくないさとう水はあまい
1966 (41)10		分子の授業について(中1)
1966 (41)11		分科会報告(第13回大会)
1966 (41)12		化合の実験について
1967 (42) 1増		化学教育の第一歩(中1)
1967 (42) 2		座談会「菅野さんの授業を検討する」
1967 (42) 4		中学校における有機化学の研究
1967 (42) 5		「(1) 物質の分類−その1−」など 大竹三郎編『化学教育の体系と方法−小学校から高校まで−』明治図書
1967 (42) 7		三井澄雄と共編『(中学生のための)化学実験』四方社
1967 (42) 8		化学変化をどう把えさせるか(第14回大会)[化学分科会]
1967 (42)10		「義務教育学校運営費標準」の諸問題
1967 (42)12		座談会「自主的教育実践をどう進めてきたか」
1968 (43) 1		物体と物質(中1)
1968 (43) 2		「"学校運営費標準"を解剖する」都教研公開研究会での提案,都教研レポートNo.8に集録『花ひらくちから—都教研30年のあゆみ—』p.117に再録
1968 (43) 4		物質とその重量(中1)
1968 (43) 4		大竹三郎と共著「1 物質の重量(質量)とその保存の法則」[中学校化学教育の体系と方法]『科学の実験』
1968 (43) 5		大竹三郎と共著「2 重量・体積の測定」[中学校化学教育の体系と方法]『科学の実験』
1968 (43) 6		大竹三郎と共著「3 物質の状態と粒子的構造(1)」『科学の実験』
1968 (43) 7		大竹三郎と共著「4 物質の状態と粒子的構造(2)」『科学の実験』
1968 (43) 9		大竹三郎と共著「5 討論「物質」の学習 化学教育の第1歩として」『科学の実

		験』討論参加者・遠藤豊,玉田泰太郎,塚原徳道,三井澄雄(司会)
1968	(43)10	物質の体積と密度
1968	(43)11増	三態変化
1968	(43)12	「中学・化学=軽視されている質量の保存」[特集・教科書研究 その2 理科]『教育評論』
1968	(43)12	大竹三郎と共著「6 化学の研究—その構成と内容(1)—」『科学の実験』
1969	(44) 1	溶解と溶液
1969	(44) 1	大竹と共著「7 化学の研究—その構成と内容(2)—」『科学の実験』
1969	(44) 2	大竹と共著「8 化学反応」『科学の実験』
1969	(44) 3	大竹と共著「9 物質組成の一定性・原子価の概念」『科学の実験』
1969	(44) 5	「理科 方法の形式で内容を決定」『偏狭な愛国心と差別の教育批判 II(中学校学習指導要領検討のために)』日本教職員組合
1969	(44) 6	物質組成の一定性
1969	(44)11	「理科 化学的分野」日教組編『主権者を育てない教科書 教科書白書No.6』日教組
1970	(45) 1	三態変化(1)
1970	(45) 2	三態変化(2)
1970	(45) 8	化学変化における質と量の統一
1970	(45)11増	物質の構成粒子と物質の性質
1972	(47) 2	現代化でない現代化の実態をさぐる」[教科書の批判的研究 その5]『教育』
1972	(47) 7	私の授業
1973	(48) 7	化学変化を生徒たちはどのように理解したか(1)
1973	(48) 8	化学変化を生徒たちはどのように理解したか(2)
1974	(49) 5	「生徒の多様性をいかす観点から」『季刊 教育学2』
1974	(49) 6	「分解させるにも加熱、化合させるにも加熱、この矛盾の解決をもとめて」『化学サークル通信26』東京化学サークル
1974	(49) 9	「探求学習への提言」『理科の研究』8,9合併号
1974	(49) 9	「自然科学は体系的に」["日本の教育改革"を検討する]『教育評論』
1974	(49)10	「先入観がまかり通れば」『理科の研究』大日本図書
1974	(49)11	「科教協とわたし」『教育展望―特集なにをなすべきか―』教育調査研究所
1974	(49)11	「矛盾のない矛盾」『理科の研究』大日本図書
1974	(49)12	「自然オンチの子どもたち」『理科の研究』大日本図書
1975	(50) 1	「にせもの時代」『理科の研究』大日本図書
1975	(50) 2	「量と質の統一」『理科の研究』大日本図書
1975	(50) 3	「知育偏重のすすめ」『理科の研究』大日本図書
1975	(50) 4	「"基礎"このわかったようでわからないもの」『理科の研究』大日本図書
1975	(50) 5	「わたしにはわからない」『理科の研究』大日本図書
1975	(50) 6	「大いなる遺産」『理科の研究』大日本図書
1975	(50) 7	「科学と社会」『理科の研究』大日本図書
1975	(50) 9	「学校では学問を」『理科の研究』大日本図書
1975	(50)10	「"何のために"何を」『理科の研究』大日本図書
1975	(50)11	「一部分を全体と」『理科の研究』大日本図書

1975 (50)11増	中学校における化学教育・60時間案の実践報告
1975 (50)12	化合 ＜わたしならこうする＞
1975 (50)12	「マイナス成長30年」『理科の研究』大日本図書
1976 (51) 1	「実践の成果に学ぶ」『理科の研究』大日本図書
1976 (51) 2	「ささえる」『理科の研究』大日本図書
1976 (51) 6	力の合成・分解にかかわって―中学―[わたしならこうする]
1976 (51)11増	「化学と社会」の授業
1977 (52) 1	「過去を踏まえた理科教育の建設を」『理科の研究』大日本図書
1977 (52) 3	「短絡」『理科の研究』大日本図書
1977 (52) 4	「わたしの期待」『理科の研究』大日本図書
1977 (52) 5	「科学の方法」『理科の研究』大日本図書
1977 (52) 5	物質と分子(1) ＜教材研究＞
1977 (52) 6	物質と分子(2) ＜教材研究＞
1977 (52) 6	「過信」『理科の研究』大日本図書
1977 (52) 7	物質と分子(3) ＜教材研究＞
1977 (52) 8	物質と分子(4) ＜教材研究＞
1977 (52) 9	物質と分子(5) ＜教材研究＞
1977 (52) 9	「さわらぬ神に」『理科の研究』大日本図書
1977 (52)10	「打つ手はわたしに」『理科の研究』大日本図書
1977 (52)11	「腑に落ちぬこと」『理科の研究』大日本図書
1978 (53) 1	「観察・実験を通して」『理科の研究』大日本図書
1978 (53) 2	「学ぶよろこびは味わえるか」『理科の研究』大日本図書
1978 (53) 3	『「理科示教」教科書の成立と展開―その悉皆調査的研究―』国立教育研究所科学教育研究センター
1978 (53) 3	「ゆとりなきゆとり論争」『理科の研究』大日本図書
1978 (53) 3	共著『授業ノート・化学の基礎1)』松井 吉之助
1978 (53) 4	「"理科示教"の研究 池田菊苗著『中学理化示教』から何を学ぶか」『化学教育』
1978 (53) 4	「ゆとりを生むもの」『理科の研究』大日本図書
1978 (53) 5	「分子・原子のかげに」『理科の研究』大日本図書
1978 (53) 6	「見えることと見ること」『理科の研究』大日本図書
1978 (53)	「ちがうからこそその根拠を」『理科の研究』大日本図書
1978 (53) 8	「授業ノート・化学の基礎」(1)とその実践の結果について 科教協第25大会報告
1978 (53) 8	「2 物質と反応」「3 物質と原子」[教材資料集10 理科I 第3階梯(中学校)の部][第5回 教師の力量を高めるための自主編成研究講座]蓼科高原
1978 (53) 8	「"理化示教"教科書の研究」1978年日本科学教育学会年会
1978 (53) 9	「形がかわる」『理科の研究』大日本図書
1978 (53)10	「逃げの対応」『理科の研究』大日本図書
1978 (53)11	「子どもの実態と教科書」『理科の研究』大日本図書
1978 (53)11	出中實先生のご逝去を悼む
1978 (53)11増	「授業ノート・化学の基礎(1)」とその実践の結果について
1978 (53)12	「欠落した重要な内容」『教育評論』358号
1978 (53)12	「するどい目とみわける目」『理科の研究』大日本図書

1979	(54)	1増	物質と反応，物質と原子
1979	(54)	1	「川のはたらき」『理科の研究』大日本図書
1979	(54)	2	「5.化学変化の学習」『(1978年度)みんなでつくろう教育課程—自主編成資料—理科編』東京都教職員組合
1979	(54)	2	「すぐれた授業に学ぶ」『理科の研究』大日本図書
1979	(54)	3	化学変化の導入時における内容と方法
1979	(54)	11増	「授業ノート・化学の基礎(2)」とその実践
1979	(54)	11	「生物のからだは細胞でできているのだろうか」『理科の研究』大日本図書
1979	(54)	12	「細胞には出入り口がない」『理科の研究』大日本図書
1980	(55)	1	「仕事」『理科の研究』大日本図書
1980	(55)	2	「金属」『理科の研究』大日本図書
1980	(55)	3	「元素と単体」『理科の研究』大日本図書
1980	(55)	4	「正確であること」『理科の研究』大日本図書
1980	(55)	5	「骨のない動物は」『理科の研究』大日本図書
1980	(55)	6	「概念形成と用語」『理科の研究』大日本図書
1980	(55)	7	中学校新教科書の研究
1980	(55)	7	「問題に問題は」『理科の研究』大日本図書
1980	(55)	9	「教育の慣性」『理科の研究』大日本図書
1980	(55)	10	「純粋な物質」『理科の研究』大日本図書
1980	(55)	11増	「授業ノート・化学の基礎(3)」とその実践
1980	(55)	11	「原点にかえって」『理科の研究』大日本図書
1981	(56)	1	「遺産の継承・発展」『理科の研究』大日本図書
1981	(56)	2	「教えたことが使えるように」『理科の研究』大日本図書
1981	(56)	3	「授業以前」『理科の研究』大日本図書
1981	(56)	4	座談会「理科授業の研究で大切にしたいこと」
1981	(56)	5	「自然科学の授業とは」『科教協東京支部ニュース』
1981	(56)	8増	酸化水銀の分解
1981	(56)	11増	"電流と磁界"中3での実践報告
1982	(57)	1	「非行問題と授業の中の集団づくり」朝霞市教組教研集会
1982	(57)	3	「子どもの力を伸ばす理科の授業(中学校)」教育講座・あゆみ出版(伊豆修善寺)
1982	(57)	8	生徒から学ぶ私の授業づくり
1982	(57)	11増	物質の状態とその変化
1982	(57)	11	「食塩はこげる」『理科の研究』大日本図書
1982	(57)	12	「どこからどこまで」『理科の研究』大日本図書
1983	(58)	1	「緻密で大胆に」『理科の研究』大日本図書
1983	(58)	2	「電子1個のちがい」『理科の研究』大日本図書
1983	(58)	3	「細胞と水」『理科の研究』大日本図書
1983	(58)	5	「化学編」「1 忘れられた法則—物質の性質律」「2 みんな同じで,みんな違う—密度」「3 ガリレオが生きている」「22 めっき,塗金,滅金—めっきの由来」真船和夫他編『(授業の役にたつ話)理科のとびら』日本書籍
1983	(58)	6	編著『(たのしくわかる)中学理科の授業2第1分野(下)』あゆみ出版
1983	(58)	6	「I 自然科学教育とその意義」「II 自然科学の授業」浅岡清範編著『(たのしくわ

	かる)中学理科の授業1第1分野(上)』あゆみ出版
1983 (58) 6	「I 自然科学教育の内容とその発展 1 第1分野」林 親仙編著『(たのしくわかる)中学理科の授業3第2分野(上)』あゆみ出版
1983 (58) 7	「物質をどう教えるか」科教協東京支部集会
1984 (59) 8	「中学校・第一分野の授業をどうすれば創れるか」科教協31回研究大会[入門講]
1984 (59) 9	「化学編」「2 指でつまんではいけない?―分銅の扱い方」他 4,5,6,7,9,10,11,19,20を執筆 真船和夫他編『(授業の役にたつ話)理科のとびら』日本書籍
1984 (59)11増	『授業―ノート・イオンと化学反応』による中和反応の授業記録とその検討
1985 (60) 1	化学変化の一つとしての燃焼
1985 (60) 2	「自然科学教育について考える―理科の授業を成り立たせるもの」科教協東京支部研究集会での提案
1986 (61) 4	『理科準備室のべんり帳』企画・1～7執筆 [中学校理科指導資料]大日本図書
1986 (61) 8	子どもに学ぶ教育研究
1986 (61)10	共編著『理科教育史資料2』「第6,7章」担当 東京法令
1986 (61)11増	『授業ノート・化学の基礎I』の「1 分解」の授業
1987 (62) 2	共編著『理科教育史資料5』「第5編 化学教材史」東京法令
1987 (62) 2	化学教育と原子・分子・イオン
1987 (62)11	電子時代の電圧概念の形成について
1987 (62)11増	イオン概念の導入について
1988 (63) 5	中学校における「物質と電気」の指導計画
1988 (63) 8	電圧の授業 <中3>
1988 (63) 9	電圧の授業 <中3>
1988 (63)11	「授業をどう成立させるか」科教協関東甲信越ブロック大会
1988 (63)12	力の平行四辺形[たのしくわかる実験観察]
1989 (64) 1	「実践を中心として,子ども達の身につけさせたい自然観を明らかにする」科教協東京支部研究集会での提案
1989 (64) 3	『(知っておきたい)理用用語40選』企画・一部執筆[中学校理科指導資料]大日本図書
1989 (64) 8	「1年生物の授業から(花から果実へ)」東京生物学教育研究サークル『生物学教育研究・実践記録集7』
1989 (64)10	いまこそ密度を
1990 (2) 1	「自然科学教育の基礎でもある中学校物理教育の内容はこれでよいのか」『物理教育』第38巻1号
1990 (2) 2	「生物学教育における基礎概念を考える」科教協東京支部研究集会での提案
1990 (2) 7	「生物学教育における基礎概念を考える―小・中学校における生物学教育を中心として―」東京生物学教育研究サークル『生物学教育研究・実践記録集8』
1990 (2) 8	編著『授業づくり・構成と運営』[双書・理科授業の創造と理論化⑤]あずみの書房
1990 (2) 8	「(3)初歩的な原子論的物質概念(中学校)」玉田泰太郎著『理科の到達目標と教材構成』[双書・理科授業の創造と理論化②]あずみの書房
	〔中学校「学習指導要領」第一分野の検討〕浅岡清範と共同 科教協大会特別分科会

1990 (2) 8		化学変化と原子・分子
1990 (2) 9		「みたびの出会いで」『追憶の田中實先生』あずみの書房
1991 (3) 8		共編著『授業分析2) 中学・高校編』[双書・理科授業の創造と理論化⑩]あずみの書房
1991 (3) 9		共編著『化学変化の教え方』むぎ書房
1992 (3) 8		「中学1年の植物の授業で何を如何に教えるか」東京生物学教育研究サークル『生物学教育研究・実践記録集10』
1992 (3) 12増		1・2分野共通の基礎としての物質の性質
1993 (5) 3		子どもたちはどんな分子概念を獲得したか
1993 (5) 4		続子どもたちはどんな分子概念を獲得したか
1993 (5) 6		「義務教育の理科の授業時数の変遷」日本物理教育学会誌『物理教育―特集II義務教育の理科が危ない―』VOL.41,No.2 日本物理教育学会
1993 (5)12増		光合成とタンパク質の合成
1993 (5)12		"理科における学習指導と評価の工夫と改善"批判
1994 (6) 4		三井・長谷川と共著「『季刊・科学教育研究』発刊のことば」『季刊・』創刊号
1994 (6) 4		「化学教育研究・実践で私が学んだこと」『季刊・科学教育研究 創刊号』
1994 (6) 7		「"概念の形成"を考える1)―物質,分子,原子,イオン概念を中心として―」『季刊・』2号
1994 (6)10		「生物学教育の第一歩(1)花の構造を中心として―」『季刊・』3号
1994 (6)10		「"概念の形成"を考える(2)―物質,分子,原子,イオン概念を中心として―」『季刊・』3号
1994 (6)10		「教師のための自然科学概論」[必読文献解題]『季刊・』3号
1994 (6)11増		「概念形成」を考える
1995 (7) 1		「概念形成」を考える3)『季刊・』4号
1995 (7) 1		「山住正己編『文化と教育をつなぐ』に学ぶ」『季刊・』4号
1995 (7) 4		「生物・植物の特徴について―生物学・植物学教育の第一歩(2)―」『季刊・』5号
1995 (7) 7		「植物体をつくる4つの器官―生物学・植物学教育の第一歩(3)―」『季刊・』6号
1995 (7) 7		「めしべ・花びら・おしべ・がく」『季刊・』6号
1995 (7) 7		生物学教育と物質概念
1995 (7)10		「葉の構造と働き・光合成―生物学・植物学教育の第一歩(4)―」『季刊・』7号
1995 (7)12		「花とは何か」科教協埼玉支部研究集会
1996 (8) 1		「光合成・タンパク質の合成―生物学・植物学教育の第一歩(5)―」『季刊・』8号
1996 (8) 1		「追体験―被曝体験の継承と分子・原子概念の導入―」『季刊・』8号
1996 (8) 4		「植物の栄養器官の構造と機能―生物学・植物学教育の第一歩(6)―」『季刊・』9号
1996 (8) 7		「植物の呼吸―生物学・植物学教育の第一歩(7)―」『季刊・』10号
1996 (8) 7		「根の維管束について」『季刊・』10号
1996 (8) 8		"教科課程"を考えるときに
1996 (8) 9		「授業づくりと実験の開発」第4回 科学教育研究所講演会
1996 (8)10		「植物の仲間の分類―生物学・植物学教育の第一歩(8)―」『季刊・』11号
1996 (8)10		「根の普遍的構造について」『季刊・』11号
1996 (8)11		「花の普遍的構造について」『季刊・別冊4』

1997（9）1		「力の向きと方向―物理学教育への疑問(1)―」『季刊・』12号
1997（9）1		左巻さんの"感想"への質問
1997（9）2		鷹取さんの"答えに代えて"を読んで
1997（9）4		「力・物体の相互作用―物理学教育への疑問(2)―」『季刊・』13号
1997（9）5		「第Ⅱ編　第3章　"理科授業の理論化研究会"のあゆみ」玉田泰太郎著『新・理科授業の創造』新生出版
1997（9）7		「力の作用・変形しない―物理学教育への疑問(3)―」「目で計る量・手で計る量」『季刊・』14号
1997（9）10		化学変化の授業で大切にしてきたこと
1997（9）10		「扉のことば」「変形とは」「仕事の定式化―物理学教育への疑問(4)―」『季刊・』15号
1997（9）11増		物理学教育の足下を見る
1998（10）1		「電圧の定式化の矛盾―物理学教育への疑問(5)―」『季刊・』16号
1998（10）4		「月は地球に向けて落ちている、といったらば―物理学教育への疑問(6)―」『季刊・』17号
1998（10）7		「月は地球に向けて落ちている、といったらば2-物理学教育への疑問(6)-」「徳田省三先生のこと」『季刊・』18号
1998（10）10		「補説・月が地球に向けて落ちている、といったらば3―物理学教育への疑問(6)」「徳田省三先生略年譜『季刊・』19号
1998（10）11		『深層の理科教育』同時代社
1998（10）11増		物理学教育の足下を見る2
1999（11）1		「21世紀の学校制度とその教科の構成について」『季刊・』20号
1999（11）1		「"環境教育"を見据えた自然科学教育はいかにあるべきか―自然科学教育の研究方法も視野に入れて―」科教協委員会主催学習会に提案
1999（11）4		「"学校知"を検討する―教育学者への疑問(1)―」「若林　覚さんの思いで」『季刊・』21号
1999（11）7		「"教え"と"学び"はことなることか―教育学者への疑問(2)」『季刊・』22号
1999（11）7		「概念形成と到達目標」理科授業の理論化研究会『紀要98』
1999（11）8		「概念形成・認識発展の実態の検討を」科教協大会・化学分科会で提案
1999（11）9		「読者からの便り」『季刊　人間と教育』23号　旬報社
1999（11）10		[「"教え"と"学び"への授業づくり」の検討―教育学者への疑問(3)]『季刊・』23号
1999（11）11増		概念形成・認識発展の実態の検討を
2000（12）1		[教育内容・文部省「学習指導要領」の検討を―教育学者への疑問から考えること(1)―]『季刊・』24号
2000（12）4		「自然科学教育と総合」『季刊・』25号
2000（12）7		「科学教育内容の系統性への懐疑について」『季刊・』26号
2000（12）7		化学変化を通しての原子概念の形成
2000（12）10		「科学教育内容の系統性への懐疑について―汐見稔幸の主張の検討(2)―」『季刊・』27号
2001（13）1		「科学教育内容の系統性への懐疑について―汐見稔幸の主張の検討(3)―」『季刊・』28号
2001（13）4		「自然科学教育と四則演算1)―乗法、除法は魔法の杖―」『季刊・』29号
2001（13）7		「自然科学教育と四則演算2)」『季刊・』30号

あとがき

　2001年の春であったと思うが，NHKのテレビで評論家の内橋克人さんが，「これまで資本主義は，人間を搾取の対象として見てきたが，最近は人間を排除の対象として見ている」，と指摘したあるフランス人作家の話を紹介されていた。

　雑誌『法律文化』（2000年12月）の「民営化による学校改革を」で自民党衆議院議員の林省之介氏は「義務教育は小学校までで充分です。中略。普通の子どもであれば，読み書きそろばん，それから今の時代ですから，ITに関わるものをある程度使いこなせる基本的な知識で充分です」といい，さらに「学校を民営化することです」と主張している。

　斉藤貴男氏は「構造改革とグローバル資本」（『現代思想』2001年6月）で，2002年から始まる文部省「学習指導要領」作成の責任者であった三浦朱門氏が，「授業内容とか時間が三割減るということで，これは学力低下にならないかと僕が聞いたときに，そんなことは最初から分かっている，むしろ学力を低下させるためにやっているんだ，と言った。中略。これからは落ちこぼれのままで結構で，そのための金をエリートのために割り振る，エリートは100人に1人でいい，そのエリートがやがて国を引っ張っていってくれるだろう，非才，無才はただ実直な精神だけを養ってくれればいいんだ」と語ったことを紹介している。

　さらに小渕総理の私的諮問機関の「教育改革国民会議」座長の尾崎玲於奈氏は「能力に応じた教育」の意味を「ヒトゲノム解析もできたし，人間の遺伝子が分かるようになると，就学時に遺伝子検査をしてできる子にはそれなりの教育をして，できない子にはそれなりの教育をすればいいんだ」と語ったことを紹介している。

　筆者の授業は，どの子も適切な内容，方法で教育を受ければ，必ず，賢く発達する，という人間への信頼を前提にしている。その記録は，この前提が間違いでないことを証明する事実を数多く示していると考えている。これに反して，林，三浦，尾崎三氏の主張は，人間への不信，それにともなう偏差値の盲信，経済的弱者を蔑視した拝金主義，俗な表現をすれば"金こそ吾が命"という価値観にもとづく主張ではないだろうか。

授業記録は既に発表し，研究会での検討を経たものだけにし，それぞれの生徒の姓もそのままにした。これは，"金こそ吾が命"という人たちに，実に多様な生徒たちの発達の事実，エリートは決して，100人に1人などというものでないことを示すためでもある。さらに，今日，総合的学習などを主張する人たちにも，多様な生徒たちの学習集団によって，全員が大きく，文部省「学習指導要領」などが足元にも及ばない，予想外の発達をする事実・子どもたちの真の発達の姿を理解してほしいからである。

　授業記録は何に役立つのだろうか。授業づくりをするとき，子どもたちが教育内容をどのような思考過程を経て，どのように獲得するものなのか。どのような働きかけをすると，どのようなつまずきを犯すものなのか，などを探る重要な資料である。もちろん，記録をとった教師自身の授業づくりとその運営を改善するための具体的内容と方法を探り出す重要な資料でもある。本書に掲載した記録には，多くの手がかりがあると考えている。

　授業記録は重要な研究資料であるといっても，この記録が立派なものであるということではない。本書の授業記録は，授業として極めて不十分，不適切なものばかりである。本来なら，改めて明らかにすることなどしたくないものである。にも関わらず，明らかにするのは，次のようなことを期待しているからである。具体的にどこが，どのように不十分であり，不適切であったのか，ぜひ，集団的にも検討して，これからの自然科学教育の授業づくりに役立ててほしいこと，そして，筆者のように極めて低レベルの状態からの出発でも，共同研究者と子どもたちの発達に支えられて，幾らかの成果を挙げることができるようになることにも注目してほしいからである。

　今日の困難を克服するには，教師たちの自由で多様な授業実践の成果の結集が欠かせない。困難を抱えている多くの教師の皆さんが，この程度のものであるならば，私にもという明日への意欲を生み出し，成果を持ち寄られるものと考えている。自由で多様な取り組みを，絶えず生徒たちの発達の事実で検証していく実践とその理論化によって，大きく発展させてほしいからである。

　第8章には，私が今日までに学び，実践で検証した理論，それの私の今の理解を述べたものである。私の今の理解であるから，当然のことながら不十分さを伴っている。そこで，ぜひ，多くの人たちの理論的，実践的な検討を期待したい。私は，どのような実践でも，必ず，それを導く理論があると考えている。そして，その導いた実践によって理論は検証され，発展させられるものと考え

ている。実践に堪えられない理論はあり得ないし，実践で発展しない理論はあり得ないからである。

そこで，このあとがきの後に，筆者が学んだ主な文献を挙げることにした。最近は書籍離れと云われるが，私は書籍によって学ぶことの重要性を強く指摘したい。基本的なものであればあるほど，繰り返して読み，考えて実践に当たると，大きな成果を導いてくれるものである。ぜひ，今日の困難を克服する手がかりとして，文献を活用してほしいものである。

筆者の自由で多様な研究，実践を支え，発展させてくれたのは科教協とその「化学サークル」である。これは，敗戦後の生活単元・問題解決学習という内容と方法でもたらされた混乱を克服することから始まり，今日まで，民主的な教育研究活動を目指して活動している。このような組織と共に研究・実践することの重要性もぜひ指摘したい。授業記録を検討してもらえば明らかなことであるが，集団でこそ困難を解決する手がかりを獲得し，実践を通して矛盾を克服できる。身近な人たちでサークルをつくり，さらに全国の仲間と一体となって研究・実践することが有効である。

最近は子どもの権利条約の重要性を指摘する人たちが多いが，その人たちの中には総合学習などを主張する人たちもいる。私は，子どもの権利を尊重することを教師という立場で考えたら，授業を通して子どもたちの学力をつけることであると考えている。高い学力を子どもたちに獲得させることこそが，権利を実質的に保障することに留意してほしい。日本国憲法にかかれている個人の自由を実質的に保障するのは学力ではないだろうか。教科・自然科学教育を発展，充実させることこそ，子どもの権利を保障することになることを声を大にして主張したい。

本書には，私がどのようにして授業の記録を比較的容易にとっているのか，などの方法も含めて，授業の構成，運営について私が学んだことを，紙面の都合でほとんど書くことができない。まことに申し訳ないことであるが，文献として挙げてある『化学変化の教え方』や『(たのしくわかる) 中学理科の授業1 第一分野（上）』などに関連したことを述べているので，ご検討いただきたい。

私の未熟な授業，研究・実践を暖かく見守り，常に指針を与え，支えてくださった故田中實先生，真船和夫先生をはじめ，サークルの先輩，友人，科教協の多くの方々，本書に掲載をさせて頂いた授業研究会へ参加して頂いた方々，論文を掲載させて頂いた大竹三郎さんに深く深謝する。また，経済的，時間的

にも活動を支えてくれた家族の協力へも感謝する。

　また，出版事情が大変に厳しい状況の下で，本書が日の目を見ることができたことは，同時代社の川上徹氏，ならびにスタッフの皆さんのご尽力によることに深く感謝する。

参考文献

田中實編『新しい理科教室』新評論社 1956.4
田中實編『学校教育5 理科』明治図書講座 明治図書 1957.6
田中・富山編『現代教育学10 自然科学と教育』岩波書店 1961
田中實著『科学教育の原則と方法』新生出版 1978.8
田中實著『(教師のための) 自然科学概論』新生出版 1981.7
田中實著『科学と歴史と人間』国土新書36 国土社 1971.1
田中實著『思想としての科学教育』国民文庫 大月書店 1978
田中實著『原子論の誕生・追放・復活』新日本出版社 1977.7
真船和夫著『真船和夫著作集』あずみの書房 1986.7
玉田泰太郎著『新・理科授業の創造』新生出版 1997.5
玉田泰太郎著『理科の到達目標と教材構成』〔双書・理科授業の創造と理論化②〕あずみの書房 1990.8
松井吉之助編著『授業づくり・構成と運営』〔双書・理科授業の創造と理論化⑤〕あずみの書房 1990.8
松井・岩崎編著『授業分析2) 中学・高校編』〔双書・理科授業の創造と理論化⑩〕あずみの書房 1991.8
松井・三井編『化学変化の教え方』〔教育文庫18〕むぎ書房 1991.9
大竹・松井著『物質の学習－理科授業の新しい試みー』明治図書 1970.8
大竹・若林編『化学の教育』〔講座・現代の自然科学教育2〕明治図書 1965.3
大竹三郎編『化学教育の体系と方法－小学校から高校までー』明治図書 1967.5
玉田・三井編『化学指導法事典』むぎ書房 1982.8
三井澄雄著『化学教育入門－教材の基礎と授業の方法』新生出版 1987.8
三井澄雄著『化学指導ノート』〔教育文庫11〕むぎ書房 1977.2
三井澄雄著『イオンと化学反応の指導』〔教育文庫16〕1984.6
田中實編『化学の指導計画』国土社 1962.6
山下和夫著『物質変化の学習－理科授業の新しい試みー』明治図書 1972.9

浅岡清範編著『(たのしくわかる) 中学理科の授業 1 第一分野 (上)』あゆみ出版 1983.6

松井吉之助編著『(たのしくわかる) 中学理科の授業 2 第一分野 (下)』あゆみ出版 1983.6

大竹三郎著『化学実験法の再検討』〔理科実験法の革新 4〕明治図書 1964.3

浅岡・大川編著『(21世紀の学力を育てる) 中学理科の授業①第 1 分野 (上)』星の環会 2000.9

松井・岩崎編著『(21世紀の学力を育てる) 中学理科の授業②第 1 分野 (下)』星の環会 2001.4

松井・稲葉編著『(21世紀の学力を育てる) 中学理科の授業③第 2 分野 (上)』星の環会 2000.9

板倉聖宣他編『理科教育史資料』全6巻 とうほう 1986.10

須藤昭参他『授業ノート・イオンとイオン性化合物ーイオンと化学反応 (1)』1982.3

長谷川純三他『授業ノート・イオンと反応ーイオンと化学反応 (2) ー』1983.3

浅岡清範他『授業ノート・化学の基礎 4)』1986.3

『現代教育研究 8 教科内容の構造Ⅱ』日本標準テスト研究会 1969.5

兵藤友博著『自然科学教育の原則とは何か』〔あずみのフォーラム〕あずみの書房 1991.8

松井吉之助（まつい・きちのすけ）

1928年9月　東京市下谷区（現台東区）に生まれる。
1949年3月　東京第一師範学校卒業
1954年3月　東京理科大学第二部化学科卒業
1949年4月より1987年3月まで，東京都の小・中学校教諭として勤務
1988年4月より92年まで　自由の森学園非常勤講師
1992年4月より93年3月まで，明星学園非常勤講師
1994年4月　東京科学教育研究所を三井澄雄，長谷川純三と設立
　　　　　『季刊・科学教育研究』を発行し，現在に至る
　　　　　科学教育研究協議会会員

主な著書・論文
『深層の理科教育』同時代社
『物質の学習』（共著）明治図書
『授業づくり構成と運営』（共編）あずみの書房
『化学変化の教え方』（共編）むぎ書房
『理科教育史資料2』（共編）とうほう
『理科教育史資料5』（共編）とうほう
『「理化示教」教科書の成立と展開―その悉皆調査的研究―』国立教育研究所科学教育研究センターほか

理論・実践　中学校　化学の授業
2001年10月1日　初版第1刷発行

著　者　　松井吉之助
発行者　　川上　徹
発行所　　（株）同時代社
　　　　　〒101-0065　東京都千代田区西神田2-7-6 河合ビル
　　　　　電話　03(3261)3149　FAX　03(3261)3237
印刷・製本　（株）ミツワ

ISBN4-88683-455-8